창세기부터 요한계시록까지 흐르는

예수님의 사랑

창세기부터 요한계시록까지 흐르는

예수님의 사랑

초판 1쇄 인쇄일 2018년 3월 19일
초판 1쇄 발행일 2018년 3월 23일

지은이 문진우
펴낸이 양옥매
디자인 임홍순
교 정 임수연

펴낸곳 도서출판 책과나무
출판등록 제2012-000376
주소 서울특별시 마포구 방울내로 79 이노빌딩 302호
대표전화 02.372.1537   팩스 02.372.1538
이메일 booknamu2007@naver.com
홈페이지 www.booknamu.com
ISBN 979-11-5776-540-9(03230)

이 도서의 국립중앙도서관 출판시도서목록(CIP)은 서지정보유통지원 시스템
홈페이지(http://seoji.nl.go.kr)와 국가자료공동목록시스템
(http://www.nl.go.kr/kolisnet)에서 이용하실 수 있습니다.
(CIP제어번호 : CIP2018008480)

● 창세기부터 요한계시록까지 흐르는 ●

예수님의 사랑

문진우 지음

책과나무

구약성경의 대부분은 하나님 사랑과 이웃 사랑에 관한 이야기입니다. 모세의 율법은 하나님과 이웃을 사랑하라는 것입니다. 그리고 선지자들은 예수님께서 하나님의 사랑을 실행하기 위하여 이 땅에 오실 것을 예언하고 있습니다. 예수님께서는 구약의 율법을 두 가지 계명으로 요약하였습니다. 그 것은 하나님 사랑과 이웃 사랑입니다.

신명기와 레위기는 사랑의 계명을 우리에게 가르치고 있습니다. 신명기는 하나님 사랑을, 레위기는 이웃 사랑을 가르치고 있습니다. 신명기 6장 5절에서 "너는 마음을 다하고 뜻을 다하고 힘을 다하여 네 하나님 여호와를 사랑하라."고 말씀하고 있으며, 레위기 19장 18절에서는 "원수를 갚지 말며 동포를 원망하지 말며 네 이웃 사랑하기를 네 자신과 같이 사랑하라. 나는 여호와니라."고 말씀하고 있습니다.

예수님께서는 마태복음 22장 37절부터 40절에서 "네 마음을 다하고 목숨을 다하고 뜻을 다하여 주 너의 하나님을 사랑하라 하셨으니, 이것이 크고 첫째 되는 계명이요, 둘째도 그와 같으니 네 이웃을 네 자신 같이 사랑하라 하셨으니 이 두 계명이 온 율법과 선지자의 강령이니라."고 말씀하십니다. 예수님의 사랑의 계명은 율법과 선지자의 강령으로서 구약의 율법을 요약하고 있습니다. 여기서 예수님은 새 계명을 주신 것이 아니라, 이 두 계명이 모세 율법의 핵심이라고 하면서, 사랑은 율법의 완성이라고 말씀하고 있습니다.

그리고 예수님께서는 이제 제자들에게 새로운 계명을 주십니다. 그것은 우리들이 서로 사랑하는 것입니다. 요한복음 13장 34절에서 "새 계명을 너희에게 주노니 서로 사랑하라. 내가 너희를 사랑한 것같이 너희도 서로 사랑하라."고 말씀하십니다. 그리고 예수님께서는 친구를 위하여 목숨을 버리는 것만큼 더 큰 사랑이 없다고 말씀하십니다(요 15:13). 그리고 예수님께서는 산상수훈에서 원수까지도 사랑하라고 말씀하십니다(마 5:44).

　사랑의 법은 고귀한 법입니다. 선행, 경건, 기도, 금식 등 모든 종교적 행위에 만일 사랑이 없다면 그것은 아무 것도 아닌 것입니다. 그러므로 사도 바울은 고린도전서 13장 1절부터 3절에서 "내가 사람의 방언과 천사의 말을 할지라도 사랑이 없으면 소리 나는 구리와 울리는 꽹과리가 되고, 내가 예언하는 능력이 있어 모든 비밀과 모든 지식을 알고 또 산을 옮길 만한 모든 믿음이 있을지라도 사랑이 없으면 내가 아무 것도 아니요, 내가 내게 있는 모든 것으로 구제하고 또 내 몸을 불사르게 내줄지라도 사랑이 없으면 내게 아무 유익이 없느니라."고 말씀하십니다. 그러므로 사랑의 법이란 절대적 율법입니다. 모든 선행이나 자기희생 위에 있는 것이 사랑이라는 것입니다.

　예수님의 사랑은 십자가의 사건으로 우리에게 나타났습니다. 예수님께서 달려 죽으신 십자가야말로 그분의 사랑을 증거하는 가장 핵심적인 사건이 되는 것입니다. 예수님께서는 최후에 십자가상에서 자기를 못 박은 원수들을 위하여 기도하십니다. "아버지, 저들을 사하여 주옵소서. 자기들이 하는 것을 알지 못함이니이다."(눅 23:34) 예수님께서는 사랑을 설교로만 하신 것이 아니라 사랑을 그의 삶의 행동으로 보여 주셨습니다. 예수님의 본성이 바로 사랑이시기 때문입니다. 사도 요한은 예수님의 사랑을 다음과 같이 기록합니다. "사랑은 여기 있으니 우리가 하나님을 사랑한 것이 아니요 하나님이 우리를 사랑하사 우리 죄를 속하기 위하여 화목 제물로 그 아들을 보내셨음이라."(요일 4:10) 예수님의 사랑의 절정은 십자가에서 성취되는 것입니다. 영원히 죽을 수밖에 없는 우리가 이런 예수님의 십자가 사랑을 통하여 구원을 받고, 보혜사 성령님을 통하여 우리 마음속에 찾아오셔서 내주하시는 예수님과 사랑의 교제를 나눌 수 있게 되는 것입니다.

이 책을 통하여 첫째, 우리가 지금까지 부분적으로 알았던 하나님의 사랑과 예수님의 사랑에 대하여 체계적으로 정리함으로써 삼위일체 하나님의 사랑이 창세기부터 요한계시록까지 어떻게 흐르고 있는지 알 수 있도록 하였습니다. 둘째, 구약성경에 나타나 있는 하나님의 사랑과 예수님의 사랑이 어떻게 흐르고 있는지를 알 수 있도록 하였습니다. 셋째, 예수님께서 이 땅에 오셔서 구체적으로 어떻게 사랑을 실행하셨는지를 알 수 있도록 하였습니다. 넷째, 사랑의 사도 요한이 그의 저서를 통하여 예수님의 사랑을 어떻게 표현하고 있는지 알 수 있도록 하였습니다. 다섯째, 사도 바울이 그의 저서 고린도전서 13장을 통하여 예수님의 사랑을 어떻게 표현하고 있는지를 알 수 있도록 하였습니다. 결론 부분에서는 어떻게 삼위일체 하나님의 사랑이 시작되었고 십자가에서 예수님의 사랑이 성취되었는지, 마지막 때에 예수님의 재림을 통하여 역사의 종말이 오고 요한계시록에서 말씀하고 있는 새 하늘과 새 땅에서 삼위일체 하나님의 사랑이 완성되는 과정을 알 수 있도록 하였습니다.

이 책을 통하여 우리가 알고 있는 하나님의 말씀이 단지 우리 머릿속에 지식으로 남아있지 않고, 성령으로 역사하셔서 우리 마음속에서 살아 움직임으로 말미암아 영원히 살아서 역사하시는 예수님과 함께, 이제는 눈물도 없고, 슬픔도 없고, 고통도 없으며, 죽음도 없는 영원한 하나님의 나라인 새 하늘과 새 땅에서 영광 가운데 사랑의 교제를 나눌 수 있게 되기를 소망합니다.

2018년 3월
문진우

chapter 04

예수님(J)의 사랑 …181

예수님의 사랑에
대한 서론

태초에 말씀이 계셨습니다. 이 말씀은 곧 하나님이십니다(요 1:1). 하나님은 사랑이십니다(요일 4:8). 그러므로 말씀은 곧 사랑이십니다. 그래서 구약과 신약의 모든 말씀은 하나님의 사랑의 메시지인 것입니다. 예수님은 태초부터 하나님과 함께 계셨습니다(요 1:2). 예수님은 천지창조하실 때도 하나님과 함께 계셨습니다(요 1:3).

창세기 1장 26절에서 "하나님이 이르시되 우리의 형상을 따라 우리의 모양대로 우리가 사람을 만들고."라고 말씀하십니다. 성경에는 사람을 창조하실 때를 가리켜 분명히 "우리가 사람을 만들고."라고 나와 있습니다. 이것은 예수님도 천지창조에 참여하셨고 삼위일체 하나님께서 천지를 창조하셨음을 보여 주는 말씀입니다. 그러므로 예수님의 사랑은 창세기부터 시작하여 요한계시록까지 흐르고 있음을 알 수 있는 것입니다.

예수님께서는 율법 중에서 가장 큰 계명이 무엇이냐는 바리새인의 질문을 받으셨을 때 주저 없이 말씀하셨습니다. 마태복음 22장 37절부터 40절에서 "네 마음을 다하고 목숨을 다하고 뜻을 다하여 주 너의 하나님을 사랑하라 하셨으니 이것이 크고 첫째 되는 계명이요, 둘째도 그와 같으니 네 이웃을 네 자신 같이 사랑하라 하셨으니 이 두 계명이 온 율법과 선지자의 강령이니라."고 말씀하셨습니다. 십계명과 모세의 율법을 예수님께서 이 두 가지 계명으로 요약하신 것입니다. 이 두 계명은 예수님께서 먼저 삶으로 실천하심으로 제자들에게 본을 보이셨습니다. 그리고 예수님께서는 마지막에 제자들에게 새 계명을 주셨습니다. 요한복음 13장 34절에서 "내가 너희를 사랑한 것같이 너희도 서로 사랑하라."는 것입니다. 이것이 J의 사랑에 대한 핵심적인 성경 말씀입니다.

이 두 가지의 사랑의 계명과 서로 사랑하라는 새 계명이 가정과 교회, 직장, 일상생활에서 우리가 하는 모든 일의 중심이 되어야 합니다. 이 사랑은 우리의 모든 관계에서 생기는 갈등을 치료합니다. 이 사랑은 가족, 교회, 사회, 국가와 세상을 결속시키는 하나의 연결고리가 되는 것입니다. 우정, 관용, 존경을 일으키는 힘이며, 분열과 증오를 극복하는 원천입니다. 이 사랑은 비교할 수 없는 기쁨과 하늘에서 내려오는 화평으로 우리의 삶을 따뜻하게 해주는 근원이 됩니다. 우리의 생각과 말과 행동은 이 사랑에서 비롯되어야 합니다. 진정한 사랑은 바로 우리를 향하신 이러한 J의 사랑에서 비롯됩니다.

이 책에서는 먼저, J의 사랑에 대한 정의를 살펴보고, 성경에서는 어떤 사랑을 말하고 있는지 그 종류별로 살펴봅니다. 이어서 J의 사랑을 쓰게 된 동기를 밝히고, 삼위일체 하나님의 사랑이 서로 어떻게 협력하고 있는지 알아본 뒤 구약에 나타난 하나님의 사랑과 구약에 흐르고 있는 예수님의 사랑을 살펴보겠습니다. 그런 다음 사랑의 사도 요한이 기록한 요한복음과 요한일서, 요한계시록에 나타난 예수님의 사랑을 살펴보고, 사도 바울의 고린도전서 13장에 나타난 예수님에 대한 사랑을 살펴보겠습니다. 결론 부분에서는 창세기부터 요한계시록까지 삼위일체 하나님의 사랑이 어떻게 흐르고 있으며, J의 사랑이 어떻게 완성되는지 살펴보려고 합니다.

예수님의
사랑에 대한 정의

이 책에서 J의 사랑은 예수님의 사랑(JESUS'S LOVE)을 의미합니다. 하나님은 사랑이십니다. 예수님도 사랑이십니다. 성령님은 우리에게 그 첫 열매로 사랑을 주십니다. 그러므로 삼위일체 하나님은 사랑이십니다. 태초에 말씀이 계셨습니다. 그 말씀은 하나님이시고, 예수님이시며, 성령님이십니다. 이 말씀으로 천지를 창조하십니다. 그리고 삼위일체 하나님의 형상을 닮은 인간을 창조하십니다. 창조 당시에 인간은 완벽하고 하나님께서 보시기에 좋았더라고 하셨습니다. 그러나 사탄의 계략으로 아담과 하와가 선악과를 따먹음으로 말미암아 에덴동산에 죄가 들어오고 그로 인해 완벽한 조건에서 살아가던 인간은 하나님과의 관계가 끊어지고 이 땅에서 고통스럽게 살아가게 되는 것입니다. 삼위일체 하나님께서는 이런 인간들을 긍휼히 여기셔서 협의를 하십니다. 성부 하나님께서는 성자 하나님이 인간으로 땅에 내려갈 것을 제안하고, 성자 하나님께서는 이 제안을 받아들이기로 하며, 성령 하나님은 이것을 예비하시기로 완벽한 합의를 이루십니다. 그래서 본래 하나님이신 성자 예수님께서 인간의 몸을 입으시고 이 땅에 오시게 되는 것입니다. 구약의 창세기부터 말라기는 '누가, 언제, 어디서, 무엇을, 어떻게, 왜'의 육하원칙으로 거의 완벽하게 예수님께서 이 땅에 오셔서 하실 일에 대하여 예언하고 예표하며 증거하고 있습니다. 구약성서에서도 하나님의 말씀을 통하여 성자 예수님의 사랑이 흐르고 있음을 알 수 있는 것입니다. 이것이 J의 사랑입니다.

성자 예수님께서 이 땅에 오심은 삼위일체 하나님의 합의로 이루어진 결정으로서 그 목적은 이 땅에 하나님의 나라를 이루시기 위해서입니다. 그리고 하나님과의 단절된 관계를 회복하고 우리에게 온전한 삼위일체 하나님의 사랑을 이루기 위해서 오신 것입니다. 성자 예수님의 사랑은 십자가에서 온전히 성취됩니다. 십자가에서 예수님은 사탄의 계략을 물리치고 우리를 죄 가운데서 구원하시고 완벽한 사랑을 성취하십니다. 그 공로로 말미암아 우리는 예수를 믿기만 하면 죄 사함을 받고, 삼위일체 하나님과의 관계가 회복되며, 서로 사랑의 교제를 나눌 수 있습니다. 예수님께서는 태초부터 하나님과 함께 계셨으며, 부활 승천하셔서 본래 계신 곳으로 복귀하신 것입니다. 그리고 승천하시면서 우리에게 중요한 두 가지 약속을 하셨습니다. 첫째는 내가 올라가는 이 모습 그대로 다시 오시겠다는 약속이고 둘째는 보혜사 성령님을 보내주시겠다는 약속입니다. 첫째 약속에서는 하나님만 아시는 그때에 도적같이 오신다고 했습니다. 그리고 두 번째 약속의 실천으로 오순절에 보혜사 성령님을 보내주셔서 마가다락방에 모여 전심으로 기도하던 120명에게 성령을 충만하게 부어주셨습니다. 그들을 통하여 초대교회가 시작되었고 교회의 머리 되시는 예수님의 교회 사랑이 시작된 것입니다.

　교회는 예수님의 사랑을 실천하는 곳이며, 이 땅에 하나님의 나라를 실현해나가는 곳입니다. 우리는 교회를 통하여 하나님을 죽도록 사랑하고, 형제자매를 내 몸과 같이 사랑해야 합니다. 우리는 또한 예수님께서 우리를 사랑하신 것같이 서로 사랑해야 합니다. 이것이 예수님께서 우리에게 주신 새 계명입니다.

　우리는 지금 종말의 때를 살아가고 있습니다. 예수님의 오심과 동시에 종말은 성취되었으며 예수님이 다시 오시는 그때에 종말이 완성되는 것입니다. 예수님 재림과 함께 인간의 죄로 인하여 무질서해진 천지 창조의 역사가 종말을 맞이하고 완벽한 새 하늘과 새 땅이 창조되는 것입니다. 거기에는 슬픔도 없고, 고통도 없고, 죄도 없고, 죽음도 없습니다.

　그래서 우리가 경험하거나 상상해보지도 못한, 하나님이 새롭게 창조하신 그곳이 새 하늘과 새 땅입니다. 예수님께서는 우리에게 이런 새 하늘과 새 땅을 예비해 놓고 계시는 것입니다. 창세기부터 시작하여 지금까지 흐르고 있는 예수님의 사랑은, 요한계시록을 통하여 타락한 인류의 역사를 끝내고, 새로운 창조를 통하여 모든 것을 회복시키십니다. 또 새 하늘과 새 땅을 창조하심으로써, 예수님을 믿는 모든 백성들에게 영원한 생명을 허락하시고 영광스러운 그곳에서 우리는 삼위일체 하나님과 함께 영원한 사랑을 완성하게 되는 것입니다. 이것이 J의 사랑입니다.

성경에 나오는
사랑의 종류

성경에 나오는 사랑에는 세 종류의 사랑이 있습니다.

"사랑"이라고 번역된 헬라어를 성경에서 찾아보면 아가페, 필리아,

에로스 등 세 개의 다른 단어로 되어있음을 알 수 있습니다.

  아가페(ἀγάπη)는 신약성경에 총 276번 사용되고,

  필리아(Φιλία)는 신약성경에 총 22번 사용되며,

  에로스(ἔρως)는 LXX(70인 역)에 총 2번 사용됩니다.

  이 세 종류의 사랑의 정의를 살펴보면 다음과 같습니다.

  아가페 사랑은 하나님께서 인간을 향해 일방적으로 시작하신 성경

적 사랑이고,

  필리아 사랑은 성 차별 없이 인간에게 허락된 사랑이라 이성과 동성

사이에서 우정으로 나타나는 사랑이며,

  에로스 사랑은 이성 간에만 허락된 성적 사랑을 의미합니다.

자세하게 살펴보면 여기에는 중요한 신학적 의미가 담겨있음을 알 수 있습니다.

아가페 사랑은 영원하신 하나님께서 시작하신 사랑이기 때문에 그 무엇도, 그 누구도 그 사랑에서 인간을 끊을 수가 없고, 필리아 사랑은 성차별 없이 주어진 사랑이기 때문에 남녀를 막론하고 형제, 자매의 사랑을 가져야 하며, 에로스 사랑은 이성에게만 허락된 사랑이기 때문에 동성 간의 사랑이 아닌 남녀 간의 사랑, 즉 부부간의 사랑을 의미하는 것으로 중요한 신학적 의미가 담겨있는 것입니다. 동성 간의 사랑은 이 에로스의 사랑을 정면으로 부정하는 것으로서 문제의 소지가 있습니다.

성경의 증언에 따르면 아가페, 필리아, 에로스 이 세 사랑의 근원이 누구로부터 왔는지도 알 수 있습니다. 원래 이 세 사랑은 다 하나님께서 허락하신 사랑입니다.

아가페 사랑은 하나님께서 인간을 향해 시작하신 사랑이기 때문에 거룩합니다.

필리아 사랑도 하나님께서 동성, 이성에게 허락하신 사랑이기 때문에 거룩합니다.

에로스 사랑도 하나님께서 이성 부부에게 허락하신 사랑이기 때문에 거룩합니다.

세 사랑의 근원지가 하나님이시기 때문에 다 거룩하다는 것입니다.

일반적으로 우리는 성에 대해 상당히 폐쇄되어 있기 때문에 에로스 사랑을 더러운 것, 안 좋은 것, 거룩하지 못한 것으로 생각합니다. 그러나 이것은 잘못된 생각입니다. 성관계를 통하여 자녀가 생산되고, 부부관계가 좋아지는 에로스의 사랑은 거룩하고 아름다운 것입니다. 하나님께서 부부에게만 주신 특별한 선물이기 때문입니다. 이 책에서 J의 사랑은 아가페의 사랑을 의미합니다.

예수님의 사랑을
쓰게 된 동기

세상에는 수많은 책들이 있습니다. 그러나 지식을 위한 책들이 대부분입니다. 삼위일체 하나님의 사랑을 주제로 한 책들은 많지 않습니다. 서점에 가보면 사랑에 관하여 읽을 만한 책들이 별로 없습니다. 단편적으로 강해 수준으로 쓴 책들이 있긴 하지만 이것으로는 삼위일체 하나님의 사랑을 완벽하게 알 수는 없습니다. 우리에게는 하나님의 사랑을 주제로 쓴 책이 필요하며, 누군가가 이를 위하여 기도하며 준비를 해야 합니다.

　오늘날 교회의 모습이 어떻습니까? 돈이 하나님이 되어버린 지 오래되었고, 대형화, 시스템화, 행정화하면서 점점 정서가 메말라가고 있는 것이 사실입니다. 교회에 사랑이 없다고들 합니다. 다 그런 것은 아니겠지만, 여간 심각한 것이 아닙니다. 교회에 파벌이 있습니다. 교회에 계급이 존재합니다. 교회에 학연과 지연이 존재합니다. 이런 것들이 J의 사랑을 빼앗아갑니다. 이런 것들이 J의 사랑을 막아버립니다. 참으로 안타까운 것은 믿음이 좋은 분들도 이런 현실 속에서 젖어

살면서 모르고 있다는 것입니다. 우리는 변화되어야 합니다. 그리고 J
의 사랑을 제대로 알아야 합니다. 그래서 우리의 삶속에서 J의 사랑을
실행해야 합니다.

J의 사랑을 실행하기 위해서는 성령을 충만하게 받아야 합니다. 그
러기 위해서 기도하고, 찬양하고, 말씀을 보고, 예배에 목숨을 걸어
야 하고, 성령님을 사모해야만 합니다. 성령을 통해서 예수님을 알게
되고 그분과 사랑의 교제가 시작되며, 그 사랑의 교제를 통해서 우리
는 삼위일체 하나님의 사랑을 소유하게 됩니다. 하나님의 사랑을 소
유해야만 우리가 서로 사랑할 수 있는 것입니다. 이 책을 쓰게 된 동
기가 여기에 있습니다.

좀 더 구체적으로 이 책을 쓰게 된 동기를 말씀드리면 다음과 같습
니다.

첫째는 삼위일체 하나님의 사랑에 대하여 체계적으로 정리한 읽을
만한 책을 하나 만들어보자는 것입니다. 서점에 가보면 대부분의 사
랑에 관한 책들이 단편적인 주제를 가지고 있습니다. 로마서 8장을 주
제로 하나님의 사랑에 대하여 쓴 책이 있고(존 파이퍼), 고린도전서 13
장을 주제로 예수님의 사랑에 대하여 쓴 책이 있습니다(오스왈드 챔버
스). 본 책에서는 이런 주제들은 기본적으로 다루었고, 창세기부터 요
한계시록까지 삼위일체 하나님의 사랑이 어떻게 흐르고 있는지 알 수
있도록 체계적으로 기록하는 데 주안점 을 두었습니다.

둘째는 오늘날 교회에서 사랑이 식어가고 있습니다.

오늘날 우리는 물질만능 시대에 살고 있습니다. 그래서 교회에서도
맘몬이 주도권을 잡고 있습니다. 돈이 최고이고, 돈이 우상이 되어버

렸습니다. 그리고 교회에도 학연, 지연 등 분파가 있습니다. 교회에도 계급이 있습니다. 이런 것들이 J의 사랑을 막아버리고 빼앗아 갑니다. 이 책을 통하여 우리 교회 안에 성령이 충만하게 부어진다면 우리 교회에서 맘몬과 계급, 분파가 사라지고 다시 J의 사랑이 풍성하게 회복될 것입니다.

셋째는 우리가 피상적으로 알고 있는 J의 사랑을 체계적으로 정리할 수 있는 교과서가 하나 필요하다는 것입니다. 예수님은 태초부터 하나님과 함께 계셨고, 창조에도 주도적으로 역할을 하셨으며, 창세기부터 말라기까지 구약성경에서도 예수님의 사랑 이야기가 주류를 이룹니다. 예수께서는 이 땅에 오셔서 구체적으로 하나님의 사랑을 실행하셨고, 부활 승천하셔서 하나님 우편에 앉아 계시며, 마지막 때에 재림하셔서 새 하늘과 새 땅을 창조하시고, 영원히 우리와 사랑의 교제를 나누게 되는 것입니다.

이것이 J의 사랑의 완성입니다.

넷째는 오늘날 우리가 입으로 사랑을 하지만 실제로 어떻게 J의 사랑을 해야 하는지를 모르고 있다는 것입니다. 율법을 요약하면 하나님 사랑과 이웃 사랑입니다. 그래서 사랑은 율법의 완성입니다. 그러나 율법으로는 하나님의 의(사랑)를 이룰 수가 없으며, 오직 예수 그리스도를 믿음으로 하나님의 사랑을 이룰 수 있는 것입니다. 예수 그리스도를 믿으면 우리에게 성령이 임하게 되며, 성령이 우리 속에서 충만하게 역사하면 우리는 예수님의 성품을 닮아가게 됩니다. 이로써 가장 크고 위대한 사랑의 열매를 맺게 되는 것입니다. 예수님께서는 새 언약을 통하여 성령을 보내주셨으며, 새 계명을 통하여 "서로 사랑하라."는 지상명령을 우리에게 주셨습니다. 우리는 성령을 충만하게 받아서 예수님이 우리를 사랑한 것같이 우리도 서로 사랑해야 합니다.

다섯째는 우리가 받은 삼위일체 하나님의 사랑을 내 이웃과 형제자매에게 흘려보내야 하기 때문입니다. 물은 흘러야 썩지 않습니다. 사랑도 흘러야 합니다. 전류가 흘러야 전구에 불이 들어오듯이 사랑도 흘러야 열매를 맺을 수가 있습니다. 이 책을 통하여 먼저 여러분이 사랑의 전도사가 되시기를 바랍니다. 그리고 작은 물줄기가 흘러서 큰 강물을 이루듯이 여러분이 소유한 사랑을 누군가에게 흘려보내십시오. 그러면 우리의 작은 사랑이 흘러서 온 교회를 적시고, 온 나라를 적시고, 온 세계를 적시게 될 것입니다.

Chapter 02

삼위일체
하나님의 사랑

삼위일체(trinity)란, 하나님께서 그 본체에 있어서는 한 분이시지만, 아버지와 아들과 성령의 세 구별된 인격으로 존재하신다는 진리입니다. 이 진리는 매우 신비하지만 기독교 진리의 핵심이 되는 것입니다. 삼위일체를 믿지 않는 자는 신앙 사상에 큰 결함을 가지게 됩니다. 삼위일체를 믿지 않는 자는 예수 그리스도의 신적 영광을 알지 못하며 자신 안에 거하시는 성령에 대해서도 바르게 알지 못합니다. 하나님의 삼위일체를 믿지 않는 자는 하나님에 대한 바른 지식과 믿음을 가지지 못합니다. 우리는 삼위의 하나님이 한 분이심을 믿어야 하는 것입니다.

창세기 1장 26절에서 "하나님이 이르시되 우리의 형상을 따라 우리의 모양대로 우리가 사람을 만들고 그들로 바다의 물고기와 하늘의 새와 가축과 온 땅과 땅에 기는 모든 것을 다스리게 하자 하시고."라고 말씀하십니다.

이 말씀에서 주목해야 할 것은 우리입니다. 우리는 성부 성자 성령 삼위일체 하나님을 의미하는 것입니다. 여기서 우리는 창세전부터 세 분이 하나 셨고(요 1:1-2) 함께 창조하셨으며(요 1:3) 함께 역사하셨음을 알 수 있습니다.

하나님은 사랑이십니다(요일 4:8). 이 사랑은 예수님 안에서 우리에게 나타났습니다. 우리가 이 사랑을 체험하면, 우리는 하나님이 사랑이심을 찬양하게 됩니다. 하나님은 땅의 일을 위하여 예수님을 보내기로, 예수님은 이 제안에 응하기로, 성령님은 그의 오심을 예비하기로 협의하셨습니다. 예수님은 하나님의 택한 종이요, 마음에 기뻐하는 사랑하는 자요, 하나님께서 성령을 주신 분입니다(마 12:18). 사랑하는 자와 사랑 받는 자는 가장 깊은 교제의 신비를 즐기게 됩니다. 이것이 J의 사랑입니다.

하나님의 사랑을 실천하신 성자 예수님의 사랑

1) 하나님의 사랑

하나님의 사랑은 하나님의 특성입니다. 사랑은 하나님 특성 중에서 핵심적인 면, 즉, 그의 인격인 것입니다. 하나님의 사랑은 그의 거룩함, 의로움, 정의, 심지어 그의 진노하심조차도 포함한다 할 것입니다. 하나님의 모든 특성들은 완벽한 조화를 이룹니다. 하나님께서 하시는 모든 것이 거룩하고 의롭듯이, 그분께서 하시는 모든 것은 사랑입니다. 하나님의 사랑은 진정한 사랑의 완벽한 예입니다. 놀랍게도, 하나님은 그의 아들 예수를 구세주로 영접한 자들에게 성령을 통하여 하나님과 같이 사랑할 능력까지 주셨습니다(요 1:12, 요일 3:1, 23, 24).

하나님의 사랑을 가장 크게 표현한 말씀은 요한복음 3장 16절과 로마서 5장 8절입니다. 요한복음 3장 16절에서 "하나님이 세상을 이처럼 사랑하사 독생자를 주셨으니 이는 저를 믿는 자마다 멸망치 않고 영생을 얻게 하려 하심이라."고 말씀하시고, 로마서 5장 8절에서 "우리가 아직 죄인 되었을 때에 그리스도께서 우리를 위하여 죽으심으로 하나님께서 우리에게 대한 자기의 사랑을 확증하셨느니라."고 말씀하십니다. 여기서 우리가 천국에서 그분과 함께하는 것이 하나님의 가장 큰 소망임을 알 수 있습니다. 그리스도께서는 우리의 죄 값을 대신 지불하심으로 영생을 가능하게 만드셨습니다. 하나님은 자신의 의지로 우리를 사랑하실 것을 선택하셨습니다.

이렇게 우리를 사랑하신 하나님께서는 예수 그리스도를 이 땅에 보내서서 하나님의 사랑을 직접 실행해 보이셨습니다. 구약시대에는 하나님을 볼 수 없었습니다. 그런데 신약시대에 하나님이신 예수님께서 인간의 모습으로 친히 이 땅에 오셨습니다. 하나님의 형상을 닮은 인간들을 너무나 사랑하셔서 인간의 모습으로 하나님이 오신 것입니다. 하나님께서는 죄로 인하여 죽을 수밖에 없는 우리를 위해 그의 독생자를 구세주로 세상에 보내주신 것입니다. 이것이 하나님의 사랑입니다.

2) 하나님의 사랑을 실천하신 예수님(J)의 사랑

예수님은 참 사람이시며 참 하나님이신 신비한 인격체이십니다. 예수님은 분명히 사람으로 출생하셨습니다. 디모데전서 2장 5절에서 "하나님은 한 분이시요 또 하나님과 사람 사이에 중보도 한 분이시니 곧 사람이신 그리스도 예수시니라."고 말씀하십니다. 그는 사람이시기 때문에 그의 제자들을 '그의 형제' 혹은 '그의 친구'라고 부르셨습니다. 하나님께서는 우리를 너무나도 사랑하셔서 이렇게 인간의 모습으로 이 땅에 내려오신 것입니다.

예수님은 사람으로 오셨지만 하나님이신 것입니다. 그는 사람으로서 가질 수 없는 속성과 능력을 가지셨고 사람으로서 할 수 없는 일들을 행하셨습니다. 그는 사람의 마음을 꿰뚫어 보셨고 하나님만 하실 수 있는 많은 기적들을 행하셨습니다. 그는 물로 포도주를 만드셨고 떡 다섯 개로 5천 명을 먹이셨습니다. 그는 각종 불치의 병자들을 고쳐주셨습니다. 그는 문둥병자와 중풍병자를 고쳐주셨고, 소경과 앉은뱅이를 고쳐주셨습니다. 그는 12년 된 혈우병 환자와 38년 된 병자를 고쳐주셨고 심지어 죽은 자들도 살려주셨습니다. 이것들은 다 그가 사람 이상의 존재, 곧 하나님이심을 증거하는 것이며, 하나님의 사랑을 실행하신 것입니다. 예수님은 그의 사역을 통하여 이 땅에 하나님의 나라를 실행하셨습니다.

성경은 예수님께서 태초부터 계신 하나님이시고(요 1:1) '참 하나님'이시며(요일 5:20) '크신 하나님'이시며(딛 2:13) 그 안에 신성의 충만함이 있으시고(골 2:9) 모든 피조물들의 경배와 찬양의 대상이 되심을 증거하고 있습니다(계 5:12-13).

그는 하나님이시기 때문에 경배와 찬양과 기도를 받으셨고 또 받으실 수 있는 것입니다. 이렇게 하나님이신 예수님께서는 인간의 모습으로 이 땅에 오셔서 하나님의 사랑을 실행하셨습니다. 이것이 J의 사랑입니다.

예수님의 사랑을 깨닫게 하시는 보혜사 성령님의 사랑

오순절에 강림하신 보혜사 성령님의 주된 사역은 하나님께서 택하신 자들을 불러 거듭나게 하시고 거룩하게 하시는 구원사역입니다. 또한 부수적으로, 성령님께서는 구원받은 자들에게 여러 가지 은사들을 주 셔서 하나님과 이웃 사람들을 섬기고 사랑하게 하셨습니다. 보혜사 성령님의 사랑은 예수님의 사랑을 깨닫고 실행하게 해주십니다. 오순 절 성령강림으로 시작된 교회는 예수님의 머리이며 사랑의 공동체입 니다. 성령님께서 그 사랑의 표시로 우리에게 주시는 것이 은사이고 성령의 열매인 것입니다.

1) 은사를 주시는 성령님의 사랑

성령의 은사는 하나님의 본성과 그의 선하심을 나타내시기 위해 우 리에게 예수님의 몸 된 교회에서 일할 수 있도록 주어진 성령의 능력 입니다. 성령님을 통해서 우리에게 주시는 하나님의 사랑인 것입니 다. 성령의 은사를 다룬 바울의 서신에서(롬 12장, 고전 12-14장, 엡 4장)

항상 교회와의 연관성 속에서 성령의 은사를 언급하고 있습니다. 성령의 은사는 자신을 위하여 쓰는 것이 아니라, 교회에서 사랑을 실천하기 위하여 사용하도록 강조하고 있습니다.

로마서 12장 6절부터 8절에서는 일곱 가지 성령의 은사, 즉 예언, 섬김, 가르침, 위로, 구제, 다스림, 긍휼을 언급하고 있습니다. 이와 같이 우리에게 주신 은혜대로 받은 은사가 각각 다른 것입니다.

고린도전서 12장 8절부터 10절에서는 지혜의 말씀, 지식의 말씀, 믿음, 병 고침, 능력, 예언, 영분별, 방언, 통역 등 아홉 가지 은사를 언급하고 있습니다. 이 은사는 성령이 사람에게 임하거나 성령세례를 받을 때 나타나는 은사입니다.

이 모든 은사는 그리스도의 몸에 대한 사역 즉 성령의 활동하심 속에서 사랑으로 나타나는 것이지, 은사를 받은 개개인 스스로가 행하는 능력은 아니라는 점을 우리는 알아야 합니다.

성령의 은사를 주시는 이유는 이 세대가 악하기 때문으로(엡 4:14-15) 교회생활의 친교를 강화시키기 위해서이며(고전 14:12) 교회 봉사를 하게 하기 위함입니다(고전 12:1). 성령의 은사는 교회의 사명인 말씀전파를 가능케 해주며(엡 4장) 교회 성장의 원동력이 되기도 합니다. 성령님께서는 그리스도의 몸 된 교회에게 사랑으로 은사를 주셔서 더욱 더 강하고 조화롭게 만들어가는 것입니다.

이것이 성령님의 사랑입니다.

2) 삶의 열매로 나타나는 성령님의 사랑

갈라디아 5장 22절부터 23절에서 "오직 성령의 열매는 사랑과 희락과 화평과 오래 참음과 자비와 양선과 충성과 온유와 절제니 이 같은 것을 금지할 법이 없느니라."고 말씀하십니다. 여기서 성령의 아홉 가지 열매는 예수 그리스도의 인격이자 성품을 나타내며, 성령 받은 사람의 삶의 열매로 나타나는 성화와 관련이 있습니다.

성령님께서는 우리를 사랑하셔서 육체의 썩어질 것으로 하지 않으시고, 오직 성령의 열매로 거듭나서 성령의 사랑으로 행하게 하시는 것입니다. 성령을 따라 행하면 육체의 욕심을 이루지 않는다고 합니다(갈 5:16). 육체의 소욕은 성령을 거스르고 성령은 육체를 거스르는데, 이처럼 서로 대적하게 하여 우리가 원하는 것을 못하게 한다는 것입니다(갈 5:17).

육체의 일들은 "음행과 더러운 것과 호색과 우상숭배와 주술과 원수 맺는 것과 분쟁과 시기와 분 냄과 당 짓는 것과 분열함과 이단과 투기와 술 취함과 방탕함과 그와 같은 것들이라." 이런 일을 하는 자들은 하나님의 나라를 유업으로 받지 못한다고 합니다(갈 5:19-21).

◆ 성령의 첫 번째 열매, 사랑(고전 13장)

사랑은 아홉 가지 열매를 모두 포함하는 열매입니다. 죄와 사망의 법에서 자유함을 얻은 우리는 예수님 안에 있는 새 법인 생명과 성령의 법을 따라야 합니다.

우리의 힘을 다하고, 마음을 다하고, 뜻을 다하여 하나님을 사랑하고, 우리의 이웃을 내 몸과 같이 사랑하는 것이 생명과 성령의 법을 따라 성령의 열매를 맺는 방법입니다. 사랑의 열매는 성령의 은사를 올바로 사용하는 길이요 통로인 것입니다.

성냄과 미워하는 것, 다툼, 시기, 질투는 사랑의 열매를 소멸하게
합니다.

고린도전서 13장은 사도 바울의 사랑의 송가인데 성령 충만의 표징
입니다.

요한일서 4장 8절에서 "사랑하지 아니하는 자는 하나님을 알지 못하
나니 이는 하나님은 사랑이심이라."고 말씀하십니다.

◆ 성령의 두 번째 열매, 희락(롬 14:17, 살전 1:6)

희락은 영적 근원에서 나오는 기쁨을 의미합니다. 수많은 어려움과
환난 속에서 참된 기쁨을 누리는 것은 바로 성령님께서 주시는 희락의
열매입니다. 염려와 근심과 걱정은 희락의 열매를 소멸하게 합니다.

로마서 14장 17절에서 "하나님의 나라는 먹는 것과 마시는 것이 아
니요 오직 성령 안에 있는 의와 평강과 희락이라."고 말씀하십니다.

◆ 성령의 세 번째 열매, 화평(고전 14:33)

화평이란 말 속에는 통일성, 완전성, 쉼, 평안 그리고 안정이란 의
미가 포함되어 있습니다. 즉 화평이란 하나님과 나와의 관계를 회복하
고, 인간과 인간의 관계를 회복하고, 인간과 자연의 조화를 누리는 것
을 말합니다. 원수 맺는 것과 분쟁은 화평의 열매를 소멸하게 합니다.

로마서 5장 1절에서 "그러므로 우리가 믿음으로 의롭다 하심을 받았
으니 우리 주 예수 그리스도로 말미암아 하나님과 화평을 누리자."라
고 말씀하십니다.

◆ 성령의 네 번째 열매, 오래 참음(골 1:11)

오래 참는다는 것은 억울한 일을 당해도 금방 분노를 드러내지 않고, 분을 내더라도 죄를 짓지 않으며, 참고 견디는 것을 말합니다. 경솔한 행동과 성급한 행동은 오래 참음의 열매를 소멸하게 합니다.

베드로후서 1장 6절에서 "지식에 절제를, 절제에 인내를, 인내에 경건을"이라고 말씀하십니다.

◆ 성령의 다섯 번째 열매, 자비(딛 3:4, 딤후 2:24)

자비는 남을 긍휼히 여기는 그리스도인의 성품이며, 인간에게 사랑을 베푸시는 하나님의 성품을 의미합니다. 무관심과 냉담은 자비의 열매가 없는 것입니다.

골로새서 3장 12절에서 "그러므로 너희는 하나님이 택하사 거룩하고 사랑받는 자처럼 긍휼과 자비와 겸손과 온유와 오래 참음을 옷 입고."라고 말씀하십니다.

◆ 성령의 여섯 번째 열매, 양선(엡 5:9, 롬 15:14)

양선은 가장 고귀하고 윤리적인 가치관들을 대표하는 말입니다. 즉 대가나 보상의 기대 없이 착한 마음으로 이웃에게 사랑을 실천함으로써 하나님을 기쁘시게 하는 것을 말합니다. 악한 사람은 양선의 열매가 없는 사람입니다.

사도행전 11장 24절에서 "바나바는 착한 사람이요 성령과 믿음이 충만한 사람이라 이에 큰 무리가 주께 더하여지더라."고 말씀하십니다.

◆ 성령의 일곱 번째 열매, 충성(딛 2:10)

충성은 하나님 앞에서 최선을 다하는 신앙 자세로서, 하나님을 믿는 신앙의 가장 중요한 요소 중 하나라고 할 수 있습니다. 사도 바울은 충성된 종의 모범입니다. 배신하는 것은 충성의 열매를 소멸하게 합니다.

고린도전서 4장 2절에서 "그리고 맡은 자들에게 구할 것은 충성이니라."고 말씀하십니다.

◆ 성령의 여덟 번째 열매, 온유(마 5:5, 11:29)

온유라 함은 하나님의 뜻에 순종하는 자세이며, 그 가르침을 따라 행동하는 것을 말합니다. 즉 분노와 시기와 격한 육체의 소욕을 절제하고 하나님의 일꾼으로 훈련받아 자기 비움과 겸손의 모습으로 이웃과 교인들을 섬기는 상태를 말합니다.

포악한 사람은 온유의 열매를 맺지 못한 사람입니다.

에베소서 4장 2절에서 "모든 겸손과 온유로 하고 오래 참음으로 사랑 가운데서 서로 용납하고."라고 말씀하십니다.

◆ 성령의 아홉 번째 열매, 절제(롬 8:5, 고전 9:25)

절제는 성령의 은혜로 인하여 육체의 소욕을 멀리하고 조절하는 것을 의미합니다.

육체의 소욕대로 방탕함은 절제의 열매를 맺지 못한 증거입니다.

베드로후서 1장 6절에서 "지식에 절제를 절제에 인내를 인내에 경건을."이라고 말씀하십니다.

3) 성령의 은사와 열매의 관계성

성령을 받을 때 은사만 받는 것이 아닙니다. 성령을 받으면 삶에 열매가 맺힙니다. 성령의 은사만 있는 것이 아니라 성령의 열매가 있습니다. 우리는 성령의 열매보다 성령의 은사에 집중하는 경향이 있습니다. 성령의 은사도 중요하지만 보다 중요한 것은 성령의 열매입니다.

성경에 나오는 성령의 은사와 성령의 능력을 비교해 보면 대략 다음과 같은 중요한 차이가 있는 것을 발견할 수 있습니다. 성령의 은사가 무엇을 할 수 있는 능력에 속한 것이라면, 성령의 열매는 사람 자체의 성품에 속한 것이라고 할 수 있습니다. 성령의 열매는 예수님의 성품인데 우리가 성령을 받으면 우리에게 예수님의 성품이 나타나게 되는 것입니다.

성경이 말씀하는 성령의 열매를 자세하게 보면 참으로 하나님의 축복인 것을 알 수 있습니다. 성령의 열매를 보면 사모하는 마음이 생깁니다. 사랑의 열매, 희락의 열매, 화평의 열매, 오래 참음의 열매, 자비와 양선의 열매, 충성과 온유와 절제의 열매 등 모두가 예수님의 사랑의 성품인 것입니다.

많은 사람들이 은사 위주의 삶을 살아가고 있으며, 고린도 교회도 은사로 인하여 교회의 분란이 있었습니다. 교회를 섬기고 사역을 감당하기 위해서는 각양의 은사가 필요합니다. 그러나 너무 은사에만 치우칠 경우 성령의 열매의 핵심인 사랑과 서로 사랑하라는 예수님의 새 계명을 소홀히 할 수 있는 것입니다. 하나님께서 우리에게 은사를 주신 목적은 교회를 잘 섬기게 하기 위함입니다. 그리고 우리가 성령의 열매를 맺는 것은 예수님의 성품을 닮아가는 것이며, 예수님과 사랑의 교제를 나누기 위함입니다. 우리가 받은 은사로는 교회에 죽도록 충성하는 데 사용하고, 사랑의 열매는 우리가 서로 사랑하고, 교회에서 형제자매를 사랑하며, 믿지 않는 사람들에게 예수님의 성품을 나타내 보여 줌으로써 우리를 보고 그들이 예수님을 믿을 수 있도록 예수님의 사랑을 실천하는 데 사용해야 합니다.

삼위일체
하나님의 사랑

삼위의 하나님은 마치 하나의 커다란 원 안에 들어 있는 모습으로 서로 마주 보며 앉아있습니다. 완전한 일치와 사귐 속에 있는 것입니다. 성부와 성자는 서로 시선을 마주 보며 무언가 친밀한 대화를 나누고 계십니다. 그 대화 속에 성령님은 따뜻한 눈빛으로 참여하고 계십니다. 이들이 나누는 대화는 하나의 원 안에 자리한 모습으로 친밀하고 따뜻한 사랑의 교제를 느끼게 합니다. 삼위일체 되신 하나님은 이 사랑의 교제 속으로 우리가 들어오기를 원하십니다. 삼위 하나님의 친밀한 교제에 동참하기를 원하십니다. 이것이 삼위일체 하나님의 사랑입니다.

1) 삼위의 상호 관계

성경은 서로 구별되신 삼위께서 확실하게 존재하심을 증거하고 있습니다.

요한복음 14장 16절에서 "내가 아버지께 구하겠으니, 그가 또 다른 보혜사를 너희에게 주사."라고 말씀하시며, 마태복음 3장 16절부터 17절에서 "예수께서 세례를 받으시고 곧 물에서 올라오실 새 하늘이 열리고 하나님의 성령이 비둘기같이 내려 자기 위에 임하심을 보시더니 하늘로부터 소리가 있어 말씀하시되 이는 내 사랑하는 아들이요 내 기뻐하는 자라 하시니라."고 말씀하십니다.

삼위의 상호관계에 관해서는, 성자는 성부로부터 영원히 나오시며, 성령은 성부와 성자로부터 영원히 나오신다고 말할 수 있습니다. 요한복음 17장 5절에서 "아버지여, 창세전에 내가 아버지와 함께 가졌던 영화로써.", 요한복음 15장 26절에서 "아버지께로부터 나오시는 진리의 성령이 오실 때에.", 갈라디아서 4장 6절에서 "너희가 아들인 고로 하나님이 그 아들의 영을 우리 마음 가운데 보내사."라고 말씀하십니다.

하나님의 유일성과, 성자와 성령의 참된 신성을 인정하면 삼위일체의 신비를 인정하는 것입니다. 세 분이 어떻게 하나가 되시는지 알 수는 없지만, 그것은 신비한 일이고 매우 중요한 진리입니다. 이것은 우리가 삼위일체 하나님의 사랑을 이해하는 데 대단히 중요한 요소가 되는 것입니다. 삼위일체 그 하나님께서 우리를 죄와 사망으로부터 구원하셨습니다. 우리의 구원은 삼위일체 하나님께서 하신 일입니다. 이것이 삼위일체 하나님의 사랑입니다.

2) 삼위일체 하나님의 협력사역

삼위 하나님의 협력사역은 우리의 구원을 위한 사역입니다. 하나님은 그리스도 안에서 선한 일을 위하여 우리를 지으셨습니다(엡 2:10). 성자가 성령을 받아 성부의 일을 실행했듯이, 이제 성자가 성부로부터 동일한 성령을 받아 사랑받는 우리에게 성령을 주셨습니다(요 15:26, 행 2:33). 이처럼 삼위의 하나님은 우리의 구원을 위하여 서로 협력사역을 하고 계시는 것입니다.

성령을 받은 자들은 성부가 성자를 창세전부터 사랑하시므로 주신 영광도 알게 됩니다. 요한복음 17장 24절에서 "아버지여 내게 주신 자도 나 있는 곳에 나와 함께 있어 아버지께서 창세전부터 나를 사랑하시므로 내게 주신 나의 영광을 그들로 보게 하시기를 원하옵나이다." 라고 말씀하십니다.

성자가 추구한 것은 자신의 영광이 아니라 성부의 영광이었습니다 (요 8:50, 16:12-13). 성자는 말씀사역뿐 아니라 고난과 십자가를 통해서도 성부를 영화롭게 했습니다. 그러면서도 성자는 성부가 자신을 영화롭게 해주실 것을 기도하셨습니다(요 17:5). 성자가 영광 받으신 뒤에 올 성령은 오셔서 성자를 영화롭게 하십니다(요 16:14). 성자가 성부를 영화롭게 하시는 일은 오직 성령이 성자를 영화롭게 하심으로 완성되는 것입니다. 성자가 성부의 모든 것에 동참하는 것은 성령이 성자의 모든 것에 동참하는 것과 같은 맥락으로 볼 수 있습니다.

성령은 지금도 우리가 성자와 성부의 영광에 참여하도록 하고 계십니다. 성자는 성부에게서 받은 영광을 제자들에게 주셨습니다(요 17:22). 성령을 통하여 성자가 성부와 맺으신 교제로 들어감으로써 삼위일체 하나님의 사랑을 공유하는 것입니다. 성령은 이렇게 우리를 성자의 영광에 참여하게 하심으로 성자를 영화롭게 하시는 것입니다. 제자들이 열매를 맺게 하심으로 성부는 영광을 받고(요 15:8), 그들은 성자의 영으로 말미암아 그리스도의 형상으로 변화하여 영광에 이르게 됩니다(고후 3:18).

우리의 구원은 하나님의 본질에 속하는 것입니다. 구원을 삼위 하나님의 협력사역에 근거한 하나님의 본질로 이해해야 합니다. 우리는 구원을 확신하지만, 우리의 구원 자체는 이미 삼위 하나님께서 자신들의 협력사역에 기초하여 이루어진 것입니다. 성경이 말하는 교제와 참여는 삼위 하나님의 구원사역을 통하여 그의 본질에 참여함에 있는 것이고(벧후 1:4), 이것에는 근본적으로 성도의 교제도 포함됩니다.

요한일서 4장 8절에서 "사랑하지 아니하는 자는 하나님을 알지 못하나니 이는 하나님은 사랑이심이라."고 말씀하십니다. 이 사랑은 성자 안에서 우리에게 나타났습니다. 우리가 이 사랑을 체험하면, 우리는 하나님이 사랑이심을 알게 됩니다. 성부 하나님은 땅의 일을 위하여 성자를 보내기로, 성자는 이 제안에 응하기로, 성령은 그의 오심을 예비하기로 협의하셨습니다. 성자는 성부의 택한 종이요, 마음에 기뻐하는 사랑하는 자요, 성부는 그에게 성령을 주신 분입니다(마 12:18). 사랑하는 자와 사랑받는 자는 가장 깊은 교제의 신비를 즐기게 되는 것입니다. 성자는 성령으로 말미암아 흠 없는 자기를 십자가에서 하나님께 바쳤고(히 9:14), 성령의 능력으로 부활했습니다(롬 1:4). 이것이 삼위일체 하나님의 사랑입니다.

3) 삼위일체 하나님의 사랑의 성취

태초에 말씀이 계셨는데, 이 말씀은 하나님이시고, 하나님은 사랑이십니다.

성부 하나님께서는 태초에 말씀으로 천지를 창조하시고, 삼위의 형상을 닮은 인간을 창조했으나, 아담과 하와의 죄로 말미암아 하나님과의 관계가 단절되고 인간이 하나님의 사랑을 받을 수 없게 되자, 삼위일체 하나님께서는 성자 예수님을 땅으로 보내실 것을 합의하십니다. 성자 예수님은 땅에 오셔서 십자가를 지고 피 흘리심으로 말미암아 하나님과의 관계를 회복시키고, 우리가 하나님의 사랑을 받을 수 있도록 길을 열어주신 것입니다. 그것은 오직 성령을 통해서만 가능합니다. 예수님께서 승천하시면서 보혜사 성령을 약속하셨는데, 오순절 성령강림이 이루어져서 120명의 성도들이 성령을 충만하게 받아서 초대교회가 시작되었습니다. 십자가를 통하여 성자 예수님의 사랑이 성취되었으며, 오순절 성령강림으로 교회에 대한 삼위일체 하나님의 사랑이 성취된 것입니다.

이렇게 삼위일체 하나님의 사랑은 성부 하나님의 말씀과 성자예수님의 십자가와 성령님의 교회 사랑으로 성취되는 것입니다.

삼위일체 하나님의
사랑의 실행방법

1) 새 언약과 새 계명을 통한 예수님과의 사랑

어떻게 하여야 하나님의 나라에 들어갈 수 있으며, 하나님께서 원하시는 의롭다 하심을 입고, 예수님과 사랑의 교제를 나눌 수 있을까요? 우리가 예수님의 사랑을 공급받고 그 사랑 가운데 거하며 예수님께서 우리를 사랑한 것같이 우리가 서로 사랑하려면 어떻게 해야 하는지 알아야 합니다.

예수님께서는 우리에게 새 언약과 새 계명을 주셨습니다. 새 언약은 예레미야 선지자를 통하여 이미 오래 전에 하나님께서 그의 백성과 새 언약을 맺으실 것이라고 예언하였습니다(렘 31:31-34). 이 예언은 예수 그리스도께서 십자가 위에서 피를 흘리심으로 이루어졌습니다. 새 언약은 하나님께서 아브라함에게 그의 자손으로 말미암아 천하 만민이 복을 얻겠다고 하신 약속을 성취하신 것입니다(창 22:18). 예수님은 아브라함의 자손으로 오셔서 이 세상 모든 족속들을 죄에서 구원하여 주시는 사랑을 주셨습니다.

이 새 언약의 내용은 신약성경에 자세히 나옵니다. 갈라디아서 3장 26절부터 29절에 나타나 있습니다. "너희가 다 믿음으로 말미암아 그리스도 예수 안에서 하나님의 아들이 되었으니 누구든지 그리스도와 합하여 세례를 받은 자는 그리스도로 옷 입었느니라. 너희는 유대인이나 헬라인이나 종이나 자유인이나 남자나 여자나 구별 없이 다 그리스도 예수 안에서 하나이니라. 너희가 그리스도께 속한 자면 곧 아브라함의 자손이요 약속대로 유업을 이을 자니라." 이와 같이 새 언약의 약속은 어떠한 민족이나 남자나 여자나 부자나 빈자나 차별 없이 그리스도의 말씀에 순종하는 모든 사람에게 해당되는 것입니다.

새 언약은 하나님의 법을 돌 판이나 책이 아니라 성령을 통해서 마음 판에 새겨주시며, 성령을 통해 자원하여 하나님의 법을 지키는 자가 되게 합니다. 또한 하나님께서 친히 우리의 죄를 사하시고 다시 기억하지 않으시며, 그 어떤 피조물이라도 예수 그리스도 안에 있는 하나님의 사랑에서 우리를 영원히 끊을 수 없게 합니다. 새 언약을 통하여 우리는 율법에서 완전히 자유로워졌으며, 성령을 통하여 예수님과 사랑의 교제를 나눌 수 있게 되었습니다.

그리고 예수님께서는 제자들에게 새 계명을 주셨습니다. 새 계명에 대하여 예수님께서는 요한복음 13장 34절에서 "새 계명을 너희에게 주노니 서로 사랑하라. 내가 너희를 사랑한 것같이 너희도 서로 사랑하라."고 말씀하십니다. 하나님께서 독생자 예수님을 사랑하셨듯이 예수님께서는 제자들을 이 모양 저 모양으로 사랑하셨습니다. 이와 같이 "내가 너희를 사랑한 것같이 너희도 서로 사랑하라.'는 것이 새 계명입니다. 우리가 새 계명을 지키기 위해서는 반드시 새 언약을 이해하고 새 언약을 지켜야하는 것입니다. 여기서 핵심은 보혜사 성령입니다. 우리가 보혜사 성령을 받아야만 우리가 새 언약과 새 계명을 지킬 수 있으며, 우리 마음속에 예수님의 성품인 성령의 열매가 나타나기 시작하며, 예수님과 진정한 사랑의 교제를 나눌 수 있습니다.

2) 생명의 성령의 법과 삼위일체 하나님의 사랑

로마서 8장 1절부터 2절에서 "그러므로 이제 그리스도 예수 안에 있는 자에게는 결코 정죄함이 없나니, 이는 그리스도 예수 안에 있는 생명의 성령의 법이 죄와 사망의 법에서 너를 해방하였음이라."고 말씀하십니다.

사도 바울은 로마서 8장 1절에서 그리스도 예수 안에 있는 사람들은 정죄를 받지 않는다고 선언하고 있습니다. 그 이유는 바로 "예수 안에 있는 생명의 성령의 법"이 "죄와 사망의 법"에서 우리를 해방시켜 주셨기 때문이라고 말하고 있습니다. 그러면 여기에 나오는 생명의 성령의 법과 사망의 법은 무엇을 의미할까요?

여기에 나오는 "생명의 성령의 법"은 "성령"을 의미합니다. 그러면 바울이 성령을 "생명의 성령"이라고 말한 이유는 성령님께서 우리의 생명을 살려 주시고 또 영생을 얻게 해주시기 때문입니다. 죄는 우리를 사망으로 이끌지만 성령님은 우리에게 생명을 주시고 우리를 영생의 길로 이끌어 주십니다. 여기에서 바울이 말한 "죄의 법"은 그의 지체 속에 일정한 영향력을 가지고 활동하는 타락한 죄의 성질을 의미합니다.

그러므로 "생명의 성령의 법"은 사람들을 생명으로 인도하기 위해서 그들 안에서 역사하시는 성령님의 선한 영향력을 의미한다고 할 수 있습니다. 우리 안에는 우리가 통제할 수 없는 강력한 죄의 세력, 즉 죄의 법이 있습니다. 이러한 죄의 세력은 우리를 죄와 사망으로 인도합니다. 전에는 우리가 이러한 죄의 세력을 이길 수 없었기 때문에 죄의 정욕을 좇아 사망의 열매를 맺으면서 살아갈 수밖에 없었습니다. 그러나 이제 예수님을 믿는 성도들 안에는 하나님께서 보내주신 성령님께서 내주하고 계십니다. 이러한 성령님은 우리를 의와 생명으로 인도하십니다. 이러한 성령님의 힘은 이전에 우리를 사로잡고 있었던 죄의 세력보다 훨씬 더 강한 힘을 갖고 있습니다. 그러므로 예수 그리스도를 믿는 사람들은 이러한 성령님을 좇아 살 때에, 우리 안에서 우리를 죄로 인도하는 죄의 세력으로부터 해방되어 영생의 열매를 맺을 수 있습니다.

사도 바울은 이러한 생명의 성령의 법이 예수 안에 있다고 말하고 있습니다. 생명의 성령의 법은 예수님 안에 있습니다. 예수 그리스도는 세상에서 십자가에 달리심으로 인류의 죄 값을 모두 지불하셨습니다. 그러므로 예수 그리스도를 믿는 사람은 모든 죄와 사망으로부터 자유롭게 될 수 있습니다. 또한 예수 그리스도께서는 죽음을 이기시고 다시 살아나셔서 하나님 우편에 앉으시고, 보혜사 성령님을 우리에게 보내주셨습니다. 그리고 이 성령님은 예수님을 대신해서 우리를 세상에서 보호하고, 인도해 주시며, 우리를 모든 죄의 세력으로부터 안전하게 지켜 주십니다. 그러므로 생명의 성령의 법은 예수 그리스도의 구속사역과 밀접한 관계가 있습니다. 성령님은 예수 그리스도의 구속 행위를 근거로 하고 있으며, 예수 그리스도께 보내심을 받은 하나님의 영입니다. 이러한 점에서 생명의 성령의 법은 삼위일체 하나님의 역사라고 말할 수 있는 것입니다.

우리 안에 계신 성령님은 강력한 죄의 세력으로부터 우리를 해방시켜서 우리를 생명의 길로 인도해 주십니다. 그러므로 성령님을 좇아 행하는 사람은 죄를 극복하고 하나님의 뜻을 좇아 행하게 되며, 예수님과 사랑의 교제를 나눌 수 있게 됩니다. 이러한 점에서 바울은 "생명의 성령의 법이 사망의 법에서 우리를 해방시켰다."고 선언하고 있는 것입니다.

3) 율법과 믿음의 법, 성령의 법, 사랑의 법의 관계

◆ 율법(롬 13:10)

하나님의 율법은 십계명을 포함하며, 출애굽기 20장 1절부터 17절에서 구체적으로 제시하고 있습니다. 하나님 율법의 기본 원칙은 로마서 13장 10절에서 "사랑은 이웃에게 악을 행치 아니하나니 그러므로 사랑은 율법의 완성이니라."고 말씀하고 있습니다. 하나님의 사랑은 율법의 완성입니다.

마태복음 22장 37절부터 40절에서 "예수께서 가라사대 네 마음을 다하고 목숨을 다하고 뜻을 다하여 주 너의 하나님을 사랑하라 하셨으니 이것이 크고 첫째 되는 계명이요 둘째도 그와 같으니 네 이웃을 네 자신과 같이 사랑하라 하셨으니 이 두 계명이 온 율법과 선지자의 강령이니라."고 말씀하십니다.

예수 그리스도를 통하여 하나님의 율법과 우리의 관계가 분명해집니다.

마태복음 5장 17절부터 18절에서 "내가 율법이나 선지자나 폐하러 온 줄로 생각지 말라. 폐하러 온 것이 아니요 완전케 하려 함이로다. 진실로 너희에게 이르노니 천지가 없어지기 전에는 율법의 일점일획이라도 반드시 없어지지 아니하고 다 이루리라."고 말씀하십니다.

하나님의 율법은 의를 제공하는 것이 아니라 방향을 제시합니다.

갈라디아서 2장 15절부터 16절에서 "우리는 본래 유대인이요 이방 죄인이 아니로되 사람이 의롭게 되는 것은 율법의 행위에서 난 것이 아니요 오직 예수 그리스도를 믿음으로 말미암는 줄 아는 고로 우리도 그리스도 예수를 믿나니 이는 우리가 율법의 행위에서 아니고 그리스도를 믿음으로서 의롭다 함을 얻으려 함이라. 율법의 행위로서는 의롭다 함을 얻을 육체가 없느니라."고 말씀하십니다.

이와 같이 율법은 구약에서 하나님의 의를 이루는 기준이 되었지만, 이제 예수 그리스도의 새 언약을 통하여 율법은 죄의 법을 알게 하는 몽학선생이며, 율법을 행함으로써 의롭게 되는 것이 아니라 예수 그리스도를 믿음으로써 의롭게 되는 것입니다. 예수 그리스도께서는 율법을 두 가지 계명 즉 하나님 사랑과 이웃 사랑으로 요약하셨습니다. 그래서 사랑은 율법의 완성이라고 하신 것입니다.

◆ 믿음의 법(롬 3:27, 31)

모든 사람은 죄를 범하였으며 하나님의 영광을 나타내지 못했습니다. 그러므로 사람들은 하나님의 저주와 심판 아래 놓이게 되었습니다. 그러나 하나님께서는 예수 그리스도를 통해서 우리를 위한 구원의 길을 예비해 주셨습니다. 하나님께서는 자기 아들을 우리를 대신해서 십자가에 못 박게 하심으로 인류의 모든 죄 값을 지불하셨습니다. 하나님은 예수 그리스도를 믿는 사람은 누구든지 의롭다고 선언하시고, 그들에게 하나님의 자녀가 되는 권세를 주셨습니다.

로마서 3장 27절부터 28절에서 "그런즉 자랑할 데가 어디뇨. 있을 수가 없느니라. 무슨 법으로냐 행위로냐 아니라 오직 믿음의 법으로니라. 그러므로 사람이 의롭다 하심을 얻는 것은 율법의 행위에 있지 않고 믿음으로 되는 줄 우리가 인정하노라."고 말씀하십니다.

율법으로는 우리가 의롭게 될 수가 없으므로 죄와 저주 아래서 절망하던 사람들에게 의롭게 되는 길은 바로 예수 그리스도를 믿는 길밖에 없는 것입니다. 믿음의 법은 바로 예수 그리스도가 화목제물이 되셔서 십자가에서 모든 죄를 담당하신 것을 믿음으로 의롭게 되는 법입니다. 이 믿음의 법으로 얻는 의는 우리가 자랑할 것이 하나도 없으며, 오직 하나님의 은혜요 사랑인 것입니다.

◆ 성령의 법을 통한 사랑의 법 완성

사도 바울은 로마서 7장 21절부터 25절에서 율법으로 자유롭게 되었지만 우리 속에서 육체의 법(율법)과 마음의 법(믿음의 법)이 갈등하며 싸우고 있는 것을 발견하게 됩니다. 그래서 사도 바울은 24절에서 "오호라 나는 곤고한 사람이로다. 이 사망의 몸에서 누가 나를 건져내랴."고 말씀하고 있습니다. 이러한 현실적인 갈등, 영적인 전쟁에서 실제로 승리하는 비결을 로마서 8장 전체에서 말씀하고 있습니다. 이러한 것들을 해결하는 것은 바로 생명의 성령의 법인 것입니다.

로마서 8장 1절에서 우리는 이미 예수 그리스도의 구속사역으로 말미암아 죄에 대하여 죽었고, 의에 대하여 살았으며, 곧 율법에 대하여 자유하게 되었으므로 "이제 그리스도 예수 안에 있는 자에게는 결코 정죄함이 없나니."(1절)라고 선포합니다. 이렇게 정죄함이 없게 된 이유를 2절부터 4절에서 구체적으로 설명합니다. 우선 "이는 그리스도 예수 안에 있는 생명의 성령의 법이 죄와 사망의 법에서 너를 해방하였음이라."(2절)고 하였습니다.

십자가의 놀라운 사랑을 믿음으로 받아들인 자에게는 생명의 성령의 법이 다스리도록, 육신을 좇지 않고 성령을 좇아 행하도록 율법의 요구를 다 이루십니다(3절-4절). 우리가 예수 그리스도를 믿게 됨으로써 우리 안에 성령이 임하게 되었다는 것입니다. 예수 그리스도 안에 있는 우리는 믿게 된 후부터 우리 힘으로 사는 것이 아니라 우리 안에 계시는 성령의 힘으로 살게 됩니다(9절). 우리 힘으로는 도저히 하나님의 말씀을 순종할 수 없기에 생명의 성령의 법이 적용되어야 합니다. 생명의 성령의 법의 적용을 받고 사는 사람이 그리스도의 사람이며, 그 안에 그리스도께서 사신다는 뜻입니다(10-11절).

누가복음 11장 13절에서 "너희가 악할지라도 좋은 것을 자식에게 줄 줄 알거든 하물며 너희 하늘 아버지께서 구하는 자에게 성령을 주시지 않겠느냐 하시니라."고 말씀하십니다. 그렇습니다. 바로 성령이었습니다.

예수님께서는 하나님의 나라에 들어갈 수 있도록 성령을 주신다는 것입니다. 하나님 나라에 들어가서 하나님과 사랑의 교제를 나눌 수 있는 방법은 성령으로 가능하다는 뜻입니다. 성령은 마음의 상태에서 이미 하나님의 사랑과 하나님의 나라를 결정하기 때문에 간절히 구하고, 찾고, 두드려야 합니다. 하나님께서 이미 율법과 선지자들을 통하여 약속하신 성령이므로 언약 안에 있는 하나님의 백성들에게는 이 언약을 바탕으로 하나님께 구하면 반드시 주십니다.

사도행전 2장 16절부터 18절에서 "이는 곧 선지자 요엘을 통하여 말씀하신 것이니 일렀으되 하나님이 말씀하시기를 말세에 내가 내 영을 모든 육체에 부어 주리니 너희의 자녀들은 예언할 것이요, 너희의 젊은이들은 환상을 보고, 너희의 늙은이들은 꿈을 꾸리라. 그때에 내가 내 영을 내 남종과 여종들에게 부어 주리니 그들이 예언할 것이요."라고 말씀하십니다.

성령으로 인하여 우리는 심령의 상태가 복이 있는 자로 될 수 있는 것이며, 성령으로 우리의 믿음이 온전해져서 우리가 하나님 나라에 들어갈 수 있는 것이며, 바로 그 성령으로 인하여 천국백성으로 하나님과 사랑의 교제를 나눌 수 있게 되는 것입니다. 요한복음 13장 34절에서 "새 계명을 너희에게 주노니 서로 사랑하라. 내가 너희를 사랑한 것같이 너희도 서로 사랑하라."고 말씀하십니다.

이와 같이 성령을 받은 사람은 이제 더 이상 죄와 사망의 법 아래에 있지 않으므로 새로운 생명의 성령의 법 아래에 있게 되는 것입니다. 우리가 그런 마음의 상태에 있을 때 우리는 예수님께서 주시는 새 계명을 잘 실천하게 됩니다.

그리고 생명의 성령의 법 아래에 있는 사람은 더 이상 율법 아래에 있을 수 없습니다. 이 생명의 성령의 법을 금지할 법은 더 이상 없기 때문입니다. 성령을 받은 사람은 예수님의 성품인 성령의 열매를 풍성하게 받게 되는 것입니다.

갈라디아서 5장 18절과 22절부터 23절에서 "너희가 만일 성령의 인도하시는 바가 되면 율법 아래에 있지 아니하리라."고 말씀하고 있으며, "오직 성령의 열매는 사랑과 희락과 화평과 오래 참음과 자비와 양선과 충성과 온유와 절제니 이 같은 것을 금지할 법이 없느니라."고 말씀하십니다. 성령을 풍성하게 받은 사람이 제일 먼저 받는 열매는 사랑의 열매입니다. 우리가 성령을 받아야 우리 마음속에 예수님의 사랑을 풍성하게 소유할 수 있으며 예수님과 사랑의 교제를 할 수 있게 되는 것입니다.

우리가 알아야 하는 중요한 사실은 예수님께서 새 계명을 주시기 전에 우리에게 새 언약을 주셨다는 것입니다. 새 언약은 예레미야가 예언을 통하여 말씀하였습니다.

예레미야 31장 33절에서 "내가 이스라엘 집과 맺을 언약은 이러하니 곧 내가 나의 법을 그들의 속에 두며 그들의 마음에 기록하여 나는 그들의 하나님이 되고 그들은 내 백성이 될 것이라."고 말씀하고 있습니다. 여기서 나의 법은 성령을 의미하고 그들의 속이라는 것은 우리의 마음을 의미합니다. 이제 하나님의 계명을 돌 판에 새기는 것이 아니라 성령을 주어서 우리의 마음 판에 새기겠다는 것입니다.

새 언약은 모세를 통하여 맺은 옛 언약과는 다른 것입니다. 새 언약은 하나님께서 보혜사 성령을 우리 속에 부어 주셔서 그 성령을 통하여 우리 마음에 하나님의 나라가 이루어지며, 우리는 거듭난 사람으로 예수님의 성품을 닮아가는 것입니다. 생명의 성령의 법으로 인도함을 받는 사람은 성령의 열매를 풍성하게 받음으로써 예수님의 성품을 닮아가는 것입니다. 더 이상 십계명이나 율법을 준수하려고 행위를 돌아보지 않아도 됩니다. 이것이 새 언약에서 이야기하는 하나님 나라의 백성으로 살아가는 생명의 성령의 법의 핵심입니다. 새 언약을 받은 우리는 이제 우리 속에서 역사하시는 삼위일체 하나님과 함께 무시로 사랑의 교제를 나눌 수 있으며, 예수님께서 주신 새 계명을 통하여 우리가 서로 사랑할 수 있게 되는 것입니다. 이것이 삼위일체 하나님의 사랑의 실행방법입니다.

• Chapter 03 •

구약성경에 흐르고 있는
J의 사랑

JESUS'S LOVE **1**

|

창세기

요한복음 5장 39절에 보면 예수님께서 "너희가 성경에서 영생을 얻는 줄 생각하고 성경을 상고하거니와 이 성경이 곧 내게 대하여 증거하는 것이라."고 말씀하셨습니다. 즉, 성경대로 믿고 성경대로 살면 영원한 생명을 얻는 줄 알고 성경을 자세히 살펴보지만 이 성경은 곧 예수님 자신을 증거하는 것이라는 말씀입니다. 예수님 자신이 말씀하신 바와 같이 성경은 다 예수 그리스도를 예표하고 상징하고 증거합니다. 그러므로 지금부터 창세기에서 그리스도를 상징하는 부분들을 살펴보면서 예수님의 사랑이 어떻게 증거되고, 흐르고 있는지 살펴보겠습니다.

1) 예수님을 상징하는 말씀들

창세기에서 하나님께서는 말씀으로 천지만물을 창조하셨는데 이 말씀은 곧 성자 예수님을 가리킵니다. 이 말씀은 태초부터 성부 하나님과 함께 계시면서 천지만물을 창조하셨고, 이 말씀이 사람의 몸을 입고 땅 위에 오셨는데, 그분이 곧 예수 그리스도입니다.

요한복음 1장 1절에서 "태초에 말씀이 계시니라 이 말씀이 하나님과 함께 계셨으니 이 말씀은 곧 하나님이시니라."요한복음 1장 3절에서 "만물이 그로 말미암아 지은 바 되었으니 지은 것이 하나도 그가 없이는 된 것이 없느니라."요한복음 1장 14절에서 "말씀이 육신이 되어 우리 가운데 거하시매 우리가 그 영광을 보니 아버지의 독생자의 영광이요."라고 말씀하고 계십니다. 사랑이 많으신 예수님께서는 말씀이 육신이 되어 우리 가운데 오셨는데 이분이 아버지의 독생자 예수 그리스도라고 성경은 우리에게 분명하게 말씀해 주시는 것입니다.

2) 예수님을 상징하는 사람들

◆ 아담

아담은 예수님을 표상하는 사람이었습니다. 로마서 5장 12절부터 21절에서 "그러므로 한 사람으로 인하여 죄가 세상에 들어오고 죄로 말미암아 사망이 들어왔나니 이와 같이 모든 사람이 죄를 지었으므로 사망이 모든 사람에게 이르렀느니라.", "한 사람의 범죄로 인하여 많은 사람이 죽었은즉 …… 한 사람 예수 그리스도의 은혜로 말미암은 선물이 많은 사람에게 넘쳤으리라."고 기록되었습니다. 이는 첫 사람 아담이 순종하지 아니하고 범죄함으로써 많은 사람이 죽게 되었지만, 마지막 아담이신 예수 그리스도의 순종과 의를 인하여 많은 사람이 의인이 되었다는 말씀입니다. 또, 로마서 5장 14절에 보면 "아담은 오실 자의 표상이라."고 하였습니다. 아담은 장차 오실 예수님을 예표하고 상징하는 사람이었다는 뜻입니다.

◆ 멜기세덱

아브람이 그돌라오멜과 그와 함께 한 왕을 격파하고 돌아올 때에 살렘 왕이요 지극히 높으신 하나님의 제사장이었던 멜기세덱이 떡과 포도주를 가지고 나와서 아브람을 영접하고 그에게 축복해 주었습니다 (창 14:17-24).

이러한 멜기세덱에 대하여 히브리서 7장 2절부터 3절에서 "멜기세덱은 그 이름을 번역하면 의의 왕이요 또 살렘 왕이니 곧 평강의 왕으로 아비도 없고 어미도 없고 시작한 날도 없고 생명의 끝도 없어 하나님의 아들과 방불하여 항상 제사장으로 있느니라."고 기록되었습니다. 즉, 멜기세덱은 예수님과 비슷한 점이 있다는 뜻입니다. 그러므로 멜기세덱은 예수님의 모형이었습니다.

◆ 여호와의 사자

창세기 여러 곳에 보면 여호와의 사자가 많이 나타났는데 이 여호와의 사자는 천사가 아니고 분명히 성자 예수님이 사람의 모습으로 나타나셨던 것이라고 말할 수 있습니다(창 16:7-14, 18:22, 19:1, 22:11, 15-16, 31:11, 13).

16장에는 여호와의 사자가 하갈에게 나타났고, 18장 22절에서는 아브라함에게 나타났고, 19장 1절에서는 롯에게, 그리고 22장에는 모리아산에서 아브라함에게, 31장 11, 13절에서는 야곱에게 나타났습니다. 어떤 곳에서는 여호와의 사자라고 하였고 또 어떤 곳에서는 여호와라고 했습니다. 이는 장차 사람으로 나타나실 예수님을 모형으로 보여 주신 것이라고 말할 수 있습니다.

◆ 이삭

이삭도 예수님의 모형이라 말할 수 있습니다. 22장은, 아브라함이 하나님의 말씀을 듣고 그 독자 이삭을 모리아산으로 데리고 가서 번제로 드리는 내용입니다. 여기에서 아버지 뜻에 순종한 이삭과 예수님은 참으로 유사한 점이 많습니다. 그래서 어떤 성경학자는 "모리아산의 이삭에게서 갈보리산의 예수님의 모형을 볼 수 있다."고 말했습니다. 그러면 이삭과 예수님을 비교하여 봅시다.

- 이삭은 아브라함의 독자였고, 예수님은 하나님의 독생자였습니다.
- 이삭은 모리아산으로 올라갔고, 예수님은 갈보리산으로 올라갔습니다.
- 이삭은 번제드릴 나무를 지고 올라갔고, 예수님은 자신이 달려야 할 십자가를 지고 올라가셨습니다.
- 이삭은 결박당하여 죽게 되었을 때도 한마디 말, 어떤 행동으로도 반항하지 아니하였고 예수님은 십자가에서 돌아가시면서도 털 깎는 자 앞에서 잠잠한 어린 양같이 반항하지 아니하셨습니다. 이와 같이 이삭은 예수님의 예표요 모형이었습니다.

◆ 예수님을 상징하는 물건들

첫째, 가시덤불은 예수님의 가시면류관을 상징합니다. 창세기 3장 18절에서 아담과 하와가 범죄한 다음에 땅이 저주를 받아 가시덤불과 엉겅퀴를 냈다고 하였는데, 이 가시도 예수님과 관계가 있습니다. 예수님도 저주를 받아서 가시면류관을 쓰셨습니다.

둘째, 창세기 3장 21절에 보면 하나님께서 아담과 하와를 위하여 가죽옷을 지어 입히셨다고 하였는데 이 가죽옷도 예수님을 상징하는 것이었습니다. 아담과 하와는 범죄한 다음에 무화과 나뭇잎을 엮어서 치마를 만들어 보았으나, 여호와께서는 무화과 잎의 치마로서는 부끄러움을 가릴 수 없는 것을 보시고 친히 가죽옷을 지어 입혀 주셨습니다. 가죽옷을 만들기 위하여서 동물을 희생시켰습니다. 동물을 희생시킬 때 반드시 피를 흘리게 됩니다. 이것은 예수님의 십자가의 피를 상징하는 것입니다. 동물을 희생하여 가죽옷을 지어 부끄러움을 가려 주신 것과 같이 예수님을 희생시켜 의의 옷을 입혀 주셔서 우리의 죄를 가려 주셨습니다.

셋째, 아벨의 제물이 그리스도를 상징하는 것이었습니다(창 4:1-5).

성경 역사에서 아벨의 제단이 첫 제단이요 아벨의 제물이 첫 제물이었는데, 아벨의 제물의 특성은 희생이었습니다. 피 흘리는 것이 특성이었습니다. 가인의 제물에는 피가 없었으나 아벨의 제물에는 피가 있었습니다. 예수님은 피 흘려서 십자가 제단의 제물이 되어 주셨습니다. 우리를 위하여 희생하신 것입니다.

넷째, 노아의 방주도 예수님을 상징하는 것입니다. 방주 안에 있는 사람들은 다 구원을 받았으나 방주 밖에 있는 사람들은 다 멸망하였습니다(7장-8장). 마찬가지로 예수님 안에 있는 사람들은 다 구원을 받으나 예수님 밖에 있는 사람들은 다 멸망을 당할 수밖에 없습니다.

다섯째, 사닥다리도 예수님을 상징합니다. 창세기 28장 10절 이하에 보면 야곱이 밧단아람으로 가다가 해가 져서 광야에서 자는데, 꿈에 사닥다리가 땅에서 하늘에까지 닿았고 그 위에서 하나님의 사자가 오르락내리락하는 것을 보았습니다. 이 사닥다리도 예수님을 상징합니다. 사닥다리가 하늘과 땅을 연결하는 것과 같이 예수님도 하나님과 우리 사이를 연결하여 주셨습니다. 이와 같이 예수님은 하나님과 우리 사이에 계시면서 하나님과 우리를 연결하는 중보자가 되어 주셨습니다.

이와 같이 "이 성경이 곧 내게 대하여 증거하는 것이라."고 하신 말씀을 보면 창세기에는 그리스도를 증거하고 상징하고 예표하는 말씀과 사람과 물건이 너무나 많이 있습니다. 이제 우리는 이 창세기에서 영원하신 예수님, 창조주이신 예수님, 희생하시는 예수님, 구원하시는 예수님, 중보가 되시는 예수님, 영화로우신 예수님을 보았습니다. 이와 같이 예수님의 사랑은 창세기에서부터 여러 가지 모형으로 말씀 가운데 나타나셔서 분명하게 흐르고 있는 것입니다. 이것이 J의 사랑의 시작입니다.

출애굽기

1) 모세에게 나타난 예수님의 모형

모세는 예수님의 모형이라고 말할 수 있습니다. 물론 모세는 사람이기 때문에 완전히 예수님 같을 수는 없지만 모형으로서 예수님을 보여줍니다. 그러면 어떠한 점에서 모세가 예수님의 모형이었는지 살펴보겠습니다. 여기서는 하나님의 사랑이 말씀으로 나타나는 구원과 사랑이 모세를 통하여 어떻게 나타났으며 그것이 예수님의 사랑으로 어떻게 승화되는지가 중요합니다.

◆ 말씀의 대언자 모형

모세는 하나님의 말씀을 대언한 점에서 예수님의 모형이었습니다. 모세는 하나님께로부터 말씀을 받아서 이스라엘 백성과 바로에게 전하였습니다(출 4:12-16). 그 외에도 "여호와께서 모세에게 이르시되."라는 말씀이 많이 기록되어 있습니다.

예수님도 아버지의 말씀을 받아서 이것을 제자들과 모든 사람들에게 전하고 가르쳤습니다(요 12:50, 14:24). 이런 점으로 보아서 하나님의 사랑의 표현이신 말씀을 대언하는 모세는 예수님의 모형이라고 할 수 있는 것입니다.

◆ 구원자 모형

하나님의 백성들을 구원한 점에서 모세는 예수님의 모형이었습니다. 모세는 하나님의 선민 이스라엘 백성들을 애굽에서 인도하여 내었고, 예수님은 자기 백성들을 저희 죄에서 구원하여 내셨습니다(출 3:10, 마 1:21).

율법을 전하여 준 점에서 모세는 예수님의 모형이었습니다. 모세는 시내산에서 율법을 받아서 이스라엘 백성들에게 전하여 주었고 예수님은 시온산에서 새 율법을 우리에게 전하여 주셨습니다. 요한복음 13장 34절에 보면 "새 계명을 너희에게 주노니 서로 사랑하라."고 말씀하셨습니다. 주께서 우리에게 주신 새 계명은 서로 사랑하라는 것이었습니다.

2) 유월절의 어린 양은 예수님의 예표

유월절의 어린 양은 곧 하나님의 어린 양 예수 그리스도를 예표하는 것이었습니다.

이스라엘 백성이 애굽을 탈출하던 그 밤을 "여호와의 밤"이라고 하였는데(출 12:42), 그 밤에 이스라엘 백성들은 하나님의 명령대로 어린 양을 잡아서 그 피를 문설주에 발라 놓았습니다. 하나님께서 맏아들을 죽이러 온 애굽 땅에 두루 다니실 때에 이 피가 있는 집은 넘어가고 그 집의 맏아들은 죽이지 아니하셨습니다. 옛날 애굽에서 어린 양의 피가 발라져 있는 가정은 죽임을 면한 것과 같이 오늘 하나님의 어린 양 예수 그리스도의 피를 믿는 사람들도 다 죽임을 면하고 구원을 받았습니다.

요한복음 1장에 보면 세례 요한은 예수님을 가리켜서 "세상 죄를 지고 가는 하나님의 어린 양"이라고 하였습니다. 그리고 고린도전서 5장 7절에는 "우리의 유월절 양 곧 그리스도께서 희생이 되셨느니라."고 말씀하였습니다. 그러므로 애굽의 유월절 어린 양은 하나님의 어린 양 되시는 예수 그리스도를 미리 보여 주는 것이었습니다. 애굽에서 "여호와의 밤"에 어린 그 양의 피가 없는 가정의 맏아들은 다 죽고 피가 있는 가정의 맏아들은 다 살았습니다. 오늘도 마찬가지입니다. 예수 그리스도의 피의 공로를 믿지 아니하는 사람들은 다 죽고 피의 공로를 믿는 사람은 다 구원을 받았습니다. 예수님의 피의 공로를 믿지 않는 사람들은 살아있으나 죽은 것과 마찬가지이므로 우리는 그들에게 복음을 전파하여 예수님의 사랑 안에서 구원을 받을 수 있도록 해야 합니다.

요한복음 6장 53절 이하에 보면 예수님께서 "인자의 살을 먹지 아니하고 인자의 피를 마시지 아니하면 너희 속에 생명이 없느니라. 내 살을 먹고 내 피를 마시는 자는 내 안에 거하고 나도 그 안에 거하나니 나를 먹는 그 사람도 나를 인하여 살리라."고 말씀하셨습니다. 그러므로 우리도 우리를 구원하기 위하여 희생하여 주신 예수 그리스도의 그 사랑을 믿고 감사드려야 하겠습니다.

베드로 사도는 "너희가 너희 조상의 망령된 행실에서 구속된 것은 은이나 금같이 없어질 것으로 한 것이 아니요 오직 흠 없고 점 없는 어린 양 같은 그리스도의 보배로운 피로 한 것이니라."고 그리스도의 보혈을 증거하고 또 예찬하였습니다(벧전 1:18-19).

이와 같이 유월절 어린 양 사건은 출애굽기의 열 가지 재앙에 나타나는 한 사건이 아니라, 예수님께서 이 땅에 오셔서 십자가에 피 흘려 죽으심으로 말미암아 우리 죄를 사하시려는 예수님의 사랑이 흐르고 있음을 알려 주는 사건인 것입니다.

3) 광야의 만나도 예수님을 상징

광야의 만나는 생명의 떡이 되시는 예수 그리스도를 상징합니다.

출애굽기 16장 13절 이하에 보면 하나님께서는 먹을 것이 없다고 모세와 아론을 원망하면서 아우성치는 이스라엘 백성들을 위하여 하늘에서 만나를 내려 먹여 주셨는데, 이것은 생명의 떡 되시는 예수 그리스도를 상징합니다.

요한복음 6장 48절부터 51절에서 예수님께서는 "내가 곧 생명의 떡이라. 나는 하늘로서 내려온 산 떡이라."고 하시면서 "너희 조상들은 광야에서 만나를 먹었어도 죽었거니와 사람이 이 떡을 먹으면 영생하리라."고 덧붙여 말씀하셨습니다. 주님이 생명의 떡이라는 말씀은 주께서 십자가에서 살을 찢으시고 희생하여 주신 그 공로를 믿는 사람은 영생한다는 뜻입니다.

이와 같이 예수님께서는 출애굽 시절에 이스라엘 백성들의 생명의 떡인 만나를 먹게 함으로써 그들을 광야 40년 동안 살리셨으며 거기에는 예수님의 따뜻한 사랑이 흐르고 있는 것입니다.

4) 반석에서 솟아난 물은 영생을 의미

출애굽기 17장 1절에서 7절을 보면 이스라엘 백성들이 신 광야 르비딤에 이르렀을 때에 먹을 물이 없다고 또 모세를 원망하자, 하나님께서는 모세로 하여금 호렙산에 있는 반석을 쳐 물을 내어서 백성들이 먹을 수 있도록 해주셨습니다. 이 반석과 생수도 또 예수 그리스도를 상징하는 것입니다.

고린도전서 10장 1절부터 4절에서 "우리 조상들이 다 모세에게 속하여 다 구름과 바다에서 세례를 받고 다 같은 신령한 음식을 먹으며 다 같은 신령한 음료를 마셨으니 이는 그들을 따르는 신령한 반석으로부터 마셨으매 그 반석은 곧 그리스도시라."고 말씀하였고, 또 요한복음 4장 14절에서는 예수님께서 "내가 주는 물을 먹는 자는 영원히 목마르지 아니하리니 나의 주는 물은 그 속에서 영생하도록 솟아나는 샘물이 되리라."고 말씀하셨습니다. 반석은 예수님이시고 반석에서 나오는 생수는 예수님이 주시는 영생을 의미합니다.

이와 같이 반석에서 솟아난 물은 예수님께서 주시는 영원한 생명을 의미하고 있으며, 예수님께서는 출애굽에서 불평하는 이스라엘 백성들을 꾸짖지 아니하시고 모세를 통하여 반석을 쳐서 영생수가 솟아나도록 하여 마시게 함으로써 그들을 살리셨습니다. 여기에도 예수님의 따뜻한 사랑이 흐르고 있는 것입니다.

5) 광야의 성막도 예수님의 모형

광야의 성막도 예수 그리스도를 모형으로 보여 주는 것입니다.

성막은 휘장으로 둘러싸여 있었는데, 휘장 안에는 여러 가지가 있었습니다.

◆ 큰 뜰

휘장 안에는 큰 뜰이 있습니다. 여기에는 이스라엘 백성들이 다 들어올 수가 있었습니다. 이 뜰에는 번제 단이 있었고 좀 더 들어가면 몸을 정결케 하는 물통이 있었습니다. 번제 단에서 희생의 번제를 드린 사람은 그 다음에 물통에 가서 몸을 씻어서 정결하게 하였습니다. 그것은 예수 그리스도의 희생으로 속죄를 받은 사람들은 그 다음에 몸을 정결케 하는 순서를 가지라는 뜻입니다. 다시 말해서 예수 믿고 구원받은 사람들이 세례 받는 것과 같습니다.

◆ 성소

휘장 안에는 또 휘장이 쳐진 곳이 있는데 그 휘장 안으로 들어가면 성소가 있습니다. 그런데 이 성소에는 제사장만이 들어갈 수 있었습니다. 성소 안 오른편에는 떡을 진설하는 진설병의 상이 있고 왼편에는 정금 등대가 있습니다. 이 떡상도 등대도 다 예수님을 상징하는 것이었습니다. 왜냐하면 성경에서 예수님은 "나는 생명의 떡이라."(요 6:48), "나는 세상의 빛이라(요 8:12)."고 하셨기 때문입니다. 그러므로 떡과 빛은 다 그리스도를 상징합니다. 성소 안 깊숙한 곳에는 정금의 분향단이 있어서 제사장이 향을 피우도록 되어 있습니다.

누가복음 1장 8절에서 10절까지를 보면 세례 요한의 아버지인 사가랴 제사장은 주의 성소에 들어가서 분향하고 있었고, 모든 백성은 분향하는 동안에 밖에서 기도하였다고 하였습니다. 제사장은 성소에 들어가서 분향하나 백성들은 성소에 들어오지 못하고 밖에서 기도해야 했습니다.

이와 같이 성소에는 예수님을 상징하는 떡상과 정금 등대가 있었으며, 생명의 떡이시며 생명의 빛이신 예수님께서 그의 따뜻한 사랑으로 우리를 영원한 생명으로 인도하셨습니다.

◆ 지성소

또 마지막 휘장이 있는데 이 휘장을 지나 들어가면 거기는 지성소가 있고 이 지성소에는 언약궤라고도 하는 법궤가 놓여 있었습니다. 이 지성소에는 일반 제사장은 들어오지 못하고 대제사장만이 일 년에 한 번씩 그것도 피를 가지고서야 들어갈 수 있었습니다. 이 지성소는 하나님의 완전성을 나타내기 위하여 네모반듯하였습니다. 또 지성소 안에는 하나님의 임재를 상징하여서 법궤를 두었는데 법궤 위에는 순금으로 만든 속죄소를 놓았고 그 위에는 두 그룹이 날개를 펴서 서로 마주 대하고 있었습니다. 대제사장이 지성소에 들어가는 대 속죄일에는 이 속죄 소에 향연이 가득 찼다고 합니다.

이러한 성막 안의 비품 하나하나가 다 예수님을 상징하는 것이며, 또한 이 성막 전체가 하나로 사랑의 예수님의 모형입니다. 히브리서 8장 5절에 "저희가 섬기는 것은 하늘에 있는 것의 모형과 그림자라. 모세가 장막을 지으려 할 때에 지시하심을 얻음과 같으니 이르시되 삼가 모든 것을 산에서 네게 보이던 본을 좇아 지으라."고 말씀하셨습니다. 즉 모세의 장막은 하늘에 있는 것 곧 하늘나라의 모형이요 또 예수 그리스도의 그림자란 뜻입니다. 이와 같이 성막 전체에 예수님의 따뜻한 사랑이 흐르고 있는 것입니다.

출애굽기도 여러 가지로 예수 그리스도를 증거하고 있습니다. 모세, 유월절의 어린 양, 광야의 만나, 반석, 성막 등 모두가 그리스도를 상징하며 예표하고 모형으로도 보여 주고 있습니다. 우리는 오늘 출애굽기에 나타나 있는 예수님을 찾아보았습니다. 오늘 우리가 찾은 이 예수님의 본질은 사랑이시며, 언제 어디서나 우리와 함께하시며, 예수님의 따뜻한 사랑이 출애굽기에서도 우리에게 흐르고 있는 것을 알 수 있습니다.

레위기

구약성경에서 예수 그리스도를 예표하는 최고의 책은 레위기입니다. 레위기에는 5대 제사법과 절기 전체에 예수님의 사랑이 흐르고 있습니다.

1) 5대 제사법에 나타난 예수님

출애굽 2년 후에 성막이 완성된 후 그 성막을 중심으로 이스라엘 백성들이 거룩한 삶을 사는 데 필요한 율례들이 주어졌습니다. 그리고 그 모든 거룩한 삶을 위한 율례들의 첫 번째는 제사였습니다. 이스라엘 백성들이 하나님께 드리게 될 제사는 다섯 가지로서 이를 '5대 제사'라고 부릅니다. 제사법을 통해 우리가 명심해야 할 것이 있습니다. 하나님은 죄인을 용서하시되 그 죄인의 죄에 대해서는 분명한 책임을 물으신다는 것입니다. 그것이 바로 동물의 피 희생입니다.

◆ 번제(레위기 1장)

번제는 모든 제물을 하나님께 불살라 드리는 데서 기인한 것으로, 희생제물을 번제단 위에서 온전히 불태워 그 향기를 하나님께 드리는 제사입니다. 이렇게 드려진 번제는 하나님께 향기로운 제물이 되는 것입니다. 번제의 참된 의미는 '온전한 헌신'에 있습니다. 그리고 이후에는 사랑의 예수님께서 하나님 앞에 드려지는 온전한 번제가 되셨습니다(빌 2:6, 엡 5:2).

◆ 소제(레 2장, 6:8-13)

소제는 5대 제사 중 유일하게 피가 없이 드려지는 제사로, 즉 향기를 드리는 제사입니다(레 2:1-16, 레 6:14-23). 이 제사는 곡물로써 하나님께 드리는 것인데, 규례에 따라 여러 유형별로 드려집니다. 소제는 봉사와 희생 등의 의미로 드려지며 성도의 희생 제물이 되시는 그리스도께서 당신 자신을 온전히 희생하여 봉사하며 수고하신 것을 암시합니다(요 1:14, 빌 2:7).

소제의 참된 의미는 죄 없으신 예수님의 삶을 상징합니다. 히브리서 4장 15절에서 "우리에게 있는 대제사장은 우리의 연약함을 동정하지 못하실 이가 아니요 모든 일에 우리와 똑같이 시험을 받으신 이로되 죄는 없으시니라."고 하셨습니다. 소제는 죄와는 무관한 그리스도의 따뜻한 사랑과 순결을 의미합니다.

◆ 화목제(레 7:11-21)

화목제는 하나님과의 화평과 교통을 의미하는 '평화의 제사'로 불리며, 특히 이 제사는 하나님께 드리는 제사일 뿐 아니라 제사를 드리는 자들 사이에 친교가 목적이었기 때문에 '친교제'라고도 부릅니다. 또한 화목제는 변함없는 구원을 감사하며 드리는 제사를 목적으로 '감사제' 혹은 '구원제'라고도 부릅니다. 화목제는 하나님과 화목하고 이웃 간의 친교를 위해서 자발적으로 드리는 제사로, 제물 전부를 단에 태워드리지 않고 가장 중요한 기름 부분만 드렸습니다. 제사를 드리고 난 나머지 고기는 제사장과 제주가 함께 나누어 먹을 수 있었습니다.

화목제는 그리스도의 죽음으로 단절된 하나님과 죄인 사이가 회복되었다는 것을 알려줍니다. 화목제에 나타나 있는 영적 의미는 하나님과 죄인을 화목케 하는 '화목 제물 되신 예수님에 대한 상징(롬 3:25, 엡 2:13, 골 1:20)'과, 그로 말미암아 하나님과 화목을 누리는 성도들의 사랑의 교제인 '성만찬에 대한 예표(고전 10:16)'인 것입니다.

◆ 속죄제(레 4:1-5:13)

속죄제는 하나님의 백성 이스라엘이 하나님의 뜻을 어기고 살면서 하나님의 백성다움에서 어긋난 삶을 살게 되었을 때 하나님과의 관계를 회복하기 위하여 죄 지은 사람이 하나님께 죄 사함 받기 위해 의무적으로 드리는 제사입니다.

속죄제를 드려야 되는 상황 중 첫째는 부지중에 하나님의 금령을 어긴 것을 깨달았을 때이고, 둘째는 법정의 증언을 기피하거나 부정한 물체 등에 접촉하였거나 맹세한 것에 대한 약속을 이행하지 않았을 때입니다. 속죄제는 이러한 죄를 깨달았을 때 드리는 제사입니다.

속죄제의 특징은 성소에 피가 뿌려진다는 것입니다. 성소는 하나님이 이스라엘 백성과 만나 주시는 하나님 자신을 눈에 보이게 표현한 곳입니다. 바로 그 성소에 속죄제의 피가 뿌려졌습니다. 번제가 죄인과 하나님 사이의 화해를 가져다주는 반면, 속죄제는 죄로 생긴 오염과 더러움을 처리하는 제사입니다. 속죄제는 성소 또는 성전을 정결케 함으로 하나님이 이스라엘 가운데 지속적으로 거하실 수 있게 합니다.

속죄제의 가장 중요한 목적은 그의 백성 가운데 하나님이 계속 머무르게 하기 위함이었습니다. 히브리서 9장 22절은 이것을 "율법을 좇아 거의 모든 물건이 피로써 정결케 되나니 피 흘림이 없은즉 죄 사함이 없느니라."고 말씀합니다. 히브리서 9에서 10장은 이런 속죄제사와 예수님의 피가 어떤 상관관계가 있는지를 자세하게 다루고 있습니다. 속죄제의 피는 곧 예수 그리스도의 피를 상징합니다. 죄로 인한 부정과 타락에서 하나님의 사람을 정결하게 할 수 있는 것은 오로지 예수의 피라는 것입니다(벧전 1:2, 요일 1:7). 예수 그리스도의 사랑의 피로 영원한 속죄를 이루셨기 때문에 우리가 정결한 삶을 살 수 있으며, 영원히 살아계신 하나님을 섬길 수 있는 것입니다.

◆ 속건제(레 5:14-26)

속건제는 배상제사로 하나님의 성물이나 법, 또는 이웃에게 피해를 끼쳤을 경우에 드리는 사죄와 보상에 대한 제사입니다. 속건제에는 다음과 같은 세 가지 속죄 원리가 나타납니다. 잘못이 있을 때는 자백하고 인정하라. 죄에 대한 대가를 지불하라. 번제는 계속해서 드리지만 속건제는 한 번에 해결할 문제입니다.

속죄제는 일반적으로 여호와의 명령을 어긴 보편적인 경우에 드렸습니다. 그러나 속건제(보상제사)는, 여호와의 성물을 드릴 것을 자기가 사용했거나(레 5:15-19), 남의 물건을 빼앗거나 손에 넣고 부인하거나 거짓 맹세를 해서 피해를 입힌 경우에 이를 보상하기 위해 드려졌습니다(레 5:20-25). 속건제는 그리스도께서 십자가에 죽으심으로 우리 죄에 대하여 율법이 요구하는 대가를 치르셨다는 것을 의미합니다.

2) 대제사장 관련법(레 16장)

대제사장이라고 마음대로 지성소에 들어가는 것이 아닙니다. 일반 제사장은 지성소에 들어갈 수 없으며 대제사장만이 1년에 단 한 번 대속죄일에 들어갈 수 있었습니다. 자격이 있어서 들어가는 것이 아니라 단번에 죄를 사하시는 대제사장이신 그리스도를 예표하기 위함이었습니다.

3) 7대 절기(레 23장 1:44)

이스라엘 백성이 지킨 일곱 절기는 각각 예수의 생애와 중요한 관련을 맺고 있습니다. 유월절, 무교절, 초실절, 칠칠절, 나팔절, 속죄절, 초막절이 그것입니다.

7대 절기는 예수 그리스도의 생애를 의미합니다. 수건을 벗고 구약을 보면 모두 예수라고 바울은 말했습니다(고후 3:12-16).

첫째, 유월절은 애굽의 종살이에서 이스라엘이 구출된 것을 기념하는 날이며, 이스라엘의 자녀들에게 하나님께서 그들의 집을 "넘어 지나갔다."는 것, 즉 이스라엘 백성의 장자들을 살려 주셨음을 일깨우기 위한 것입니다(출 12:27).

유월절 어린 양의 피는 사랑의 예수님께서 십자가에서 피 흘려 죽으심으로써 아담과 하와로부터 이어지는 원죄를 해결하고 속죄함을 받는 것을 의미하는 것입니다.

그리스도는 우리를 위한 유월절의 어린 양입니다(요 1:29, 고전 5:7, 벧전 1:18, 19).

유월절은 성만찬의 기초가 되었으며(마 26:17-30, 막 14:2-25, 눅 22:1-20), 유월절은 어린 양의 혼인 잔치를 예시하는 것입니다(눅 22:16-18, 계 19:9).

둘째, 무교절은 니산(아빕)월 15일에 시작하여 일주일 동안 무교병 즉 누룩을 넣지 않고 만든 맛없는 빵을 먹는 절기이며, 애굽으로부터 급히 빠져 나왔던 이스라엘 백성들의 고생을 기념하기 위한 날로서(출 12:39), 무교병은 하나님께 전적으로 헌신하고 봉헌하는 것을 상징합니다. 무교병은 예수님의 상징이며(요 6:30-59, 고전 11:24), 무교병은 참교회의 상징입니다(고전 5:7, 8). 무교절은 구원받은 우리가 이 세상에서 사는 동안 요구되는 순결한 삶의 자세를 의미하며, 무교절에는 사랑의 예수님께서 우리를 죄로부터 해방시킨 따뜻한 사랑이 흐르고 있습니다.

셋째, 초실절은 유월절 기간 중 안식일 다음날인데, 처음 거두어들인 열매 또는 곡식을 드리는 절기이며, 특별히 보리 추수의 첫 소산을 바치고 봉헌하는 날이었습니다. 첫 열매는 예수님의 부활을 상징하며(고전 15:20-23), 첫 열매는 또한 모든 믿는 자들의 육체적 부활에 대한 보증을 의미합니다(고전 15:20-23). 예수 그리스도의 부활은 결국 우리의 부활과 연결되어 있으며 그 속에도 예수님의 따뜻한 사랑이 흐르고 있음을 알 수 있습니다.

넷째, 오순절은 첫 이삭 바치는 날로부터 50일째 되는 날이며, 밀 추수의 첫 소산을 바치고 봉헌하기 위한 절기입니다. 오순절 때에 성령의 부어 주심이 교회에 일어나서 교회가 시작되었으며, 열방에 대한 선교가 일어나기 시작하였습니다. 그리스도의 승천 후 세상 끝 날까지 임할 보혜사 성령님이 강림하는 절기입니다. 예수님께서 제자들과 우리를 사랑하셔서 승천하시면서 보혜사 성령을 약속하셨습니다.

다섯째, 나팔절은 안식의 달인 제7월의 첫째 날에 봉헌하는 절기로서 신약성경에서는 나팔을 부는 것이 그리스도의 재림과 연관되어 있습니다(마 24:31, 고전 15:52, 살전 4:16). 나팔절은 예수님의 재림을 의미하며, 예수님께서 성취한 복음사역의 전파 및 재림 당시의 기쁨을 선포하는 사랑이 흐르고 있는 것입니다.

여섯째, 속죄일은 제7월10일이며, 제사장과 백성 및 회막의 죄를 해마다 속하기 위한 절기로서 속죄일의 궁극적 완성은 그리스도의 십자가에서 발견됩니다(히 9장). 이것은 구약의 어떤 다른 상징보다도 더욱 적절하게 그리스도의 사랑과 구원사역을 나타내는 것입니다. 속죄일은 예수 그리스도의 속죄 즉, 예수님의 십자가의 대속적 죽음을 의미하며, 예수님의 따뜻한 희생적 사랑이 흐르고 있는 것입니다.

일곱째, 초막절은 제7월 15일부터 일주일 동안 계속되었고, 여덟째 날은 안식의 날로 절기의 절정을 이루었습니다. 초막절은 이스라엘 백성이 광야를 방황할 때 하나님이 구출하시고 보호하신 것을 기념하기 위한 절기이며, 토지의 소산을 거두어들이는 것을 마칠 때 여호와의 절기를 지키기 위한 것이었습니다(레 23:39). 초막절은 예수 그리스도의 재림 후 새 하늘과 새 땅에서의 천년 왕국 통치에 대한 번영과 사랑의 교제를 예시합니다.

민수기

민수기는 백성의 수를 센 기록이라는 뜻입니다. 이 민수기에도 예수님을 상징적으로 보여 주는 여러 사람과 물건과 일들이 많이 나타나 있는데, 이제 그 중에서 중요한 것 몇 가지만 살펴보고자 합니다.

1) 성막

성막은 예수 그리스도를 상징하는 것이었습니다. 성막을 민수기에서는 장막, 증거막, 회막이라고도 하였습니다. 성막 안에는 먼저 뜰이 있고, 더 들어가면 성소가 있고, 좀 더 안으로 들어가면 지성소가 있었습니다. 지성소 안에는 법궤가 있고, 이 법궤 위에는 속죄소가 있었습니다. 뜰에는 제사 드리는 사람이 들어갈 수 있었고, 성소에는 제사장만이 들어갈 수가 있었으며, 지성소에는 일반제사장도 못 들어가고 대제사장만이 일 년에 한 번씩 속죄일에 그것도 속죄의 피를 가지고서라야 들어갈 수가 있었습니다. 이러한 성막 자체가 예수 그리스도를 상징하는 것이었습니다. 민수기에 보면 이 성막이 안치되는 위치도 예수 그리스도를 상징하였습니다. 민수기 2장에 보면 이스라엘 백성들은 광야에서 성막을 중심으로 진을 쳤습니다.

이와 같이 이스라엘 백성들이 성막을 중심으로 생활한 것은 곧 하나님을 중심으로 생활한 것을 의미합니다. 이것은 우리가 예수 그리스도를 중심으로 살아야 할 것을 보여 줍니다. 민수기에서도 예수님 사랑은 성막을 통하여 우리에게 따뜻하게 흐르고 있는 것입니다.

2) 구름기둥과 불기둥

구름기둥과 불기둥도 예수 그리스도를 상징하는 것이었습니다.

이스라엘 백성들은 구름기둥이 머물러 있으면 계속 머물러 있고 구름이 떠오르면 행진하였습니다. 민수기 9장 22절에 보면 "이틀이든지 한 달이든지 일 년이든지 구름이 장막 위에 머물러 있는 동안에는 진을 쳐 머물고 진행치 아니하다가 떠오르면 진행하였으니."라고 말씀하고 있습니다.

이스라엘 백성들은 구름기둥이 움직이는 대로 행동하였습니다. 구름기둥이 떠오르면 진행하고 구름기둥이 머무르면 머물렀습니다. 그리고 이 구름기둥은 또 이스라엘 백성에게 더운 햇볕을 가려 주는 역할도 하였습니다. 구름기둥이 광야에서 이스라엘 백성의 행로를 인도하고 보호하여 준 것과 같이 예수님께서는 길이 되시고 인도자가 되셔서 우리 성도들의 인생행로를 보호하여 주시고 인도하여 주십니다. 또 밤에는 불기둥이 있어서 이스라엘 백성의 진영을 밝혀 주었습니다. 불기둥이 있어서 비쳐 주었기 때문에 이스라엘 백성들은 광야의 어두운 밤을 밝게 지낼 수 있었습니다. 사랑의 예수님도 우리의 빛이 되셔서 우리를 광명으로 인도하여 주십니다.

요한복음 8장 21절에 보면 예수님께서 "나는 세상의 빛이니 나를 따르는 자는 어두움에 다니지 아니하고 생명의 빛을 얻으리라."고 말씀하셨습니다.

이와 같이 예수님께서는 광야에서도 이스라엘 백성들에게 구름기둥과 불기둥으로 그분의 따뜻한 사랑을 비추어 주신 것입니다.

3) 놋뱀

광야의 놋뱀도 예수 그리스도를 상징하는 것이었습니다.

민수기 21장 4절 이하는 이스라엘 백성들이 모세를 원망하여 "네가 어찌하여 우리를 애굽에서 인도하여 올려서 이 광야에서 죽게 하느냐."라고 아우성을 치는 내용이 기록되어 있습니다. 여호와께서는 노하셔서 곧 불뱀들을 백성 중에 보내셨으므로 백성들이 뱀에 물려서 죽는 자가 많고 또 신음하고 있는 사람도 많았습니다. 이때 백성들은 모세 앞에 나와서 "우리가 범죄하였사오니 여호와께 기도하여서 이 뱀이 우리에게서 떠나게 하여 주소서."라고 말하며 회개하였습니다. 모세가 백성들을 위하여 하나님께 기도하였더니 하나님께서 모세의 기도를 들으시고 모세에게 말씀하시기를 "놋뱀을 만들어 장대 위에 달라. 물린 자마다 그것을 쳐다보면 살리라."고 하셨습니다. 그래서 모세는 놋뱀을 만들어서 장대 위에 달았는데 이것을 쳐다보는 사람들은 다 살았습니다. 죄 짓고 뱀에 물려서 죽어가는 사람들이 놋뱀을 쳐다보고 다 산 것과 같이 죄 짓고 죽어 가는 사람이라도 십자가에 달리신 예수 그리스도를 바라보면 다 구원을 받을 수 있는 것입니다.

예수님께서는 광야의 이 놋뱀과 자기를 연결시켜서 말씀하신 적이 있습니다. 요한복음 3장 14절과 15절에 "모세가 광야에서 뱀을 든 것 같이 인자도 들려야 하리니 이는 저를 믿는 자마다 영생을 얻게 하려 하심이니라."고 말씀하셨습니다. 광야에서 장대 위에 달린 놋뱀을 쳐다보는 사람들은 모두 산 것같이 십자가에 달리신 예수님을 바라보는 사람들은 다 구원을 받는 것입니다. 예수님께서는 구약의 민수기에서 십자가의 사건을 미리 우리에게 보여 주신 것입니다. 이와 같이 민수기에도 따뜻한 예수님의 사랑이 흐르고 있습니다.

이와 같이 민수기에는 성막, 구름기둥과 불기둥, 놋뱀 등 이 모든 것은 그리스도 중심으로서 그의 보호와 인도하심을 받고 십자가를 소망하면서 예수님의 사랑 안에서 사는 신앙생활을 하라고 상징적으로 보여 주는 것이었습니다. 그러므로 우리는 예수 그리스도의 안에서 살아야 하겠습니다. 예수 그리스도의 인도하심을 받아야 하겠습니다. 십자가 위의 예수님을 바라보는 신앙생활을 해야겠습니다. 그리고 예수 그리스도를 떠나지 말고 그분의 따뜻한 사랑 안에 있어야 하겠습니다.

JESUS'S LOVE **5**

|

신명기

◆ 도피성

도피성도 예수 그리스도를 상징하는 것이었습니다. 도피성에 대하여 민수기 35장 9절부터 28절에서 하나님께서는 이스라엘 백성들이 가나안 땅에 들어가려고 할 때에, 도피성 여섯을 만들라고 말씀하고 있습니다. 신명기 19장 3절에서는 "네 하나님 여호와께서 네게 기업으로 주시는 땅 전체를 세 구역으로 나누어 길을 닦고 모든 살인자를 그 성읍으로 도피하게 하라."고 말씀하고 있습니다.

그런데 이 도피성이라고 하는 것은 잘못하여 사람을 죽였다고 할지라도 그 살인자가 이 도피성에 들어가 있으면 그 죄인은 안전하게 보호를 받을 수가 있는 성이었습니다. 이러한 도피성은 예수 그리스도를 상징합니다.

사람을 죽인 죄인이라고 해도 도피성 안에 들어가 있으면 안전하게 보호를 받고 죄책을 면하는 것과 같이 아무리 흉악한 죄를 지은 죄인이라고 해도 예수 그리스도 안에 있으면 모든 죄는 다 용서함을 받고 구원을 받습니다. 로마서 8장 1절과 2절에 보면 "그러므로 이제 예수 그리스도 안에 있는 자에게는 결코 정죄함이 없나니 이는 그리스도 예수 안에 있는 생명의 성령의 법이 죄와 사망의 법에서 너를 해방하였음이니라."고 말씀하였습니다. 그리스도 예수 안에는 생명의 성령의 법이 있기 때문에 그리스도 예수 안에 있는 사람은 결코 정죄를 당하지 아니하고 죄와 사망의 법에서 해방을 받는다는 말씀입니다. 그런고로 구약의 도피성은 신약의 그리스도를 상징적으로 보여 줍니다.

여호수아

성경 전체의 주제는 예수 그리스도를 통한 인간 구원의 역사입니다. 여호수아서를 통해서도 예수 그리스도의 인격과 사역에 대한 예표들을 많이 암시하고 있습니다.

1) 여호수아와 예수님

여호수아는 택한 백성들을 이끌고 가나안 땅에 들어갔으며 그곳에서 정복전쟁을 했습니다. 이것은 예수 그리스도를 예표하는 사역입니다. 예수님은 우리를 천국으로 인도하실 것이며(히 2:10), 사단과의 싸움에서 승리하셨습니다. 특히 여호수아의 이름은 예수와 같은 이름입니다. 여호수아는 히브리어 표기이고 예수는 헬라어 표기입니다. 여호수아는 모세에게 허락하지 않으셨던 가나안 전쟁을 승리로 이끌었듯이 예수 그리스도께서는 모세의 율법으로는 이룰 수 없는 십자가의 사랑으로 구원의 승리를 이룬 것입니다(요 1:17).

2) 라합의 붉은 줄

여리고의 기생 출신 라합이 하나님을 믿는 믿음을 고백하고 붉은 줄을 맴으로 구원을 얻었습니다. 그 붉은 줄은 그리스도의 피를 예표합니다. "우리가 이 땅을 들어올 때에 우리를 달아 내린 창문에 이 붉은 줄을 매고 네 부모와 네 형제와 네 아버지의 가족을 다 네 집에 모으라."(수 2:18), "라합이 이르되 너희의 말대로 할 것이라 하고 그들을 보내어 가게 하고 붉은 줄을 창문에 매니라."(수 2:21), "여호수아가 기생 라합과 그의 아버지의 가족과 그에게 속한 모든 것을 살렸으므로 그가 오늘까지 이스라엘 중에 거주하였으니 이는 여호수아가 여리고를 정탐하려고 보낸 사자들을 숨겼음이었더라."(수 6:25)고 말씀하십니다.

하나님이 이스라엘 백성들에게 가나안을 허락하신 이유는 아브라함과의 언약 때문입니다. 군사력이 좋았거나 전략이 좋아서 가나안을 정복한 것이 아닙니다. 우리의 성공과 실패는 하나님의 손에 달려 있습니다. 그러므로 우리의 삶은 하나님의 섭리와 보호 속에 있어야 합니다. 하나님이 우리에게 요구하시는 것은 하나님의 명령을 지키라는 것입니다. 하나님과 함께하는 길은 하나님의 말씀에 순종하는 것입니다.

라합은 비록 기생이었지만 하나님을 믿는 믿음을 고백함으로써 나중에 예수님의 육신적 조상이 되는 축복을 누렸습니다. 여호수아서는 정복 전쟁에 대한 기록입니다. 여호수아는 그 전쟁에서 자신의 사명을 잘 감당했습니다. 우리도 지금 영적 전쟁 중에 있습니다. 피해서도 안 되고, 반드시 승리해야 할 전쟁입니다. 여호수아에게 함께하셨던 하나님이 지금은 우리와 함께하심을 믿어야 합니다.

이와 같이 여호수아서에도 여호수아의 이름과 기생 라합의 믿음 속에 예수 그리스도의 사랑이 흐르고 있습니다.

사사기

1) 사사들은 예수 그리스도를 예표한다

사사들은 그 시대의 구원자입니다. 그러나 그들의 행적을 보면 완벽
하게 백성들을 구했던 사사는 없습니다. 그러나 우리의 영원한 사사
이신 그리스도는 완벽하게 십자가를 지시고 부활하셔서 우리의 영원
한 구원자가 되셨습니다. 사사들은 시간적으로 공간적으로 한계가 있
었습니다. 그러나 그리스도는 시간과 공간을 초월하여 역사하시는 분
이십니다. 사사시대는 범죄, 징계, 회개, 구원, 재 타락이 반복되었
지만 하나님은 사사시대와는 비교가 안 되는 여자의 후손(창 3:15)으로
태어나실 예수님을 사사로 보내셔서 우리에게 영원한 구원을 주실 것
을 성경 전체를 통해 약속하고 있습니다. 그러므로 사사들은 예수 그
리스도의 그림자요 모형인 것입니다.

2) 여호와 샬롬의 제단(삿 6:24)

기드온을 사사로 부르실 때 기드온은 여호와의 사자에게 "만일 내가

주께 은혜를 얻었사오면 나와 말씀하신 이가 주 되시는 표징을 내게 보이소서."(6:18) 하고 말하고, 고기와 무교전병과 국을 가지고 하나님께 제사를 드렸는데 갑자기 여호와의 사자가 나타나서 불로 그 제물을 다 태워버렸습니다. 이때 기드온이 여호와의 사자인 줄 알아보고 "내가 여호와의 사자를 대면하여 보았으니 죽게 되었다."고 슬퍼하였습니다. 그런데 이때에 여호와께서는 기드온에게 "너는 안심하라. 두려워 말라. 죽지 아니하리라."고 말씀하셨습니다. 이 말씀을 듣고 기드온은 너무 기뻐서 여호와를 위하여 단을 쌓고 그 단 이름을 '여호와 샬롬'이라고 하였습니다. 여호와는 평강이시라고 하는 여호와 샬롬의 제단도 예수 그리스도를 상징하는 것입니다. 여호와 샬롬이라는 말은 '그리스도 샬롬'이라는 말과 같다고 할 수 있습니다. "여호와는 평강이시라."는 말은 "그리스도는 평강이시라."는 말과 같은 뜻입니다. 예수 그리스도는 평강의 주로, 평화의 왕으로 우리에게 참 평안과 평강을 주러 이 땅에 오셨습니다. 요한복음 14장 27절에 "나는 너희에게 세상이 줄 수 없는 평안을 주노라."고 말씀하셨습니다. 그러므로 여호와 샬롬은 곧 그리스도 샬롬의 모형입니다.

3) 사사기에 나타난 여호와의 사자

여기서 여호와의 사자란 선지자나 천사이거나 특사가 아니라 인간들에게 자신의 임재를 나타내기 위하여 인간의 모습을 취한 '하나님 자신'입니다. 즉 여호와의 사자는 예수 그리스도를 나타내는 것입니다. 사사기 6장 11절 부터 24절에서 여호와의 사자가 스스로 하나님과 동등함을 말했습니다. 여호와의 사자를 만난 사람들이 그를 하나님이라고 말하며 두려워 떨었습니다. 스스로 하나님만이 받으실 수 있는 제사를 받았습니다. 하나님과 동등한 위치에서 이스라엘을 책망하였습니다. 여호와의 사자의 호칭이 그리스도의 호칭과 동일하게 '기묘'였습니다(삿 13:18, 사 9:60). 하나님과 동등하게 어떤 제한이 없는 권위를 가지고 말씀을 선포하였습니다.

구약성경을 통해 우리는 성육신 이전의 그리스도인 여호와의 사자의 활동이 얼마나 왕성했던가를 발견할 수 있습니다. 그리스도께서 신약시대와 마찬가지로 구약시대에도 이렇게 왕성한 활동을 하셨다는 사실은 하나님의 구속사역이 그리스도를 중심으로 하나님의 통일성을 이루고 있으며, 예수 그리스도가 하나님의 구속 계시의 핵심임을 보여 주는 것입니다. 이와 같이 사사기에도 예수 그리스도의 사랑이 따뜻하게 흐르고 있습니다.

룻기

1) 나오미

룻기에는 예수 그리스도께서 분명히 나타나 있지 아니하고 그림자와 같이 희미하게 숨어 계시기 때문에 잘 찾아보아야 합니다. 나오미의 생애에서 우리는 그리스도의 그림자를 찾아볼 수 있습니다. 나오미라는 이름의 뜻은 '우리의 기쁨'인데, 이 이름이 예수 그리스도를 상징합니다. 나오미가 자기 고향을 떠나 이방나라에 가서 많은 고난과 슬픔을 당한 것처럼 예수님도 영광스러운 하늘나라를 떠나 이 세상에 오셔서 말로 다할 수 없는 멸시와 천대, 슬픔과 고난을 당하셨습니다. 이사야 53장 3절 4절에 보면 "그는 멸시를 받아서 사람에게 싫어버린 바되었으며 간고를 많이 겪었으며 질고를 아는 자라. 그는 실로 우리의 질고를 지고 우리의 슬픔을 당하였다."고 말씀하고 있습니다. 이런 뜻에서 우리는 나오미에게서 예수님께서 고난당하시는 그림자를 볼 수가 있습니다. 수난의 주님의 모습을 나오미에게서 발견할 수 있는 것입니다.

2) 룻

룻도 그림자로 예수님을 보여 줍니다. 룻은 이방나라 모압 여자로 나오미의 둘째 며느리입니다. 룻은 자기 남편이 죽은 다음에도 시어머니 나오미를 떠나지 아니하였습니다. 그 동서 오르바는 자기 백성과 자기 신에게로 돌아갔으나 룻은 끝까지 돌아가지 아니하고 시어머니 나오미를 따라오면서 그 어머니와 함께 유숙하기를 간청하여 기어코 유다 땅 베들레헴까지 왔습니다. 여기에 와서 보아스와 결혼하고 아들을 낳았는데, 그 아들 오벳은 다윗 왕의 조부가 되었습니다. 그러니까 룻은 다윗 왕의 증조모이며 이방 여자로서 예수님의 족보에까지 그 이름이 올랐습니다.

이제 우리는 이 룻에게서 예수님의 그림자를 찾아보고자 합니다. 사람들은 다 룻은 효부라고 합니다. 효도하는 자녀의 특성은 순종하는 것인데 룻은 그 시어머니에게 참으로 잘 순종하였습니다. 룻이 시어머니에게 순종한 것과 같이 예수님도 성부 하나님께 잘 순종하셨습니다. 절대 순종하셨습니다. 요한복음 6장 38절부터 39절에서 "내가 하늘로서 내려온 것은 내 뜻을 행하려 함이 아니요 나를 보내신 이의 뜻을 행하려 함이니라."고 말씀하시면서 하나님의 뜻을 따라 하나님의 뜻만을 이루어 드리는 데 충성하셨습니다. 이렇게 하시다가 마지막에는 겟세마네 동산에서 "나의 원대로 마옵시고 아버지의 원대로 하옵소서."라는 기도를 하시며 절대 순종하셔서 십자가에서 죽으시고 우리를 구원하여 주셨습니다.

3) 보아스

였으나 자기 친척에 대한 의리를 지켜서 보아스도 그림자로 예수님을 보여 주고 있습니다. 보아스는 룻이 이방 여자모든 합법적 절차를 밟은 다음에 룻을 취하여 아내로 삼았습니다. 원래 이스라엘인은 이방인과 통혼하는 것 이 금지되어 있었습니다. "너희 땅을 할례 받지 아니한 이방에게 주지 말고 이방 우상을 섬기는 이방의 딸을 너희가 취하지 말라."는 말씀처럼 이것은 구약의 엄격한 규례였습니다. 그런데 이스라엘 사람이 이방 사람이 되는 것은 금하셨으나 이방 사람이 이스라엘 사람이 되는 것은 허락하셨습니다. 보아스가 룻을 취하는 것은 이방 사람을 이스라엘 사람으로 만드는 것이기 때문에 예외적으로 허락되는 것이었습니다. 이와 같이 보아스가 룻을 취하여 아들을 낳았는데 그 아들 오벳은 다윗 왕의 조부가 되었습니다.

보아스가 이방 여자 룻을 취하여서 아내로 삼은 것같이 예수님께서는 이방 사람인 우리들도 구원하여서 교회를 세우시고 그 교회를 자기의 신부라고 하셨습니다. 구원받은 성도들은 하나님의 자녀이고 그리스도의 몸입니다. 보아스가 룻과 결혼하여서 행복한 가정을 이룩하고 훌륭한 자녀를 낳고 다윗의 증조부가 되어서 영광을 누린 것과 같이 예수님도 우리를 신부 삼아서 많은 자녀를 낳고 영광을 받으셨습니다. 그러므로 우리는 보아스에게서 영광의 주님의 그림자를 찾아볼 수가 있습니다.

이상 룻기에 그림자로 숨어 있는 예수님의 모습을 찾아보았습니다. 나오미에게서는 고난당하신 수난의 예수님을 찾았고, 효부 룻에게서는 순종하신 예수님을, 그리고 보아스에게서는 영광을 누리시는 예수님을 찾았습니다. 이와 같이 룻기에도 예수님의 따뜻한 사랑이 흐르고 있습니다.

사무엘상·하

사무엘상하에 나타난 예수 그리스도의 모습은 신뢰할 만한 선지자의 모습으로 나타납니다.

사무엘은 새 시대를 연 성육신 초림과 재림을 통해서 신약과 새 천국시대를 여실 그리스도의 예표입니다. 이스라엘에서 선지자, 제사장, 왕(사사)의 3중의 역할을 담당한 이는 구약의 모세와 사무엘이었습니다. 그리스도의 사역에 대한 강력한 예표입니다.

사무엘상하에 나오는 다윗은 예수 그리스도의 육신적 조상입니다. 예수님의 생애를 오묘하게 예표하고 있습니다. 다윗은 베들레헴의 비천한 목동으로서 나중에 이스라엘의 왕이 됩니다. 예수님도 베들레헴에서 태어나서 만왕의 왕이 되십니다. 다윗의 고난도 예수님의 고난의 생과 일맥상통하는 면이 있습니다.

이와 같이 사무엘상하에서도 예수님의 사랑이 흐르고 있는 것을 알 수 있습니다.

열왕기상 · 하

BC 586년에 바벨론에 의해서 예루살렘과 하나님의 거룩한 성전이 파괴당하고 대부분의 종교지도자와 지식층이 바벨론으로 포로로 잡혀갔습니다. 이 당시 예루살렘에 남아 있는 대부분의 사람들은 미천하고 연약한 사람들이었으며 일부 사람들은 목숨을 부지하기 위해 애굽으로 피란 갔습니다. 이처럼 견고한 지상왕국은 멸망당했지만 하나님께서는 일찍이 다윗의 언약(삼하 7:12-16)을 통해 약속하신 것처럼 이스라엘에 남은 자들을 통해 영원한 위, 곧 메시아 왕국을 소망케 하셨습니다. 한때 사악한 왕후 이달랴가 다윗 가계를 완전히 진멸시키고자 시도했으나 언약에 신실하신 하나님의 주권적 섭리로 다윗 혈통은 보존되었습니다. 결국 예수 그리스도는 하나님의 언약대로 다윗의 가계를 통해 탄생할 수 있었습니다.

이스라엘 백성들에게 하나님께로 돌아오라고 끊임없이 외쳤던 엘리야와 엘리사의 사역은 장차 이 땅에 성육신하실 예수 그리스도의 사역을 연상케 합니다.

또 백성과 하나님 사이의 중보자의 역할을 담당했던 히스기아나 요시야 같은 선한 왕들은 왕 중의 왕으로 오신 예수님의 모습을 예표한다고 할 수 있습니다. 이와 같이 열왕기서에서도 예수님의 사랑이 흐르고 있습니다.

역대상 · 하

역대기서의 다윗은 그리스도의 모형으로 그려지고 있습니다.

사무엘하 7장의 다윗의 언약은 다시 역대상 7장 11절부터 14절에서 발견됩니다. 솔로몬은 부분을 이루었으나 다윗의 보좌의 영원한 약속은 메시아의 오심을 가리킬 수 있습니다. 유다지파는 역대상에서 그 민족의 족보 중 첫 번째로 나옵니다. 왜냐하면 군주, 성전 그리고 메시아가 이 지파에서 나올 것이기 때문입니다. 역대기서가 히브리 성경에서 마지막 책이므로 1에서 9장의 족보는 신약의 첫 책에서 그리스도의 족보에 머리말과도 같았습니다.

또한 역대기서에 나오는 모리아산은 예수 그리스도를 상징합니다. 순종의 산인 모리아산은 창세기 22장에서 보듯 아브라함이 하나님의 말씀을 순종하여 그 외아들 이삭을 번제물로 드리기 위해 제단을 쌓았던 산입니다. 모리아산은 아브라함이 절대 순종하여 충성을 바쳤던 산이었습니다. 예수 그리스도도 절대 순종, 절대 충성하셨습니다. 아브라함은 모리아산에서 그 아들을 제물로 바쳐서 순종하고 충성하였고, 예수 그리스도는 갈보리산에서 자기 자신을 제물로 바침으로써 하나님께 순종하고 충성하셨습니다.

사무엘하 24장과 역대상 21장에는 다윗이 이스라엘과 유다의 인구 조사를 한 결과 하나님께 징벌을 받아 온 백성에게 온역이 돌아서 7만 명이라는 많은 사람이 죽었다는 기록이 있습니다. 그때에 하나님께서는 다윗에게 아라우나의 타작마당에 가서 제사를 드리라고 하셨습니다. 여호와께서는 이러한 다윗의 제사를 받으시고 온역을 중지시키셨습니다. 이렇게 다윗이 제사를 드렸던 아라우나의 타작마당이 곧 모리아산입니다. 다윗이 값없는 제사를 안 드리겠다고 하면서 값을 주고 사서 제사 드린 것과 같이 예수님도 막대한 희생으로 제사하셨습니다. 다윗은 타작마당의 제단에서 돈 주고 제물을 사서 제사하였고, 예수 그리스도는 십자가 위에서 자기를 희생하셔서 제사하셨습니다. 역대기서에도 예수님의 사랑이 흐르고 있습니다.

에스라

에스라는 '여호와가 도움'이란 뜻입니다. 에스라는 대제사장 아론의 후손 이자 사독 계열의 제사장입니다. 또한 바사의 율법학자로서, 제 2차 포로 귀환 때 유대인을 인솔한 지도자 중 한 사람이었습니다(스 8:15-34). 율법 교육과 종교 개혁을 통하여 포로 귀환자들로 하여금 하나님의 선민으로의 면모를 회복하는 데 결정적 공헌을 한 자입니다. 이방인과의 통혼 등 귀환 백성들의 타락 실태를 보고 하나님께 회개 기도한 자로서 이러한 점들에서 에스라는 우리의 영원한 중보자 되신 예수 그리스도의 예표가 되는 것입니다(스 9:1-15). 에스라에도 예수님의 사랑이 흐르고 있습니다.

JESUS'S LOVE **13**

|

느헤미야

1) 스스로 낮은 자리에 처한 느헤미야

당시 최강대국인 바사의 고관직을 버리고 고국 이스라엘의 재건을 위해 귀환한 예레미야를 통하여 근본은 하나님이시나 천한 인간의 몸을 입고 이 땅에 오셔서 죽기까지 하나님의 뜻에 순종하시며 자기 백성을 구원하신 그리스도의 겸손과 희생을 볼 수 있습니다(빌 2:6-11).

2) 중보자 느헤미야

성벽 훼파 소식을 듣고 금식 기도하였으며(느 1:4), 백성을 대표하여 백성의 죄에 대하여 중보 기도한 느헤미야(느 1:4-11)는 인간의 대표자로서(히 5:1) 인간의 죄를 제거하며(히 10:11-18) 하나님과 우리를 화목케 하는 그리스도의 중보사역(딤전 2:5)을 볼 수 있습니다.

3) 정화의 사람 느헤미야

자신이 깨끗한 생활을 하였을 뿐만 아니라(느 5:14-18) 당시 지도자들의 불의를 꾸짖고 정화하였던(느 5:6-13) 느헤미야에게서 부정한 자를 꾸짖고 성전을 깨끗하게 하신(느 13:4-9) 그리스도의 사역과 유사한 점을 볼 수 있습니다(요 2:13-25).

4) 승리의 느헤미야

대내외적인 방해에도 불구하고 성전 재건과 언약 갱신을 성공적으로 마침으로 이스라엘의 성결함을 이끈 느헤미야는 온갖 사탄의 세력을 이기시고 구속사역을 완성하신 그리스도의 최종적인 승리를 예표한다고 볼 수 있습니다.

이와 같이 느헤미야서에도 낮은 자리로 오셔서 우리를 위해 중보하시며 성전 정화를 단행하시고, 결국 승리하신 예수님의 사랑이 흐르고 있습니다.

에스더

에스더에 흐르고 있는 예수 그리스도 사랑을 살펴보면, 지금 우리의
주님이시요 온 세상 통치자이신 예수 그리스도께서 모르드개와 에스
더 시대에도 통치하셨음을 알 수 있습니다. 또 이때부터 하나님께서
는 그리스도가 오시 도록, 유대민족을 보호하고, 양육하시고 계셨습
니다. 그리스도 통치의 맥락에서 에스더서는 물론, 모르드개와 왕후
에스더를 이해하여야 합니다. 즉 그리스도의 부활의 조명으로 에스더
를 보아야 한다는 말입니다. 즉 모르드개와 에스더의 사건이 고대 중
동지역에서 일어난 단순한 역사적 사건이 아니라, 그리스도께서 다
스리시는 하나님 나라 사건이요, 또 교회적 사건인 것입니다. 모르드
개와 에스더가 온 교회적인 그리스도와 연합되었고, 우리도 온 교회
적인 그리스도와 연합되어, 그리스도 안에서 서로 동일시 될 수 있습
니다. 이런 안목에서 보면 아하수에로 왕은 하나님의 대리자요, 모
르드개는 모든 지혜를 동원하여 자기 맡은 일에 충성하였고(에 2:10-
11, 21-23), 에스더도 왕후로서 아내의 사명을 잘 감당하였습니다(에

2:22). 우리도 그리스도의 신부로서, 우리 예수님께 신실한 삶을 살아야 할 것을 강조할 수 있습니다. 이와 같이 에스더서에도 예수님의 사랑이 흐르고 있습니다.

욥기

욥기에 흐르고 있는 예수님의 사랑을 살펴보겠습니다.

욥이 죄가 없으면서 당하는 고난은 죄 없으시면서 십자가를 지신 예수 그리스도의 고난을 예표하고 있습니다. 욥이 고난을 극복하고 영광을 회복하고 더 큰 복을 받은 것도 예수 그리스도가 사망의 권세를 깨뜨리고 부활 승천하시고 하나님의 우편에 앉으심으로 신적인 영광을 회복하신 것을 예표합니다. 욥은 고난 중에서 중보자를 간구하며 (욥 9:33, 33:23), 증인을 요청하며(욥 16:19), 구속자 되신 하나님이 살아계심을 인정한 것은(욥 19:25-27) 하나님과 인간 사이의 중보자가 되시고, 구속주로서 역할을 수행하시는 예수 그리스도에 대한 신앙고백의 성격을 가진다고 할 수 있습니다. 더욱 중요한 것은 욥의 중보기도입니다(욥 42:7-9). 욥의 중보기도는 예수 그리스도의 중보자적 사역과 중보기도를 보여 준다고 할 수 있습니다. 이와 같이 영원히 계시면서 주시기도 하며, 가져가시기도 하며, 회복시키기도 하시는 예수 그리스도의 사랑이 욥기서에도 흐르고 있음을 알 수 있습니다.

시편

시편에는 그리스도의 탄생에 대해서는 예언하고 있지 않습니다. 시편이 집중적으로 예언한 그리스도의 생애는 주로 그의 수난과 부활의 영광이며, 메시아의 왕적 통치에 관한 것입니다. 시편은 그리스도를 1인칭과 2인칭, 그리고 3인칭으로 표현하고 있습니다.

1) 메시아에 대한 세 가지 호칭

먼저 시편에서 표현한 3인칭적인 서술을 살펴보겠습니다. 그리스도에 대한 단순한 언급은 제2편의 결문에 있는 "그 아들에게 입맞추라."는 3인칭적 서술에 나와 있습니다. 여기서 그리스도가 다윗의 후손임을 강조함으로써 약속된 메시아, 예언되고 언약된 메시아가 다윗의 후손으로 올 것을 강조하는 것입니다. 그러나 이러한 3인칭적인 서술을 구별해 내는 데는 많은 어려움이 있습니다.

그리스도는 때로 2인칭적인 호칭으로 불리기도 합니다. 그 직접적인 예가 시편 45편 6절의 "하나님이여 주의(당신의) 보좌가 영영하도다."라는 구절입니다. 이러한 2인칭의 사용은 메시아와 우리와의 친밀한 관계를 나타내기 위해 쓰인 듯하며, 우리의 메시아가 누구인지를 분명하게 밝히기 위함인 듯합니다.

시편에는 예수 그리스도께서 직접 말씀하신 1인칭적인 표현이 나타납니다. 이러한 1인칭적인 표현은 구속의 주체가 누구인가를 분명하게 밝히는 동시에 구원에 대한 메시아의 절대적 주권을 드러내 주는 표현입니다. 한편 시편 22편은 다윗이 자신을 1인칭으로 표현하여 기록한 시인데 그러한 차이에도 불구하고 그것을 그리스도의 1인칭적인 표현으로 볼 수 있는 이유는 다윗의 노래 자체가 곧 그리스도의 예언과 마찬가지의 내용을 노래했다고 볼 수 있기 때문입니다. 이 밖에도 구약의 여러 곳에서 다윗을 영적인 의미로 그리스도에 대한 비유로 표현하고 있습니다.

2) 그리스도에 대한 세 가지 예언

◆ 제왕으로 오시는 예수님

메시아의 왕적 통치를 예언한 시편은 시편 2, 8, 45, 72, 89, 110, 112 등 모두 일곱 편입니다. 시편에 나타난 그리스도의 왕적 통치권은 다음과 같습니다.

시편 2편은 먼저 메시아의 왕적 통치권에서 벗어나려고 애쓰는 인간들, 특히 세상 군왕들의 헛된 노력을 보여 줍니다. 그 후 시편 기자는 그러한 노력의 무익함과 함께 모든 것을 초월한 절대 권력의 소유자이신 메시아의 주권을 소개하고 모든 사람에게 주께 복종하라는 권면의 말씀으로 마무리 합니다.

시편 8편의 주제는 '마지막 아담'입니다. 즉 궁극적인 구원자로서의 예수 그리스도와 모든 것의 완성자이신 '마지막 아담'으로서의 그리스도를 보여 주고 있습니다.

시편 45편에서는 '기름 부음을 받은 자'라는 의미에서의 메시아 개념이 명확하게 드러납니다. 그리고 동류보다 승한 왕의 주권과 그 왕의 성품과 그의 바람이 상세하게 기술되어 있습니다.

시편 72편은 그리스도의 통치가 미치는 영역을 은유적으로 표현하였는데 "바다에서부터 바다까지와 강에서부터 땅 끝까지 다스리리니."라는 표현은 전 우주에 대한 그의 통치권을 의미한다고 할 수 있습니다.

시편 89편에서는 메시아의 신실함에 대한 증거를 표현하고 있습니다.

시편 132편은 경배 받으시기에 합당한 메시아의 주권과 영광에 대한 기록입니다.

시편 110편은 왕의 통치권에 대한 예언 중 가장 의미심장합니다. 즉 시편 110편은 신약성경에서 16번 인용되었으며, 그리스도의 신성과 그리스도의 승천, 그리고 그리스도의 천년왕국의 통치에 대하여 말하였으며, 4절에서는 그를 왕인 동시에 제사장으로 표현하고 있습니다.

◆ 수난 당하시는 예수님

시편에서 예수 그리스도의 수난을 기록한 시는 16, 22, 40, 69, 102, 109편 등 모두 6편입니다.

시편 40편 6절부터 8절 내용은 히브리서 10장 5절부터 9절에서 그리스도께서 인간을 위해 성부 하나님과 함께 기꺼이 구속의 언약을 맺으시겠다고 말한 것입니다.

시편 102편은 제한된 피조물과 대조되어 영원성을 소유한 메시아의 무한적인 특성에 대하여 그리고 그의 종들을 위한 구속의 의에 대하여 말하고 있습니다.

시편 69편과 109편에서는 다윗의 적들에 대한 일반적인 저주를 기록하고 있습니다. 특별히 주목할 점은 이들 시편에 두 개의 특수한 예언이 기록되어 있는 것인데 그것은 성령께서 다윗의 입을 의탁하여 유다를 가리켜 미리 말씀하신 유다의 배반이었습니다.

시편 16편은 음부로부터의 개선이 예언되어 있습니다. 여기에서 음부는 지옥을 의미한다기보다는 무덤을 의미합니다. 따라서 이 말은 그리스도의 부활에 대한 예언인 동시에 무덤이 그리스도의 파멸이 아니라 승리의 과정임을 증거하는 것입니다.

시편 22편은 수난시의 대표적 작품입니다. 이 시에는 예수님께서 십자가상에서 수난 당하신 일과 조롱받으신 일, 하나님으로부터 버림받으신 일과 갈증을 느끼신 일 그리고 그의 속옷과 겉옷이 제비 뽑혀 분배된 것 등이 예언되어 있습니다.

◆ 영광으로 오시는 예수님

메시아의 영광에 대한 시편의 예언은 시편 16편 10절과 시편 49편 15절에 기록된 메시아의 영광스러운 부활과 시편 68편 18절에 기록된 그리스도의 승천에 대한 기록입니다.

이와 같이 시편에서도 왕으로 오신 예수님을 노래하고, 예수님의 수난 당하심을 예언하며, 영광으로 오시는 예수님을 예언하고 있습니다. 이것은 시편에도 예수 그리스도의 사랑이 흐르고 있음을 나타내는 것입니다.

잠언

솔로몬 하면 제일 먼저 생각나는 것이 '지혜'입니다. 그리고 두 번째 떠오르는 것이 성전 건축입니다. 구약성경에서 성전은 "완성된 하나님 나라"를 상징합니다. 그러므로 '솔로몬'이라는 사람의 이름을 들으면 "성전이 완성되는 지혜"가 떠오르는 것입니다. 즉 하나님의 백성들이 탄생이 되고 그로 말미암아 완성되는 하나님 나라가 이루어지게 되는 지혜가 솔로몬 안에 들어 있는 것입니다. 그래서 솔로몬의 잠언은 "하나님 나라가 완성이 되는 지혜"가 적혀 있는 책입니다.

잠언의 핵심 단어는 '지혜'입니다. 잠언은 그 참 지혜를 소유한 자의 삶은 어떠한 모습인가를 보여 줍니다. 지혜 있는 자로서의 삶으로 인도해 주는 지침서가 바로 잠언인 것입니다. 여기서 참 지혜는 하나님의 말씀이시며, 그 말씀은 예수 그리스도를 가리킵니다.

그러나 단순히 세상적인 지식을 얻고 도덕적인 교훈을 얻고자 잠언을 읽어서는 안 됩니다. 잠언의 중요한 몇 구절을 들어서 그 내용에 접근해 보겠습니다.

잠언 1장 7절에서 "여호와를 경외하는 것이 지식의 근본이거늘 미련한 자는 지혜와 훈계를 멸시하느니라."고 말씀하십니다.

잠언 3장 5절부터 6절에서 "너는 마음을 다하여 여호와를 의뢰하고 네 명철을 의지하지 말라. 너는 범사에 그를 인정하라. 그리하면 네 길을 지도하시리라."고 말씀하십니다. 잠언에서 일반적으로 지혜는 하나님의 말씀을 가리키고, 지식은 세상적인 지식을 가리키는 것입니다.

잠언의 서문에서 계속해서 "내 아들아." 하고 부르시는 것을 우리가 보면서 이 잠언은 당시에 존재하던 그 당사자들뿐만 아니라 그 언약의 후손들인 하나님의 모든 언약 백성들에게 주어지는 말씀이라는 것을 알 수 있습니다. 그리고 그 아들은 예수 그리스도이기도 합니다. 우리가 하나도 지킬 수 없는 것들을 예수 그리스도께서 다 지키셔서 우리에게 전수해 주셨기 때문입니다.

하나님께서는 그 지혜를 소유한 자들에게 이렇게 권고를 하십니다. 잠언 1장 8절에서 19절까지를 보면 그 아들에게 악한 교제를 피하라고 말씀하십니다. 그러니까 이 잠언은 아들로 대표되는 지혜를 소유한 자와 어리석은 자, 미련한 자로 표현이 되는 세상과 사탄의 세력을 동시에 띄워 놓고 우리에게 뭔가를 말씀하시는 것입니다. 어리석은 자는 그 마음에 하나님이 없다고 믿는 자들입니다. 잠언 전체에 '지혜'라는 말이 거의 50 회 정도 나옵니다. 그리고 '어리석음'이라는 말이 70 회 정도 나옵니다. 잠언에서는 이렇게 지혜 있는 자와 어리석은 자의 삶을 비교해서 하나님의 백성들에게 친절하게 알려 주고 있습니다.

잠언 1장 20절에서 33절까지에서 "악한 자들, 어리석은 자들과의 교제는 피하되 지혜와의 교제는 피하지 말라, 지혜를 구하라." 하고 권고하십니다.

잠언 2장 1절에서 22절까지는 "그 지혜를 구하는 자들, 지혜의 길로 가는 자들의 복은 무엇인가?"에 대해서 설명해 주십니다.

잠언 3장 1절부터 12절까지는 "그 얻은 지혜로 말미암아 이제 여호와를 신뢰하고 여호와를 경외하고, 여호와만 의뢰하며 살라."고 명하고 있습니다. 그리고 그렇게 사는 자들의 유익을 바로 바로 기록해 놓고 있습니다.

잠언 3장 13절부터 35절까지는 "지혜를 소유한 자의 복"에 관해서 자상하게 설명해 줍니다.

잠언 4장 1절부터 9절은 "그러니까 그 지혜를 품에 안아라, 그 지혜를 품은 자가 영화로운 면류관을 얻을 것"이라고 말씀하십니다.

이어 잠언 4장 10과 7장 27절에서는 "악인의 길을 피하라." 하시면서 "음녀와 이방 여인 즉, 세상, 사탄의 세력을 피하라."고 말씀하십니다. 음녀와 이방여인을 따라가는 자들은 반드시 멸망의 길로 가게된다는 것을 확인시켜 주시는 것입니다.

여기서 지혜는 하나님의 말씀 곧 예수 그리스도를 가리킵니다. 태초에 인간 은 지혜자(하나님)의 지혜(말씀)으로 창조되었기 때문에 그들에게는 지혜(예수 그리스도)가 있었습니다. 그러나 그들은 자신들의 타락으로 말미암아 지혜를 잃어버렸습니다. 그러나 하나님께서 다시 그 지혜를 그분의 백성들에게 부어서 그들을 살려 내실 것이라고 말씀하셨습니다(사 11:1-2). 그 약속이 다음과 같이 이루어졌습니다.

에베소서 1장 17절부터 19절에서 "우리 주 예수 그리스도의 하나님, 영광의 아버지께서 지혜와 계시의 정신(성령)을 너희에게 주사 하나님을 알게 하시고 너희 마음눈을 밝히사 그의 부르심의 소망이 무엇이며 성도 안에서 그 기업의 영광의 풍성이 무엇이며 그의 힘의 강력으로 역사하심을 따라 믿는 우리에게 베푸신 능력의 지극히 크심이 어떤 것을 너희로 알게 하시기를 구하노라."고 말씀하십니다.

마가복음 6장 2절에서 "안식일이 되어 회당에서 가르치시니 많은 사람이 듣고 놀라 가로되 이 사람이 어디서 이런 것을 얻었느뇨. 이 사람의 받은 지혜와 그 손으로 이루어지는 이런 권능이 어찌됨이뇨."라고 말씀하시고, 누가복음 2장 40절에서는 "아기가 자라며 강하여지고 지혜가 충족하며 하나님의 은혜가 그 위에 있더라."고 말씀하십니다.

잠언에서 솔로몬이 가리키던 참 지혜의 본체는 바로 예수 그리스도셨습니다.

누가복음 11장 31절에서 "심판 때에 남방 여왕이 일어나 이 세대 사람을 정죄하리니 이는 그가 솔로몬의 지혜로운 말을 들으려고 땅 끝에서 왔음이거니와 솔로몬보다 더 큰 이가 여기 있으며."라고 말씀하십니다.

이 말씀의 본뜻은 "진짜 참 지혜는 바로 예수 그리스도"라는 뜻입니다.

고린도전서 1장 24절과 30절에서 "오직 부르심을 입은 자들에게는 유대인이나 헬라인이나 그리스도는 하나님의 능력이요 하나님의 지혜니라 너희는 하나님께로부터 나서 그리스도 예수 안에 있고 예수는 하나님께로 나와서 우리에게 지혜와 의로움과 거룩함과 구속함이 되셨으니."라고 말씀하고 있으며, 골로새서 2장 2절부터 3절에서 "이는 저희로 마음에 위안을 받고 사랑 안에서 연합하여 원만한 이해의 모든 부요에 이르러 하나님의 비밀인 그리스도를 깨닫게 하려 함이라 그 안에는 지혜와 지식의 모든 보화가 감추어 있느니라."고 말씀하고 있습니다.

예수 그리스도를 얻은 자는 살고 그렇지 못한 자는 죽는다는 것이 잠언의 주요 내용입니다. 그러니 너희들은 지혜를 택하라고 권면하면서, 잠언 9장 1절부터 18절에서 지혜냐, 미련한 여인이냐, 둘 중의 하나를 선택하라고 요구하고 있는 것입니다.

이렇게 지혜와 미련한 계집의 부름에 "너희는 누구를 택하겠느냐?" 하고 선택을 종용하시는 것입니다. 성경의 수신자는 하나님의 백성들입니다. 당연히 하나님의 백성들은 잠언을 읽고 그 뜻을 알게 되면 지혜를 택하게 되고 그로 말미암아 10장부터 전개되는 지혜를 소유한 자의 삶을 살게 되는 것입니다. 그 지혜가 오심으로 이러한 삶이 성도들의 삶에 나타납니다. 10장부터 나오는 교훈의 내용을 읽어야 올바로 그 내용을 이해하게 되는 것입니다. 잠언 10장부터 31장까지의 내용은 모두 지혜를 소유한 하나님 나라 백성들의 이 땅에서의 삶을 소개합니다.

예수 그리스도께서 이 잠언의 모든 삶을 다 살아내 주셨고 우리에게 산 것으로 전가해 주셨습니다. 그래서 우리가 구원받게 된 것입니다. 지혜를 소유한 자가 된 것입니다. 그 은혜의 깊이를 아는 만큼 잠언의 교훈을 따라 한 발 한 발 우리의 삶도 그 곳으로 옮겨 가는 것입니다.

그리스도와의 연합이 이토록 중요합니다. 이와 같이 예수님께서 우리를 위하여 충만하신 사랑으로 잠언의 모든 삶을 다 살아내 주신 것입니다. 이처럼 잠언에도 예수 그리스도의 따뜻한 사랑이 흐르고 있습니다.

전도서

전도서 1장 1절에서 "다윗의 아들 예루살렘 왕 전도자의 말씀이라."고 말씀하고 있습니다.

다윗의 아들이라면 당연히 솔로몬을 생각하겠지만 여기서의 아들은 "자손"이라는 뜻으로 육신의 후손인 왕이신 예수 그리스도를 가리킵니다.

그리고 전도서 여러 곳에서 전도자 자신을 "다른 이들보다 더 많이 지혜를 소유한 자"로 설명합니다. 전도서 1장 16절에서 "내가 마음 가운데 말하여 이르기를 내가 큰 지혜를 많이 얻었으므로 나보다 먼저 예루살렘에 있던 자보다 낫다 하였나니 곧 내 마음이 지혜와 지식을 많이 만나 보았음이로다."라는 말씀이 한 예입니다. 여기서 지혜는 솔로몬을 지칭하기도 하지만 본뜻은 예수 그리스도를 지칭합니다.

그러니까 이 전도서는 다윗 왕의 아들인 솔로몬 왕이 이스라엘의 전도자, 설교자가 되어 이스라엘에게 하나님의 말씀인 지혜를 가르치는 책입니다. 이것은 참 왕이신 하나님의 아들, 영원한 왕이신 예수 그리스도께서 영적 이스라엘, 교회에게 참 지혜를 가르치는 모습의 모형입니다. 그러니까 전도서도 역시 '복음'입니다.

전도서의 주제는 이 세상의 모든 것은 헛되다는 것입니다.

전도서 1장 2절부터 3절에서 "전도자가 가로되 헛되고 헛되며 헛되고 헛되니 모든 것이 헛되도다. 사람이 해 아래서 수고하는 모든 수고가 자기에게 무엇이 유익한고."라고 말씀하십니다. 이것이 바로 전도서의 주제입니다.

그 다음 두 번째로 전도서에 많이 나오는 말이 '해 아래'라는 말입니다. 그 말은 그 '헛됨'이 미치는 범위가 '해 아래'라는 것입니다. '해 아래'에 있는 모든 만물이 다 헛된 삶을 살고 있다는 뜻입니다. 해 아래의 삶이 모두 헛된 것이라면 "해 위의 삶"을 살면 됩니다. 그래서 예수님께서 그 해 위의 삶을 우리에게 허락하시기 위해 이 땅에 오셔서 해 아래 헛됨에 굴복하고 있는 자들을 품어 안으시고 죽으셨습니다. 우리의 모든 헛된 삶을 예수님께서 다 가지고 가셨습니다. 그리고 우리의 그 헛된 삶이 되셔서 십자가에서 죽으셨습니다. 그래서 그 해 아래에 태어난 헛된 옛 사람이 죽고 해 위의 "새로운 피조물"로 만드셨습니다.

갈라디아서 3장 13절에서 "그리스도께서 우리를 위하여 저주를 받은바 되사 율법의 저주에서 우리를 속량하셨으니 기록된바 나무에 달린 자마다 저주 아래 있는 자라 하였음이라."고 말씀하십니다.

예수님께서 허무한 삶을 산 자, 헛된 자, 저주받은 자가 되셔서 죽으시고 우리를 그 허무에서 건져 내신 것입니다. 우리는 전도서에서 그 따뜻한 예수님의 사랑의 말씀을 전해 들어야 합니다.

요한계시록 21장 1절과 23절에서 "또 내가 새 하늘과 새 땅을 보니 처음 하늘과 처음 땅이 없어졌고 바다도 다시 있지 않더라. 그 성은 해나 달의 비췸이 쓸데없으니 이는 하나님의 영광이 비취고 어린 양이 그 등이 되심이라."고 말씀하십니다.

참 빛이신 예수 그리스도께서 우리를 비추시는 천국의 현실이 이 해 아래 사는 우리에게 이미 임한 것입니다. 그래서 전에는 우리가 행하는 모든 것과 우리가 추구하는 모든 것들이 헛된 것이었지만 이제는 그렇지 않습니다.

고린도전서 15장 57절부터 58절에서 "우리 주 예수 그리스도로 말미암아 우리에게 이김을 주시는 하나님께 감사하노니, 그러므로 내 사랑하는 형제들아 견고하며 흔들리지 말며 항상 주의 일에 더욱 힘쓰는 자들이 되라. 이는 너희 수고가 주 안에서 헛되지 않은 줄을 앎이니라."고 말씀하고 있습니다.

전도서에는 어디에 있든지 무엇을 하든지 모든 것이 헛된 것이라고 했는데 이제 예수 그리스도를 통해 이제 우리가 하는 수고가 헛된 것이 아닌 것이 되었다는 것입니다. 우리는 해 아래 이 땅에서 예수 그리스도가 가지고 계신 그 기쁨을 동일하게 가진 자들이 된 것입니다. 이와 같이 전도서에도 예수님의 따뜻한 사랑이 깊이 흐르고 있음을 알 수 있습니다. 예수님께서 우리의 헛된 삶을 모두 가져가시고 우리가 새로운 자가 되었기에 우리는 이렇게 하나님과 사귐이 있는 자들이 되었습니다. 또한 헛된 일이 아닌 하나님의 일을 하는 자들이 되었고, 헛된 일을 하다가 죽어 가는 세상에서 새 생명을 소유하고 복된 죽음을 기다리는 자들이 된 것입니다. 이것이 전도서입니다. 예수 그리스도라는 참 전도자, 참 설교자가 우리 교회에게 지금 이 시간 하나님 없는 인생들의 허무함을 가르치시고 계신 책이 바로 전도서입니다.

아가

아가서는 예수님과 솔로몬, 교회와 술람미의 관계를 그리고 있습니다. 솔로몬과 술람미는 예수님과 교회인 우리와의 사랑을 말합니다.

아가서는 구원을 말하지 않습니다. 구원은 '그리스도인의 초보 단계'에 속한 것입니다(히 6:1-2). 아가서에서는 예수와 나누는 깊은 사랑을 묘사하고 있는 것입니다. 따라서 아가서는 불신자와는 전혀 관계없으며 영적 체험을 추구하는 깊은 영성의 성도들을 위한 책입니다.

아가서는 어떻게 더 큰사랑을 주고 얻을 수 있을 것인가를 말씀하고 있습니다. 다시 말해 '믿음의 길'에 대한 말씀이 아니라 '사랑의 길'에 대한 아름다운 묘사입니다. "그의 사랑이 내 위에 깃발이구나."(아 2:4)가 아가서 전체를 관통하는 주제인 것입니다.

아가서에는 '사랑'이나 '어여쁘다'라는 표현이 빈번하게 등장합니다. 이것이 바로 그리스도께서 우리를 바라보시는 눈이며, 우리가 그리스도를 바라보는 눈이어야 하는 것입니다.

아가서에서 '내 사랑'은 예수 그리스도를 상징하는 솔로몬을 부르는 말씀이며, '내 달링'은 교회를 상징하는 술람미 여인을 부르는 말씀입니다.

1장, 2장은 깨가 쏟아지는 첫 사랑을 환희적인 표현들로 묘사하고 있으며, 3장에 들어가면서 6장까지 사랑의 청룡열차를 타고 포물선을 그리며 오르락내리락 합니다. 마침내 7장과 8장은 요한계시록의 21부터 22장처럼 '신부요 아내 된' 교회가 아무도 끊을 수 없는 사랑으로 그리스도께 결속된 모습을 보여 주면서 사랑을 노래하는 아가서 무대의 마지막 악장인 피날레를 장식하고 있습니다.

술람미 여인은 자기 연인의 넘치는 매력에 비하여 자신이 형편없어 보입니다(2-7절).

술람미 여인은 솔로몬의 입맞춤을 사모합니다. 여기서의 입맞춤은 오늘날 처럼 육체적인 행위라기보다는 순결하고 절실한 사랑의 표출입니다.

아가서에서 나오는 포도주는 기쁨을 상징하지만, 신랑의 사랑은 포도주와 비교할 수 없습니다.

신부가 회상하는 신랑의 모습은 왕가의 사람들이 그렇듯 언제나 향수를 바른 모습이었고 지금 신부가 사모하는 것은 신랑의 향입니다(3절). 술람미 여인은 솔로몬이 자기에게 오기를 바랐지만(2절) 이제는 자신이 솔로몬에게로 달려가겠다고 말합니다(4절). 그러면서 그녀는 어느 여인이라도 사모할 만한 것이 바로 솔로몬의 모습이라고 말합니다. 술람미 여인은 비록 해에 그을려서 자기 피부가 검어졌을지라도, 솔로몬의 궁전에 걸려 있는 자신이 커튼처럼 아름답다고 말하고 있습니다(5절). 술람미 여인이 이렇게 검어진 것은 자기를 심하게 부린 그녀의 오빠들 때문이었습니다. 포도원을 지키느라 자기의 육체, 곧 '나의 포도원'을 돌보지 못했다는 것입니다(6절). 솔로몬은 목자처럼 변장하고 술람미 여인에게 왔었습니다. 그녀는 저녁때까지 기다리지 못하고 그가 보고 싶어서 낮의 휴식시간에 그를 찾았지만, 찾을 수가 없었습니다(7절).

솔로몬은 너무나 사랑스러운 술람미 여인에게 선물을 약속합니다(8-11절).

술람미 여인은 목자를 잃어버렸습니다. 그 목자를 찾으려면 양떼들의 발자취를 따라가 목자들의 천막에 이르면 됩니다(8절). 이제 솔로몬은 술람미 여인의 아름다움을 말로써 표현하기를 주저하지 않습니다(9-11절). 그러면서 술람미 여인의 아름다움을 더욱 돋보이게 하기 위해서 자기가 그녀를 위해 선물을 주겠다고 약속합니다(11절). 검게 탄 여인, 그리고 기껏 포도원 지기에 불과한 여인, 가족들에게조차 귀히 여김을 받지 못하는 술람미 여인은 왕의 신부로서 합당한 자격을 갖추지 못한 여인이었습니다. 그러나 왕은 그녀를 사랑했으며 아름답게 만들어주겠다고 약속합니다.

술람미 여인은 신랑에 대한 만족을 표시합니다(12-14절).

술람미 여인은 식탁에 앉으신 신랑의 모습이 마치 자기가 가장 소중히 여기는 나도 향유처럼 향을 발하는 것으로 묘사합니다(12절). 솔로몬은 나도 향유에 비교될 뿐 아니라, 값으로 따질 수 없는 몰약에도 비유됩니다(13절). 마지막으로 술람미 여인은 솔로몬을 매우 비싼 값에 거래되는 향기가 나는 엔게디 포도원의 고벨화에 비유합니다(14절).

솔로몬은 술람미 여인의 아름다움을 찬양하기도 합니다(15절).

술람미 여인은 비둘기처럼 순결합니다. 비둘기는 순결, 은혜, 온유를 의미합니다. 그녀의 눈은 그런 것들을 보여 줍니다. 솔로몬에게 있어서 술람미 여인에 비할 사람은 아무도 없었습니다. 술람미 여인은 신랑과 함께 있는 기쁨을 노래합니다(16-17절). 술람미 여인은 자기가 솔로몬과 함께 있는 어떤 장소를 상상합니다. 이것은 마치 우리가 천국을 사모하는 것과 같은 느낌을 보여 줍니다.

그리스도께서 우리를 사랑하시는 것은 마치 솔로몬 왕이 검게 그을려서 겉으로는 아무런 매력도 없는 술람미 여인을 사랑했던 것과 같습니다. 거기에 더해서 그리스도께서는 우리를 흠이 없고 주름 잡힌 것이 없도록 깨끗하고 거룩해지도록 십자가에서 죽으셨습니다. 마치 솔로몬이 술람미 여인에게 아름다운 금장식을 약속한 것처럼 말입니다. 이런 사랑을 받은 술람미 여인은 솔로몬을 자기의 가장 귀한 향유, 나도 향과 몰약 그리고 고벨화 송이에 비하고 있습니다.

아가서는 솔로몬과 술람미 여인과의 아름다운 사랑이야기이지만 실은 솔로몬은 예수 그리스도를 의미하며, 술람미 여인은 교회와 성도들을 의미하고 있습니다. 이와 같이 아가에도 예수님의 따뜻한 사랑이 깊이 흐르고 있는 것입니다.

이사야

이사야의 뜻은 '구원'으로 이사야서의 핵심은 메시아 예언입니다. 이사야서 전체가 메시아가 오실 것과 메시아의 탄생, 사역, 죽음과 장사, 부활 등을 예언하고 있습니다. 하나님의 구원 역사는 메시아를 통하여 성취하십니다. 이사야가 예언한 메시아 예언은 구약의 초점이라고도 말 할 수 있습니다. 이사야서는 성경 전체의 근본 주제인 예수 그리스도의 구속사역 및 그의 모습, 그중에서 특별히 예수 그리스도의 초림과 그를 통한 성도들의 종말론적 구원을 구약 예언서 가운데 가장 분명하고도 선명하게 보여 주고 있는 책입니다. 이제 이사야서가 그리스도에 대해 직간접적으로 가르치는 바를 살펴보도록 하겠습니다.

1) 왕이신 예수 그리스도

이사야 9장 6절부터 7절에서 "이는 한 아기가 우리에게 났고 한 아들을 우리에게 주신 바 되었는데 그 어깨에는 정사를 메었고 그 이름은 기묘자라, 모사라, 전능하신 하나님이라, 영존하시는 아버지라, 평강의 왕이라 할 것임이라. 그 정사와 평강의 더함이 무궁하며 또 다윗의 위에 앉아서 그 나라를 굳게 세우고 지금 이후 영원토록 공평과 정의로 그것을 보존하실 것이라. 만군의 여호와의 열심이 이를 이루시리라.”고 말씀하고 있습니다.

이사야 11장 1절부터 5절에서 “이새의 줄기에서 한 싹이 나며 그 뿌리에서 한 가지가 나서 결실할 것이요 여호와의 신 곧 지혜와 총명의 신이요 모략과 재능의 신이요 지식과 여호와를 경외하는 신이 그 위에 강림하시리니 그가 여호와를 경외함으로 즐거움을 삼을 것이며 그 눈에 보이는 대로 심판치 아니하며 귀에 들리는 대로 판단치 아니하며 공의로 빈핍한 자를 심판하며 정직으로 세상의 겸손한 자를 판단할 것이며 그 입의 막대기로 세상을 치며 입술의 기운으로 악인을 죽일 것이며 공의로 그 허리띠를 삼으며 성실로 몸의 띠를 삼으리라.”고 말씀하십니다.

신명기 17장 14절부터 20절을 보면 이상적인 왕의 자격에 대한 기준이 언급되어 있습니다. 이러한 기준에 의하면 성군으로 추앙되는 다윗도, 분열 왕국 이후 최고의 선한 왕으로 평가받는 히스기야 왕도 실패한 왕에 속합니다. 그런데 이사야는 이러한 왕의 자격을 만족시키기에 충분하신 존재로서 ‘의와 평강의 왕’이신 그리스도를 거듭 소개하고 있습니다(사 9:6-7, 11:1-5). ‘한 아이’는 하나님께서 그의 백성에게 주시기로 약속한 바 있는 ‘한 아들’로서 앞으로 오실 메시아이신 예수 그리스도를 가리킵니다.

메시아께서는 세상의 다른 군왕들과는 달리 스스로 모든 짐을 담당하시고 탁월하고 성실하게 통치하실 것임을 예언하고 있습니다. 그분은 모든 자연의 법칙을 초월한 놀랍고 기적적인 분으로서 존귀와 탁월성을 가지고 계십니다. 메시아이신 예수님은 자연 법칙을 초월해서 이 땅에 오셔서 죄의 세력을 멸하시는 사역을 감당하시고 죽으셨으나 부활하셔서 구원을 완성하신 신비로운 그의 사역을 반영하는 이름입니다. 비록 메시아께서 인성을 취하셨을지라도 신성이 전혀 훼손되지 않은 독존하신 하나님(요 1:18)이신 것입니다. 사도 바울은 이러한 그리스도를 하나님의 지혜라고 말씀하며(고전 1:24) 그리스도를 통해서만이 구원에 필요한 지혜와 계시의 정신을 받을 수 있다고 했습니다(엡 1:17). 따라서 메시아이신 예수님의 인성이 결코 그를 하나님으로서 찬양받기에 걸림이 될 수 없으며, 연약한 그의 인성에도 불구하고 그의 전능하심으로 구원사역을 온전히 이루신 사실을 잘 보여 줍니다.

메시아이신 예수님은 영원하신 창조자이며, 언약의 백성을 위한 보호자이시며, 타락으로 인해 진정한 평강이 깨어진 인류에게 영원히 변치 않을 평화를 주시려고 오시는 분임을 밝혀 예언하고 있습니다(롬 5:1, 빌 4:7, 골 3: 15). 십자가상에서의 중보사역을 통한 하나님과 피조물 간에 이룰 영원한 참 평화는 예수님의 따뜻한 사랑의 표현입니다.

메시아이신 예수 그리스도께서 통치하시는 하나님 나라의 영속성과 영원한 평화 상태에 대한 예언은 이사야 이후에도 다니엘에 의해서 뿐만 아니라 (단 7:27) 예수 그리스도의 동정녀 탄생을 알리기 위해 나타난 가브리엘 천사에 의해서도 소개되었습니다(눅 1:33). 장차 오실 메시아이신 예수 그리스도께서 다윗 언약(삼하 7:8-16)에 따라 육신으로는 다윗 왕의 후손으로 나타나실 것(삼하 7:12-13)과 아울러 이스라엘 백성들의 흠모 대상인 다윗 왕이 예표하는 바와 같이 위대한 통치자가 되실 것임을 보여 주고 있습니다.

메시아가 다스리시는 나라는 선하며 의로운 통치 원리로 운영됩니다. 이사야가 밝히고 있는 메시아 나라는 모든 세대의 성도와 불신자들을 포함한 전 인류가 궁극적으로 소망하는 나라입니다. 그러나 이 나라의 백성이 될 자들은 여호와를 절대 신뢰하며 순종하는 자들, 곧 메시아 예수의 구속 복음을 받는 자들뿐임을 성경은 거듭거듭 강조하며 언급하고 있습니다(마 7:21, 눅 8:21, 행 4:12, 엡 1:18-19).

이와 같이 이사야서에서도 이 땅에 하나님 나라를 이룩하기 위하여 만왕의 왕 메시아로 오시는 것에 대하여 상세하게 예언하고 있으며, 예수님의 따뜻하고 깊은 사랑이 흐르고 있음을 알 수 있습니다.

2) 여호와의 종이신 예수 그리스도

이사야서의 가장 귀한 '여호와의 종의 노래'(사 42:1-9, 49:1-6, 50:4-9, 52:13-53:12)는 메시아 곧 그리스도를 여호와 하나님으로부터 보냄 받은 종으로서 당신이 택한 거룩한 백성을 구원하시려는 하나님의 뜻에 철저히 순종하고 충성하는 자로 소개하고 있습니다. 여호와의 종의 노래는 이사야서에서 가장 아름답고도 수려한 문장으로 되어 있는 것으로 유명합니다. 이 부분은 메시아 또는 구원자로서 이 땅에 오심으로서 종말론적 구원을 이루실 예수 그리스도의 초림 및 재림에 대한 예언이 가장 많습니다.

이사야서에는 여호와 하나님의 구속 구원의 경륜을 이 땅에서 직접 수행하여 실현시키기 위해서 여호와 하나님이 특별히 예비하사 이 땅에 보내실 한 기이하고도 위대한 '여호와의 종'과 관련하여 총 4편의 노래가 나타납니다.

제1노래(사 42:1-9) 노래의 주체는 여호와이십니다. 내용은 여호와께서 당신이 보내실 종의 성품과 여호와의 종으로서의 권위 및 그의 주요 임무를 밝힌 것입니다.

제2노래(사 49:1-7) 노래의 주체는 여호와의 종 자신입니다. 내용은 여호와의 종으로서의 자신의 탄생과 소명 및 여호와의 구속사역을 행할 종으로서의 자신의 고난과 영광 등을 예언적으로 노래하고 있습니다.

제3의 노래(사 50:4-9)에서 노래의 주체는 제2의 노래와 마찬가지로 여호와의 종 자신입니다. 내용은 하나님의 종으로 이 땅에 와서 구속 사역의 집행자로서 사역하는 과정에서의 자신의 고난과 극복 및 승리 등입니다.

제4의 노래(사 52:13-53:12)는 여호와의 종의 노래 가운데 가장 유명하며 이를 다시 특별히 따로 구분하여 '고난 받는 종의 노래'로 부릅니다. 노래의 주체는 종의 구속사역으로 구원함을 받은 성도들입니다. 내용은 여호와의 종의 자기 비하 및 종의 고난의 동기, 목적, 그가 당한 고난의 절정인 대속 수난의 구체적 참상, 최종 승리와 그 결과 등입니다.

'여호와의 노래'에 나타나는 여호와의 종의 정체는 다수의 여호와의 종들과는 다른 절대 유일의 특별한 종이신 메시아 예수 그리스도입니다. 종의 노래에 나타나는 종은 무죄한 존재로 하나님께 순종하며 겸손하고 다른 사람을 대신해 고통을 당하며 마침내 전 이스라엘을 구속

할 사명을 띠고 있기 때문입니다.

　이와 같이 예수 그리스도께서는 하나님으로부터 보냄 받은 종으로서 택함 받은 거룩한 백성을 구원하시려는 하나님의 뜻에 철저히 순종하고 충성하는 사랑으로 이사야에 흐르고 있습니다.

3) 중보자 예수 그리스도

　이사야 62장 1절부터 5절에서 "나는 시온의 공의가 빛같이 예루살렘의 구원이 횃불같이 나타나도록 시온을 위하여 잠잠하지 아니하며 예루살렘을 위하여 쉬지 아니할 것인즉 열방이 네 공의를 열 왕이 다 네 영광을 볼 것이요 너는 여호와의 입으로 정하실 새 이름으로 일컬음이 될 것이며 너는 또 여호와의 손의 아름다운 면류관, 네 하나님의 손의 왕관이 될 것이라. 다시는 너를 버린 자라 칭하지 아니하고 오직 너를 헵시바라 하며 네 땅을 쁄라라 하리니 이는 여호와께서 너를 기뻐하실 것이며 네 땅이 결혼한 바가 될 것임이라."고 말씀하고 있습니다.

　이사야서 본문은 새 시온의 영광의 일면으로 시온 백성과 하나님과의 관계 회복을 노래하고 있습니다. 여기서 '나'로 등장하는 여호와의 종 곧 메시아는 시온 백성과 하나님과의 관계를 맺어주는 중보자이십니다.

　메시아인 예수 그리스도의 중보사역은 시온 백성이 하나님 앞에 온전한 자격을 가질 수 있도록 그들에게 공의와 영광 및 새 이름을 주며 여호와로 하여금 시온 백성을 손의 아름다운 면류관과 왕관처럼 시온 백성의 기업을 헵시바와 쁄라로 처녀와 신부로 취하실 수 있게 하십니다. 본문과 같은 예언은 비록 소수의 남은 자들에게 국한된 것이겠지만 그들에게 한편으로는 말로 다할 수 없는 부끄러움을, 다른 한편으로는 하나님과의 궁극적인 관계 회복과 그로 말미암은 구원과 기쁨 및 축복에 대한 소망을 강하게 불러일으 킵니다.

또한 오늘날 그리스도의 복음을 믿음으로 하나님의 자녀 되는 축복을 얻은 우리들에게 그 축복이 우연한 기회에 주어진 것이 아니라 태초부터 예비하신 바에 따라 주어진 것임을 깨닫고 끝없는 감사 찬양을 여호와께 돌리게 합니다(롬 8:17, 엡 2:3-7).

이사야는 이사야서 65장 19절부터 23절과 이사야서 66장 10절부터 14절에서 예수 그리스도를 시온의 백성 곧 만세대의 택한 모든 백성과 하나님 사이의 사이에 막혔던 죄의 담을 헐어버리고 양자를 왕과 백성으로, 신랑과 신부로 관계를 맺어 주시는 중매자, 또는 중보자로서도 소개하고 있습니다(사 62:1-5). 우리들은 그리스도를 통하여 영원한 구원의 축복과 사랑을 얻는 것입니다(사 65:19-23, 66:10-14).

4) 하나님이신 성자 예수 그리스도

이사야 9장 6절에서 "이는 한 아기가 우리에게 났고 한 아들을 우리에게 주신 바 되었는데 그 어깨에는 정사를 메었고 그 이름은 기묘자라 모사라 전능하신 하나님이라 영존하시는 아버지라 평강의 왕이라 할 것임이라."고 말씀하십니다.

본서에 소개되고 있는 메시아 곧 그리스도는 한 아기와 한 아들로 나실 전능하신 하나님이시며 그분은 성자 예수 그리스도로서(사 9:6) 손바닥으로 바닷물을 헤아리며 뼘으로 하늘을 재시는 창조주 하나님 이십니다(사 40:12-18).

5) 위로자 되시는 예수 그리스도

이사야 9장 1절부터 2절에서 "전에 고통 하던 자에게는 흑암이 없으리로다. 옛적에는 여호와께서 스불론 땅과 납달리 땅으로 멸시를 당케 하셨더니 후에는 해변 길과 요단 저편 이방의 갈릴리를 영화롭게 하셨느니라. 흑암에 행하던 백성이 큰 빛을 보고 사망의 그늘진 땅에 거하던 자에게 빛이 비취도다."라고 말씀하고 있습니다.

온 이스라엘 땅이 하나님의 징계하심으로 말미암아 큰 고통 가운데 빠질 것이나 그럼에도 불구하고 하나님의 은혜로 말미암아 그 고통의 날은 완전히 끝나게 되고 그 고통 가운데 있던 자들이 위로함을 받을 것입니다. 메시아이신 예수 그리스도께서 오실 날을 바라보며 예언한 것으로 참 빛 되신 예수 그리스도께서 오심으로 말미암아 하나님의 진노의 심판 아래 놓여 있던 모든 죄인들의 공포와 고통이 아침 이슬처럼 사라져 버릴 것을 의미합니다(요 1:4, 8:12). 이와 같이 가장 어둡고 고통이 심한 땅에서부터 하나님께서 그의 영광을 보이시며 그의 백성을 회복시켜 영화롭게 하실 것이라는 예언은 하나님이신 독생자 예수 그리스도의 갈릴리 초기사역으로 말미암아 성취되었습니다(마 4:13-16). 하나님의 심판을 받아 유기되어 하나님의 말씀에 무지하며 죄를 지음으로 고통 가운데 있게 될 이스라엘이 참 진리 되시며 빛과 생명 되신 예수 그리스도의 오심으로 회복될 것을 예언한 것입니다.

이사야서에서는 참 빛이신 메시아의 오심으로 죄 가운데 있던 우리가 복음의 빛을 받아 구원받게 될 것을 예언했고 이 예언은 이루어졌습니다(행 26:23, 벧전 2:9). 이와 같이 이사야서에는 위로자 되시는 예수님의 사랑이 흐르고 있습니다.

이사야 42장 3절에서 "상한 갈대를 꺾지 아니하며 꺼져가는 등불을 끄지 아니하고 진리로 공의를 베풀 것이며."라고 말씀하십니다.

우리 주 예수 그리스도는 죄로 상한 인생을 심판하시는 분이 아니라 감싸 주시며 회복시키시는 분이십니다. 결국 이는 죄인들을 사랑하시는 예수 그리스도의 관용적 성품을 표현한 것입니다(막 8:2, 10:49-52, 눅 7:47). 그리스도는 흑암 중에 고통을 받는 자에게 큰 빛이 되시며(사 9:1, 2) 상한 갈대를 꺾지 아니하며 꺼져가는 등불을 끄지 않으시는 위로자이십니다(사 42:3). 예수 그리스도께서 죄로 말미암아 양심의 빛을 잃고 연약해져 점점 사망의 골짜기로 빠져가는 인간들을 불쌍히 여기시고 그의 영원한 생명으로 충만하게 하실 것을 의미하고 있습니다. 결론적으로 본 절은 메시아께서 이 땅에서 일하실 사역의 성격을 잘 묘사하고 있습니다. 연약한 죄인들을 하나님의 말씀으로 위로하시는 사역의 성격을 밝혀주는 귀한 말씀입니다.

6) 만유의 빛이신 예수 그리스도

이사야 9장 1절에서 "전에 고통 하던 자에게는 흑암이 없으리로다. 옛적에는 여호와께서 스불론 땅과 납달리 땅으로 멸시를 당케 하셨더니 후에는 해변 길과 요단 저편 이방의 갈릴리를 영화롭게 하셨느니라."고 말씀하십니다.

이사야 42장 1절과 6절에서 "내가 붙드는 나의 종, 내 마음에 기뻐하는 나의 택한 사람을 보라. 내가 나의 신을 그에게 주었은즉, 그가 이방에 공의를 베풀리라. 나 여호와가 의로 너를 불렀은즉 내가 네 손을 잡아 너를 보호하며 너를 세워 백성의 언약과 이방의 빛이 되게 하리니."라고 말씀하십니다.

예수 그리스도께서 택함 받은 목적은 모든 사람의 죄를 위하여 하나님의 공의를 만족시키는 희생 제물로 드려지기 위함입니다. 예수 그리스도의 십자가 구속 사건은 하나님의 섭리 가운데 계획된 것입니다. 여호와의 지혜이며, 능력이신 성령이 예수 그리스도에게 충만히 부어질 것이라는 예언은 그리스도의 공생애 시작 직전에 성취됩니다(눅 3:22, 4:18-21). 예수 그리스도께서 유대인을 비롯한 이방인에게 '하나님 나라의 복음'을 선포하심으로써 그들에게 심판과 구원의 이중적 요소가 동시에 드러나게 될 것임을 예언하였습니다(요 12:48). 그리스도를 세상의 메시아로 부르심은 하나님의 의로 말미암았습니다. '여호와의 종'을 그의 온전하신 뜻을 이루시기 위해서 순종하는 종으로 부르신 것은 하나님의 뜻이었습니다.

모든 백성들을 구원하시기를 원하시는 하나님의 뜻을 이루기 위해서 예수 그리스도께서 온전한 순종자로 부르심을 받았습니다. 예수님은 순종의 삶을 살았으며, 이스라엘과 맺은 언약을 성취하였으며, 이방인들에게는 계시의 빛을 비추십니다. 이사야서의 그리스도는 구약 선민 이스라엘에게만 구주가 되시는 분이 아니라 신분과 혈통을 초월하여 만민의 구주가 되시며 이방에 공의와 진리를 전파하셔서 그들을 구원으로 나아오게 하시는 빛이 되시는 분인 것입니다(사 9:1, 42:1, 6).

7) 심판주로 오신 예수 그리스도

이사야 28장 16절에서 "그러므로 주 여호와께서 가라사대 보라 내가 한 돌을 시온에 두어 기초를 삼았노니 곧 시험한 돌이요 귀하고 견고한 기초 돌이라. 그것을 믿는 자는 급절하게 되지 아니하리로다."라고 말씀하십니다.

시험한 돌이요 귀하고 견고한 기초 돌은 그리스도를 상징적으로 묘사한 것으로, 그리스도께서 하나님을 경외하는 신실한 자들에게는 요새와 피난처가 되시나(사 8:14-15, 32:1-2) 패역한 자들은 멸망하게 하는 거침 돌이 되실 것임을 예언한 것입니다(마 21:42-44). 하나님의 백성의 참된 안정과 평화는 세상의 강한 무엇을 의지하는 데 있지 아니하며, 오직 역사의 주관자이신 전능하신 하나님과 그의 말씀을 의지하는 데 있습니다. 여호와께서 당신을 믿고 의지하는 자에 대해서는 언제나 부끄러움을 당하지 않게 하시고 당당하게 세우시리라는 의미를 우리는 기억하여야 할 것입니다.

8) 종말론적 평화의 예수 그리스도

이사야 2장 4절에서 "그가 열방 사이에 판단하시며 많은 백성을 판결하시리니 무리가 그 칼을 쳐서 보습을 만들고, 그 창을 쳐서 낫을 만들 것이며, 이 나라와 저 나라가 다시는 칼을 들고 서로 치지 아니하며, 다시는 전쟁을 연습하지 아니하리라."고 말씀하십니다.

이사야 11장 6절부터 9절에서 "그때에 이리가 어린 양과 함께 거하며 표범이 어린 염소와 함께 누우며 송아지와 어린 사자와 살찐 짐승이 함께 있어 어린아이에게 끌리며 암소와 곰이 함께 먹으며 그것들의 새끼가 함께 엎드리며 사자가 소처럼 풀을 먹을 것이며 젖 먹는 아이가 독사의 구멍에서 장난하며 젖 뗀 어린아이가 독사의 굴에 손을 넣을 것이라. 나의 거룩한 산 모든 곳에서 해 됨도 없고 상함도 없을 것이니 이는 물이 바다를 덮음같이 여호와를 아는 지식이 세상에 충만할 것임이라."고 말씀하십니다.

열방이 공의의 하나님 앞으로 몰려올 것이고 평화의 세계는 문을 열었습니다. 고통 받던 자에게 빛과 평화를 가져온 메시아의 도래는 그의 공의와 성실의 통치로 인하여 메시아의 왕국을 확연하게 이룰 것입니다. 그 나라는 다툼과 전쟁이 없으며 천적관계에 있던 모든 들짐승들과도 화해할 만큼 전우주적인 평화를 이룰 것입니다.

이사야는 죄로 오염되어 불의와 부정이 만연하고 외적의 침입으로 인해 고통과 죽음이 만연한 현 세상을 철저하게 공의로 심판하시고 세계 만민이 평화와 안식을 누릴 수 있는 나라, 곧 영구하고 공의와 평화가 넘치는 메시아 왕국을 건설하심으로써 종말론적 평화를 도래케 하실 그리스도에 대해 소개하고 있습니다(사 2:4).

이사야가 선포하는 이 나라는 당시의 유다 백성뿐만 아니라 모든 세대의 성도와 불신자들을 포함한 전 인류가 궁극적으로 소망하는 나라입니다. 그런데 이 나라의 백성이 될 자들은 여호와를 절대 신뢰하며 순종하는 자들, 곧 메시아 예수의 구속을 받은 자들뿐임을 성경은 거듭거듭 강조하며 언급하고 있습니다(마 7:21, 눅 8:21, 행 4:12, 엡 1:18-19). 진실로 그리스도 안에서 새로운 피조물이 된 자들만이 이러한 복된 나라에 들어갈 수 있는 것입니다(고후 5:17).

9) 예수 그리스도의 탄생

이사야 7장 14절과 9장 6절에서 "보라. 처녀가 잉태하여 아들을 낳을 것이요 그 이름을 임마누엘이라 하리라. 이는 한 아기가 우리에게 났고 한 아들을 우리에게 주신 바 되었는데 그 어깨에는 정사를 메었고 그 이름은 기묘자라 모사라 전능하신 하나님이라 영존하시는 아버지라 평강의 왕이라 할 것임이라."고 말씀하십니다.

이사야는 장차 평강의 나라를 세우고 공의로 영원히 다스리실 메시아 예수 그리스도의 탄생을 예고하고 있으며, 그분은 통치자로, 기묘자로, 전능자로, 평강의 왕으로 오시는 것입니다.

10) 예수 그리스도의 고난

이사야 50장 6절에서 "나를 때리는 자들에게 내 등을 맡기며 나의 수염을 뽑는 자들에게 나의 뺨을 맡기며 수욕과 침 뱉음을 피하려고 내 얼굴을 가리지 아니하였노라."고 말씀하고 있습니다. 이어 이사야 53장 4절에서는 "그는 실로 우리의 질고를 지고 우리의 슬픔을 당하였거늘 우리는 생각하기를 그는 징벌을 받아서 하나님에게 맞으며 고난을 당한다 하였노라."고 말씀하십니다.

이처럼 예수 그리스도께서는 말할 수 없는 수난과 모욕을 당하리라는 것이 생생하게 묘사되어 있습니다. 이러한 수난 속에서도 예수 그리스도는 자기에게 맡겨진 임무를 온전히 수행하실 것입니다. 결국 예수 그리스도께서는 하나님께서 함께하시므로 안전하시지만 그의 원수들은 멸망당하게 됩니다.

11) 언약의 성취로 오실 메시아

이사야 61장 1절부터 2절에서 "주 여호와의 신이 내게 임하셨으니 이는 여호와께서 내게 기름을 부으사 가난한 자에게 아름다운 소식을 전하게 하려 하심이라 나를 보내사 마음이 상한 자를 고치며 포로 된 자에게 자유를, 갇힌 자에게 놓임을 선포하며 여호와의 은혜의 해와 우리 하나님의 보복의 날을 선포하여 모든 슬픈 자를 위로하되."라고 말씀하십니다.

이사야는 여기서 메시아의 도래와 그분의 사역 결과 하나님의 백성들이 누리게 될 영광에 대해 묘사하고 있습니다. 장차 이 땅에 도래하실 메시아는 가난하고 억울한 자들을 자유롭게 놓아주시며, 포로 된 자들을 구원하실 것이라는 것입니다.

12) 예수 그리스도의 죽음

이사야 53장 8절부터 9절에서 "그가 곤욕과 심문을 당하고 끌려갔으니 그 세대 중에 누가 생각하기를 그가 산 자의 땅에서 끊어짐은 마땅히 형벌 받을 내 백성의 허물을 인함이라 하였으리요. 그는 강포를 행치 아니하였고 그 입에는 궤사가 없었으나 그 무덤이 악인과 함께 되었으며 그 묘실이 부자와 함께 되었도다."라고 말씀하십니다.

이사야는 여기서 고난의 종이 죽어가는 모습을 묘사하고 있습니다. 이 예언대로 그리스도께서는 정당한 변명을 할 수 있었지만 침묵을 지키셨으며, 불공정한 재판을 받아 십자가 형벌을 당하셨고 부자인 아리마대 요셉의 묘지에 매장되셨습니다.

13) 예수 그리스도의 부활

이사야 53장 10절에서 "여호와께서 그로 상함을 받게 하시기를 원하사 질고를 당하게 하셨은즉 그 영혼을 속건 제물로 드리기에 이르면 그가 그 씨를 보게 되며 그날은 길 것이요 또 그의 손으로 여호와께서 기뻐하시는 뜻을 성취하리로다.”라고 말씀하십니다. 이 말씀은 예수 그리스도의 부활을 나타내고 있습니다.

마태복음 28장 6절부터 10절에서 “그가 여기 계시지 않고 그의 말씀하시던 대로 살아나셨느니라 와서 그의 누우셨던 곳을 보라 또 빨리 가서 그의 제자들에게 이르되 그가 죽은 자 가운데서 살아나셨고 너희보다 먼저 갈릴리로 가시나니 거기서 너희가 뵈오리라 하라 보라 내가 너희에게 일렀느니라 하거늘 그 여자들이 무서움과 큰 기쁨으로 무덤을 빨리 떠나 제자들에게 알게 하려고 달음질할 새 예수께서 저희를 만나 가라사대 평안하뇨 하시거늘 여자들이 나아가 그 발을 붙잡고 경배하니 이에 예수께서 가라사대 무서워 말라 가서 내 형제들에게 갈릴리로 가라 하라 거기서 나를 보리라 하시니라.”고 말씀하십니다.

14) 예수 그리스도의 승천

이사야 52장 13절에서 “여호와께서 가라사대 보라 내 종이 형통하리니 받들어 높이 들려서 지극히 존귀하게 되리라.”고 말씀하십니다.

이 말씀은 예수 그리스도의 부활을 나타내는 말씀이며, 사도행전 1장 9절에서 “이 말씀을 마치시고 저희 보는 데서 올리워 가시니 구름이 저를 가리워 보이지 않게 하더라.”고 말씀하십니다.

15) 예수 그리스도의 재림

이사야 32장 1절에서 “보라. 장차 한 왕이 의로 통치할 것이요 방백들이 공평으로 정사할 것이며."라고 말씀하십니다. 이 말씀은 예수 그리스도께서는 재림하심을 예언합니다.

지금까지 이사야서 전체를 통하여 메시아가 오실 것과 메시아의 탄생, 사역, 죽음과 장사, 부활 등을 예언하고 있는 부분을 살펴보았습니다. 하나님의 구원 역사는 메시아를 통하여 성취되는 것입니다. 이사야서는 성경 전체의 근본 주제인 예수 그리스도의 구속사역 및 그의 모습, 그중에서 특별히 예수 그리스도의 초림과 그를 통한 성도들의 종말론적 구원을 구약 예언서 가운데 가장 분명하고도 선명하게 보여주었습니다. 이사야서에도 예수님의 사랑이 깊이 흐르고 있습니다.

예레미야

예레미야의 예언 속에서 예수 그리스도에 대한 예표적인 표현들이 많이 나옵니다. 그중에 다섯 가지를 정리해 보겠습니다.

1) 생수의 근원이신 예수 그리스도

예레미야 2장 13절에서 "내 백성이 두 가지 악을 행하였나니 곧 그들이 생수의 근원되는 나를 버린 것과 스스로 웅덩이를 판 것인데 그것은 그 물을 가두지 못할 터진 웅덩이들이니라."고 말씀하십니다.

예수님은 생수의 근원이십니다. 이는 예수님께서 생명의 원천이 되신다는 뜻입니다. 물은 모든 생명의 존재 근원이기 때문입니다. 물은 예수님을 보여 주는 대표적인 속성 중 하나입니다. 예수님께서 요한복음 7장 37절부터 38절에서 "누구든지 목마르거든 다 내게로 와서 마시라. 나를 믿는 자는 성경에 이름과 같이 그 배에서 생수의 강이 흘러나오리라."고 말씀하고 있습니다. 영적 목마름에 시달리고 있는 우리들에게 예수님은 해갈의 근원이 되십니다.

2) 다윗의 자손으로 오실 예수 그리스도

예레미야 23장 5절에서 "여호와의 말씀이니라. 보라. 때가 이르리니 내가 다윗에게 한 의로운 가지를 일으킬 것이라. 그가 왕이 되어 지혜롭게 다스리며 세상에서 정의와 공의를 행할 것이며."라고 말씀하십니다.

다윗의 자손으로 오실 예수 그리스도에 관한 대표적인 예언은 메시아는 다윗의 뿌리에서 나올 것이라는 예언입니다. "이새의 줄기에서 한 싹이 나며 그 뿌리에서 한 가지가 나서 결실할 것이라."(사 11:1)고 했습니다. 이것은 메시아가 육적인 이스라엘에서 태어나신다는 예언입니다. 그리고 이스라엘 12지파 중에서 유다 지파인 다윗의 자손으로 오실 것이라는 뜻입니다.

3) 공평과 정의로 통치되는 하나님 나라 오게 하실 예수 그리스도

예레미야 23장 5절부터 6절에서 "여호와의 말씀이니라. 보라. 때가 이르리니 내가 다윗에게 한 의로운 가지를 일으킬 것이라. 그가 왕이 되어 지혜롭게 다스리며 세상에서 정의와 공의를 행할 것이며 그의 날에 유다는 구원을 받겠고 이스라엘은 평안이 살 것이며 그의 이름은 여호와 우리의 공의라 일컬음을 받으리라."고 말씀하십니다.

이와 같이 예레미야는 공평과 정의로 통치되는 하나님 나라를 예수 그리스도께서 이루신다는 것을 예언하고 있는 것입니다.

4) 선한 목자이신 예수 그리스도

예레미야 3장 15절에서 "내가 또 내 마음에 합한 목자들을 너희에게 주리니 그들이 지식과 명철로 너희를 양육하리라."고 말씀하십니다.

선한 목자는 양들을 먹이고 돌보고 지키는 사람입니다. 선한 목자는 양떼를 푸른 초장과 잔잔한 물가로 인도하며, 길 잃은 양들을 찾고, 저녁에는 안전한 우리로 몰아넣습니다. 선한 목자는 잘 걷지 못하는 어린 양들을 팔에 앉고, 병난 양들을 정성껏 치료합니다. 특히 선한 목자는 양을 위하여 목숨까지 버리기도 합니다. 사나운 짐승들이 양을 잡아먹거나 도적들이 양을 훔쳐 가면 목자는 양을 지키려고 하다가 때로는 목숨까지 버립니다.

이와 같이 예수님은 따뜻한 사랑으로 우리를 위하여 목숨까지도 아끼지 않으시는 선한 목자가 되셔서 우리를 푸른 초장에 누이시며, 쉴 만한 물가로 인도하시는 것입니다.

5) 세 언약의 주체이신 예수 그리스도

예레미야 31장 31절부터 34절에서 "여호와의 말씀이니라. 보라. 날이 이르리니 내가 이스라엘 집과 유다 집에 새 언약을 맺으리라. 이 언약은 내가 그들의 조상들의 손을 잡고 애굽 땅에서 인도하여 내던 날에 맺은 것과 같지 아니할 것은 내가 그들의 남편이 되었어도 그들이 내 언약을 깨뜨렸음이라. 여호와의 말씀이니라. 그러나 그날 후에 내가 이스라엘 집과 맺을 언약은 이러하니 곧 내가 나의 법을 그들의 속에 두며 그들의 마음에 기록하여 나는 그들의 하나님이 되고 그들은 내 백성이 될 것이라. 여호와의 말씀이니라. 내가 그들의 악행을 사하고 다시는 그 죄를 기억하지 아니하리라 여호와의 말씀이니라."고 말씀하십니다.

도래할 새 시대에는 모세의 언약을 새롭게 갱신하여 더 완전한 언약을 세울 것을 선포하고 있습니다. 옛 언약에서는 법적인 강제성이 우선되었으나 새 언약에는 의무적인 것이 아니라 자발적인 순종의 요소가 보강되었다는 차이점이 있습니다. 이렇게 볼 때 옛 언약은 파기된 것이 아니라 완성된 것입니다. 오늘날 우리는 예수님과 새로운 관계를 맺게 될 것인데 이러한 관계를 유지시켜 주시는 분은 성령님이십니다.

　이와 같이 예레미야에서는 생수의 근원이신 예수 그리스도, 다윗의 자손으로 오실 예수 그리스도, 공평과 정의로 통치되는 하나님 나라 오게 하실 예수 그리스도, 선한 목자이신 예수 그리스도, 세 언약의 주체이신 예수 그리스도로 우리에게 따뜻한 예수님의 사랑을 나타내 주고 있는 것입니다.

예레미야 애가

1) 고난당하시는 예수 그리스도

예레미야애가 3장 1절에서 "여호와의 분노의 매로 고난당한 자는 나로다."라고 말씀하십니다.

예레미야는 자신이 대언한 하나님의 말씀을 듣기는커녕 핍박했던 유다 백성들의 모진 고통을 자신의 것으로 동일시하고 있습니다. 그러나 예레미야는 당면한 고난이 예수님의 사랑의 채찍임을 깨닫습니다. 이와 같이 예레미야애가에도 예수님의 사랑이 흐르고 있습니다.

2) 성도의 중보자이신 예수 그리스도

예레미야애가 5장 1절에서 "여호와여 우리가 당한 것을 기억하시고 우리가 받은 치욕을 살펴보옵소서."라고 말씀하십니다.

예레미야는 애가를 마무리하면서 유다의 참상을 다시 한 번 열거합니다. 그리고 유다의 파멸이 죄악으로 인한 하나님의 징벌임을 고백하면서 회개하는 마음으로 중보의 기도를 합니다. 예수님께서는 지금도 우리를 위하여 하나님 우편에 앉으셔서 우리를 위하여 따뜻한 사랑의 마음으로 중보기도를 하고 계시는 것입니다.

에스겔

에스겔서에 나타난 예수 그리스도의 예언들을 살펴보겠습니다.

1) 메시아 왕국의 도래에 관한 예언

하나님께서는 에스겔을 통하여 바벨론에 항복하는 것만이 살길이라고 경고했지만(렘 27:1) 시드기야는 그 경고를 거슬러 멸망을 자초했습니다. 에스겔 17장 22절부터 24절에 나오는 백향목 비유는 1차적으로는 유다의 회복을 의미하며, 궁극적으로는 메시아 왕국의 도래에 관한 예언입니다. 느부갓네살이 유다의 높은 가지를 취하여 바벨론에 이식했던 것처럼 하나님께서도 유다의 높은 가지를 취하여 당신의 산 시온 곧 하나님의 왕국에 심으실 것입니다.

2) 메시아가 평화의 왕으로 오실 것을 예언

에스겔 34장 25절에서 "내가 또 그들과 화평의 언약을 맺고 악한 짐승을 그 땅에서 그치게 하리니 그들이 빈 들에 평안히 거하며 수풀 가운데서 잘지라."고 말씀하십니다.

누가복음 2장 14절을 보면 예수님께서는 이 땅의 평화를 위하여 오셨다고 말씀하고 있습니다. "지극히 높은 곳에서는 하나님께 영광이요 땅에서는 기뻐하심을 입을 사람들 중에 평화로다." 하나님께서는 예수님을 평화의 왕으로 이 땅에 보내셨습니다. 다른 말로 하면 하나님은 이 땅의 무너진 질서를 바로 잡도록 하기 위하여 예수님을 보내셨다는 것입니다. 사랑의 예수님께서는 평화의 왕으로 오셨습니다.

3) 예수 그리스도가 선지자로 오실 것을 예언

에스겔 33장 33절에서 "그 말이 응하리니 응할 때에는 그들이 한 선지자가 자기 가운데에 있었음을 알리라."고 말씀하십니다.

예수님께서는 말씀의 본체로서 완전하게 모든 것을 영원한 하나님의 말씀으로 계시하여 주신 선지자이십니다. 모세가 이런 선지자가 일어날 것을 예언했고(신 18:15), 이 예언은 예수님에게서 성취되었습니다(요 1:45).

이와 같이 에스겔에서도 메시아 왕국의 도래에 관한 예언, 메시아가 평화의 왕으로 오실 것을 예언, 예수 그리스도가 선지자로 오실 것을 예언함으로써 에스겔서에도 예수님의 사랑이 흐르고 있음을 알 수 있습니다.

다니엘

다니엘 3장 19부터 25절을 살펴보겠습니다.

다니엘서를 구약의 계시록이라고 합니다. 이 다니엘서에는 마지막 때에 일어날 구약의 계시록을 예언한 내용이 많이 있습니다. 지혜롭고 진실된 삶을 통하여 예수님의 재림을 기다려야 합니다. 다니엘서도 종말론에 대한 내용을 담고 있습니다. 다니엘서의 핵심 주제는 '하나님의 절대주권'입니다. 다시 말하면 하나님께서는 역사의 주인공이시며 언제나 역사는 하나님이 주관하고 계십니다. 절대주권자, 역사의 주인공이신 하나님. 이것이 다니엘서의 핵심입니다.

1) 뜨인 돌 예수 그리스도(단 2:34-35)

느부갓네살 왕이 꿈을 꿨는데 그 내용을 아무도 몰랐습니다. 그래서 박사, 술객을 모아놓고 내용조차 알려주지 않고 꿈을 해석하라고 했습니다. 아무도 해석하지 못해 그들이 다 죽게 되었는데 그때 다니엘이 나타나 꿈의 내용을 해석했습니다. 그 후 그는 바벨론에서 유명한, 전국을 다스리는 권세 있는 자가 되었습니다. 그러면 느부갓네살의 꿈에서 정금으로 된 머리는 바벨론, 은으로 된 가슴과 팔은 메데바사국, 놋으로 된 배와 넓적다리는 헬라 제국, 철로 된 종아리는 로마제국, 철과 진흙으로 된 발은 멸망할 로마제국을 가리킵니다.

그런데 신상에 뜨인 돌이 나타나 신상을 박살냈습니다. 부위별로 다 부서지고 이 돌은 온 세계에 가득하게 되었습니다. 그 꿈에서 큰 신상을 부순 뜨인 돌은 예수 그리스도를 예표합니다. 온 세계를 박살내고 재림 때 예수 그리스도가 세계를 정복한다는 의미입니다. 부서진 신상은 이 세상을 말합니다. 세상은 다 멸망하게 되어 있습니다. 따라서 예수 그리스도를 믿는 자만이 최후 승리자가 됩니다. 우주의 주인공인 그리스도가 재림하실 때 지구는 다 무너지고 오직 예수 그리스도만이 남으십니다. 그래서 언약 잡은 하나님의 백성들만이 그루터기로 남게 됩니다.

2) 풀무불 속의 예수 그리스도

다니엘의 세 친구인 사드락, 메삭, 아벳느고가 풀무불 속에 들어가게 된 이유는 느부갓네살 왕이 만들어 놓은 금 신상 앞에 절하라는 명령에 불복했기 때문입니다.

사드락, 메삭, 아벳느고는 하나님을 믿으면서 한편으로는 포기했습니다. 하나님의 뜻이 불에 들어가 죽는 것이라면 죽겠다고 각오했습니다. 이런 생각을 가지고 살아가면 두려울 게 아무것도 없습니다. 사드락과 메삭과 아벳느고 이 세 사람을 풀무불 속에 집어넣었는데 네 사람이 돌아다니고 있었습니다. 그 한 명이 누구입니까? 풀무불 속에 들어갈지라도 하나님이 함께 계신다고 절대적으로 믿는 그들의 믿음대로 예수님이 그들과 함께하신 것입니다.

바로 풀무에 있는 또 다른 사람은 바로 그리스도이십니다. 우리가 이것을 알 수 있는 증거는 다음과 같습니다. 첫째, 세 친구가 풀무 속에서 살아있었다는 것은 기적이었습니다. 그들의 머리털 하나도 타지 않았습니다. 오직 예수님만이 이러한 기적을 베풀 수 있는 것입니다. 그 사람은 예수님이셨습니다. 둘째, 그 모습은 사람의 모습이었습니다. "신들의 아들"로 생각 된 이분은 바로 하나님 자신이시며 성육신하기 이전의 예수님이신 것입니다. 셋째, 이 기적을 통하여 이방 왕과 이방인들이 받은 충격입니다. 느브갓네살 왕은 "이같이 사람을 구원할 다른 신이 없음이니라."(29절)고 말하였습니다.

이와 같이 다니엘서에도 예수님의 사랑이 뜨겁게 흐르고 있는 것입니다.

호세아

1) 부활의 예수 그리스도

호세아서 6장 2절에서 "여호와께서 이틀 후에 우리를 살리시며 셋째 날에 우리를 일으키시리니 우리가 그 앞에 살리라."고 말씀하십니다.

여기서 '셋째 날'은 예수 그리스도께서 부활하시는 날을 가리킵니다. 또한 '우리를 일으키시리니'는 성도의 부활을 가리킵니다. 예수님께서 부활하신 이유는 우리의 믿음을 위해서였습니다. 부활은 영생을 말합니다. 예수님이 재림하실 때 모든 인간은 영생의 부활을 받게 됩니다. 이러한 내용을 하나님은 호세아를 통하여 말씀하고 계십니다.

2) 남은 자들의 왕이 되실 예수 그리스도

호세아서 1장 11절에서 "이에 유다 자손과 이스라엘 자손이 함께 모여 한 우두머리를 세우고 그 땅에서부터 올라오리니 이스라엘의 날이 클 것임이로다."라고 말씀하십니다.

이 말씀은 예수님의 초림에 대한 예언이라기보다는 역사의 종말에 재림하셔서 새 하늘과 새 땅을 창조하셔서 그곳에 우리 믿는 자들의 왕이 되신다는 의미로 보는 것이 타당할 것입니다.

3) 포기하지 않고 끝까지 사랑하시는 예수 그리스도

호세아는 11장에서 광야 백성들이 출애굽의 구속 사건을 잊어버리고 배은망덕했듯이 당시 이스라엘이 하나님의 거듭된 긍휼을 거부했음을 질타하고 있습니다. 그러나 본문의 주제는 이스라엘의 패역이 아니라 그것까지도 끌어안으시는 하나님의 자비와 사랑을 말씀하고 있습니다. 이것은 우리를 고아로 버려두지 않으시고 끝까지 사랑하시는 예수 그리스도의 끝없는 사랑을 의미하는 것입니다.

이와 같이 호세아서에도 예수님의 따뜻한 사랑이 흐르고 있습니다.

|

요엘

1) 성령에 의한 예수 그리스도의 복음 전파

요엘서 2장 28절부터 32절에서 "그 후에 내가 내 영을 만민에게 부어 주리니 너희 자녀들이 장래 일을 말할 것이며 너희 늙은이는 꿈을 꾸며 너희 젊은이는 이상을 볼 것이며 그때에 내가 또 내 영을 남종과 여종에게 부어 줄 것이며 내가 이적을 하늘과 땅에 베풀리니 곧 피와 불과 연기 기둥이라 여호와의 크고 두려운 날이 이르기 전에 해가 어두워지고 달이 핏빛 같이 변하려니와 누구든지 여호와의 이름을 부르는 자는 구원을 얻으리니 이는 나 여호와의 말대로 시온 산과 예루살렘에서 피할 자가 있을 것임이요 남은 자 중에 나 여호와의 부름을 받을 자가 있을 것임이니라."고 말씀하십니다.

예수님이 승천하시고 성령이 오셨습니다. 삼위일체로서 예수님이 하나님이시고, 하나님이 성령님이시고, 성령님이 예수님이십니다. 요엘은 성령강림을 예언합니다. 그가 살던 구약시대에는 특정인에게만 부분적, 한시적, 조건적으로 성령이 임했습니다. 왕(삼상 16:13),

Chapter 03 _ 구약성경에 흐르고 있는 J의 사랑 | 153

선지자(삼상 16:19), 제사장(출 28:3) 사사(삿 3:9-10)가 그들입니다. 하지만 성령시대에는 믿는 모든 사람에게 성령을 물 붓듯이 부어 주겠다고 예언되었습니다. 예수님께서는 보혜사 성령을 보내겠다고 하셨으며(요 14:16, 15:26, 16:7, 행 1:4-8) 그 예언은 곧 성취되었습니다(행 2:1-13). 성령강림은 예수님께서 우리를 구원하기 위해 이 땅에 오신 성육신과 비교할 만큼 아주 중대한 구속사역입니다. 성령은 지혜의 영입니다. 겁쟁이이며 배신자인 베드로가 성령을 받고 나서는 순교할 정도로 담대해졌습니다. 성령의 사람으로서 성령의 인도를 받으면 가난과 실패가 물러갑니다. 성령 충만하면 무엇에도 당하지 않습니다. 성령은 사람을 변화시킵니다. 하나님께서는 하나님의 뜻을 이루시기 위해 연약한 자를 강하게, 가난한 자를 부요하게, 무능한 자를 유능하게 만들어 쓰십니다. 이것이 성령의 능력입니다. 우리는 성령 충만하기만 하면 됩니다.

신약시대 성령강림의 특징은 신분, 성별, 연령의 조건에 관계없이 역사하신다는 것입니다. 예수 그리스도를 영접한 누구에게나 성령은 임하십니다. 성령의 사람은 힘든 일이 생겨도 결국에는 요셉과 다윗처럼 성공하게 됩니다. 기도할 때마다 성령께서 역사하십니다.

성령이 친히 우리 영으로 더불어 우리가 하나님의 자녀인 것을 증거하시나니(롬 8:16), 누구든지 그리스도의 영이 없으면 그리스도의 사람이 아니라(롬 8:9)고 합니다. 성령이 충만하면 복음을 전파하게 됩니다. 성령 충만한 증거는 복음을 전파하는 것입니다. 성령 충만한 사람은 누굴 만나든지 담대히 예수가 그리스도임을 증거합니다. 이처럼 요엘서에도 우리에게 성령의 충만함을 주시는 예수님의 따뜻한 사랑이 흐르고 있습니다.

2) 최후 심판을 행하실 예수 그리스도(욜 3:1-17)

요엘은 전형적인 예언서로 "하나님께서 심판하신다."는 심판 메시지와 회복 메시지가 들어 있습니다. 요엘에 많이 나오는 핵심 단어는 '여호와의 날'입니다. 이는 그날이 이르기 전에 회개할 것을 강조하기 위한 것입니다. 하나님은 요엘을 통해 재앙과 심판, 용서와 사랑이라는 두 가지 메시지를 주고 있습니다. 하나님께서 우리를 회개시켜서 복 주시기 위해 계속 말씀하고 계십니다.

요엘서 3장 1절부터 17절을 보면 말세에 하나님은 주의 백성을 대적하는 이들을 멸절하신다고 합니다. 그러므로 '여호와의 날'은 이방 세력에게는 두려움과 슬픔의 날이지만, 믿는 우리에게는 기쁨과 영광과 영생을 누리는 해방의 날입니다. 이처럼 그날에는 믿지 않는 자와 적그리스도와 바벨론과 같은 거대 사탄의 조직들은 심판을 받을 것이며, 예수님께서 재림하시면 역사의 종말이 오고 슬픔과 고통과 죽음이 없는 새 하늘과 새 땅에서 하늘의 영광을 누리면서 삼위일체 하나님과 사랑의 교제를 나누게 되는 것입니다.

아모스

아모스 9장에서 성전 문지방이 무너지는 환상을 통해 이스라엘을 향한 하나님의 심판이 또 다시 선포되지만 하나님의 손은 항상 심판의 와중에서도 남은 자를 향하여 은혜를 베풀어 주심을 말씀하고 있습니다.

스스로 택한 백성이라고 하여 안일에 빠져 있는 이스라엘 백성들에게 구스, 블레셋, 아람 족속과 다를 바 없는 자들이라고 선포하고, 오직 남은 자만 구원하실 것이라고 약속하십니다. 결국 그리스도의 나라는 새로운 다윗왕국으로 건설되고 그 백성은 그곳에서 예수 그리스도와 사랑의 교제를 나누며, 영원한 복을 누리게 될 것입니다.

아모스서에도 이렇게 예수님의 사랑이 흐르고 있습니다.

|

오바댜

1) 심판주 예수 그리스도

하나님이 에돔 족속을 심판하시는 근거는 교만입니다. 교만이란 하나님을 믿지 않고 다른 것을 의지하는 것을 말합니다. 오직 하나님만을 의지하고, 삶의 중심이 오직 예수 그리스도가 되어야 하는데 따로 믿는 것이 있습니다. 하나님 없이 내 힘으로 살 수 있다고 여기는 자가 바로 교만한 사람입니다. 에돔 족속은 교만해 하나님을 믿고 의지하지 않았습니다. 이들은 난공불락의 요새 같은 지형에서 살고 있었기 때문에 절대 망하지 않을 것이라고 여겼습니다. 그리고 주변 국가와 동맹을 하고 그들을 의지했습니다.

오늘날에도 에돔 족속과 같이 가문, 물질, 지혜 들을 하나님보다 더 의지하는 교만한 사람들이 많습니다. 이들은 좋은 가문에 태어나서, 남들보다 가진 것이 많아서, 똑똑하고 아는 것이 많아서 교만한 것입니다. 하지만 하나님 없이는 아무것도 소용이 없습니다. 하나님을 의지하지 않는 교만함에 대해서는 오직 재앙만이 있을 뿐입니다.

오바댜 1장 10절부터 12절에는 에돔 족속이 심판받을 결정적 이유가 나와 있습니다. 이들은 포악자, 방관자, 무시자가 되어 이스라엘 백성을 괴롭혔기 때문에 오바댜는 에돔이 심판받을 것을 예언하고 있습니다. 예수 그리스도는 마지막 때에 하나님의 말씀을 믿지 않는 교만한 자들에게 심판을 내립니다. 이와 같이 오바댜에도 예수님의 사랑이 흐르고 있습니다.

2) 구원자 예수 그리스도

예수 그리스도는 구원자로서 모든 것을 회복시키시는 분입니다. 이스라엘이 회복되듯이 하나님께 돌아온 자는 누구나 회복됩니다. 야곱 족속이 자기 기업을 누리게 된 것같이 하나님의 자녀는 자기 기업을 누리게 됩니다.

이스라엘 백성들은 저주로 끝난 것이 아니었습니다. 저주로 인해 어려움을 당했지만 하나님께서는 새로운 복을 회복시켜 주셨습니다. 하나님의 절대주권 속에 다 구원 받을 것 같은 형제였지만 에서는 망하고 야곱은 살아났습니다. 누구를 선택하느냐 하는 것은 하나님의 절대주권입니다.

시편 기자는 "여호와께서 공의를 사랑하시고 그 성도를 버리지 아니하시는도다. 저희는 영영히 보호를 받으나 악인의 자손은 끊어지리라."(시 37:28)고 말씀하고 있습니다. 예수님은 악인은 멸하시지만 믿는 우리에게는 구원을 베푸시며, 영원한 사랑을 베풀어 주시는 것입니다.

요나

1) 예수 그리스도의 탄생, 사역, 죽음, 부활을 예표

요나서 1장 17절에서 "여호와께서 이미 큰 물고기를 예비하사 요나를 삼키게 하셨으므로 요나가 삼일 삼야를 물고기 배에 있으니라."고 말씀하십니다.

이 말씀은 마태복음 12장 40절에서 "요나가 밤낮 사흘을 큰 물고기 뱃속에 있었던 것같이 인자도 밤낮 사흘을 땅속에 있으리라."는 말씀으로 이루어집니다. 요나서에는 대속과 부활의 그리스도가 예표됩니다. 요나가 3일 동안 물고기 뱃속에 있었던 것은 예수님께서 십자가에서 죽으신 지 사흘 만에 다시 부활하시는 것을 예언하는 것입니다. 또한 그를 통해 대속과 부활이 말씀되고 있습니다.

또 고린도전서 15장 3절부터 4절에서 "내가 받은 것을 먼저 너희에게 전하였노니 이는 성경대로 그리스도께서 우리 죄를 위하여 죽으시고 장사 지낸바 되었다가 성경대로 사흘 만에 다시 살아나사."라고 말씀하십니다.

예수님의 탄생부터 시작해 예수님의 사역, 죽으심, 부활하심 등 모든 것은 '성경대로'입니다. 이와 같이 요나서에도 예수님의 사랑이 흐르고 있습니다.

2) 영혼구원을 위해 오신 예수 그리스도

요나는 먼저 잘못된 생각과 불평을 드러냈습니다. 니느웨가 이스라엘을 괴롭혔기 때문에 저주받아 마땅하다고 여겼습니다. 그래서 니느웨로 가라는 하나님의 말씀을 듣지 않았습니다. 다시스로 도망가던 요나는 하나님께서 보내신 풍랑 때문에 물고기 뱃속에 3일 동안 갇히게 되었고, 회개한 후 니느웨로 가게 됩니다. 하지만 요나는 니느웨 백성들이 회개할 것이라고는 생각지 않았습니다. 그런 요나의 생각과는 달리 니느웨 백성들이 변화되어 하나님 앞에 회개하는 역사가 일어났습니다. 이러한 역사 앞에서 요나는 오히려 하나님께 불평하였습니다.

요나는 매우 싫어하고 성냈습니다(욘 4:1). 그는 니느웨 백성들이 하나님께 회개하고 구원 얻는 모습을 보자 화가 났습니다. 그러나 그것은 요나의 착각이었습니다. 하나님의 생각은 요나의 그것과는 완전히 다르기 때문입니다. 요나는 자기 마음대로 하나님의 생각을 해석했습니다. 그러므로 내 생각에 하나님의 생각을 맞춰서는 안 되며 하나님의 생각에 내 생각을 맞춰야 합니다. 하나님의 최고 관심은 영혼구원입니다. 사랑의 예수님께서도 요나서를 통하여 우리의 영혼구원을 위해 오심을 말씀하고 있는 것입니다. 요나서에도 예수님의 따뜻한 사랑이 흐르고 있습니다.

미가

1) 야곱의 하나님이신 예수 그리스도(미 4:2)

미가서 4장 2절에서 "곧 많은 이방 사람들이 가며 이르기를 오라 우리가 여호와의 산에 올라가서 야곱의 하나님의 전에 이르자 그가 그의 도를 가지고 우리에게 가르치실 것이니라 우리가 그의 길로 행하리라 하리니 이는 율법이 시온에서부터 나올 것임이라."고 말씀하십니다. 이와 같이 미가는 예수 그리스도를 야곱의 하나님으로 말씀하고 있습니다.

예수님께서는 태초부터 하나님과 함께 계셨습니다. 미가는 그의 근본은 상고에 "태초에니라(미 5:2)."고 말씀하십니다. 예수님은 하나님 그 자체입니다. 예수 그리스도는 영원 전부터 계셨습니다. 또한 예수님께서는 천지를 창조하셨습니다. 말씀이 천지를 창조했습니다. 하나님의 말씀은 곧 예수님입니다.

요한복음 1장 1절부터 3절에서 "태초에 말씀이 계시니라. 이 말씀이 하나님과 함께 계셨으니 이 말씀은 곧 하나님이시니라. 그가 태초에 하나님과 함께 계셨고 만물이 그로 말미암아 지은바 되었으니 지은 것이 하나도 그가 없이는 된 것이 없느니라.”고 말씀하고 있습니다. 예수님은 당연히 야곱의 하나님이 되시는 것입니다.

2) 베들레헴에서 나실 예수 그리스도

미가서 5장 2절에서 “베들레헴 에브라다야. 너는 유다 족속 중에 작을 지라도 이스라엘을 다스릴 자가 네게서 내게로 나올 것이라. 그의 근본은 상고에, 영원에 있느니라.”고 말씀하십니다.

이 말씀은 그리스도의 강림에 대하여 예언하고 있습니다. 메시아 왕국의 설립자인 예수 그리스도의 탄생과 성품을 설명합니다. 그의 탄생지에 대한 예언(2절), 고난(3절), 구원사역(4-9절), 심판자로 오실 예수 그리스도(10-15절)에 대한 묘사는 신약성경에 나온 예수 그리스도의 행적과 일치한다고 볼 수 있습니다.

이와 같이 미가서는 소선지서 12권 중에서 그리스도에 대하여 가장 직접적이고 풍부한 예언을 하고 있습니다. 미가에도 예수님의 사랑이 흐르고 있습니다.

|

나훔

1) 복음이신 예수 그리스도

나훔 1장 15절에서 "볼지어다. 아름다운 소식을 알리고 화평을 전하는 자의 발이 산위에 있도다. 유다야. 네 절기를 지키고 네 서원을 갚을 지어다. 악인이 진멸되었으니 그가 다시는 네 가운데로 통행하지 아니하리로다 하시니라."고 말씀하십니다.

이 말씀에서 아름다운 소식이란 복음을 말합니다. 당시 유다 백성에게 아름다운 소식은 그들을 괴롭히던 니느웨의 멸망이었습니다. 니느웨의 멸망이 남 유다에는 복음이었습니다. 그렇다면 예수 그리스도를 믿는 하나님의 자녀에게 있어 복음은 무엇일까요. 예수 그리스도를 믿음으로 저주와 고통을 주던 원수들이 멸망한다는 것이 바로 복음입니다. 예수 그리스도를 믿는 사람에게 복음이란 구원을 주시는 능력입니다. 다시 말해 예수 그리스도를 믿기만 하면 그것이 바로 구원이 됩니다.

이사야서 40장 9절에서 "아름다운 소식을 시온에 전하는 자여. 높은 산에 오르라. 아름다운 소식을 예루살렘에 전하는 자여. 너는 힘써 소리를 높이라. 두려워하지 말고 소리를 높여 유다의 성읍들에게 이르기를 너희 하나님을 보라 하라."고 말씀하십니다. 아름다운 소식은 '예수 그리스도이며, 인생의 모든 문제를 해결했다.'는 것입니다. 이 소식을 전하는 것이 복음을 증거하는 복된 발걸음입니다.

이와 같이 나훔에서 복음이신 예수 그리스도를 예언하고 있으며 나훔에도 예수님의 사랑이 흐르고 있습니다.

2) 산성 되신 예수 그리스도

나훔 1장 7절에서 "여호와는 선하시며 환난 날에 산성이시라. 그는 자기에게 피하는 자들을 아시느니라."고 말씀하십니다.

산성은 위험과 환난을 피하는 장소입니다. 예수 그리스도가 바로 환난 날의 산성입니다. 누구에게나 인생에는 환난이 있습니다. 예수를 믿는다고 환난을 피할 수 없습니다. 이는 예수님도 마찬가지였고 사도 바울도 그랬습니다.

요한복음 16장 33절에서 "세상에는 너희가 환난을 당하나 담대하라. 내가 세상을 이기었노라 하시니라."고 말씀하십니다. 환난을 당하더라도 담대해야 합니다. 예수님께서도 십자가의 환난, 죽음이 환난을 당했지만 그것을 정복하고 승리하셨습니다. 나훔에도 산성 되시는 예수님의 사랑이 흐르고 있습니다.

|

하박국

신·구약성경은 매우 다양한 저자와 다양한 시기에 걸쳐 기록되었기 때문에 그 범위와 형식 또한 매우 다양하고 광범위한 형식 또한 매우 다양하고 광범위합니다. 그러나 성경은 예수의 구속사역으로 인한 구원이라는 일관된 주제가 다양하게 역사 속에서 펼쳐짐을 보여 주고 있습니다. 지금도 계시고 영원히 계실 하나님을 공의로 열방을 통치하시며 자기 백성을 악한 세력의 손에서부터 온전히 구원해 주실 분으로 묘사하고 있습니다.

1) 구원자 예수 그리스도

하박국의 주제는 "의인은 믿음으로 말미암아 살리라(합 2:4)."입니다.

이는 믿음으로 말미암아 구원을 얻게 된다는 이신득의를 가리킵니다. 이신득의의 교리는 구약뿐만 아니라 신약에서도 계속 흐르고 있는 구원론의 핵심 사상입니다. 루터는 이신득의의 사상으로 종교개혁을 시작했고 성공을 거둘 수 있었습니다. 그러나 구약 본서만큼 분명한 어조로 이신득의를 강조하는 책은 없습니다.

2) 예수 그리스도의 최후 심판과 성도의 궁극적 승리

하나님의 백성인 이스라엘을 억압하고 압제하였던 불의한 바벨론에 대한 심판은 반드시 있을 것이라는 것을 본서는 보여 주고 있습니다. 또한 하나님의 심판으로 인해 선민 이스라엘은 다시 회복될 것임을 말해 줍니다. 이것은 장차 이 세상의 마지막 때에 있게 될 모든 악의 세력에 대한 예수 그리스도의 최후 심판과 환난을 이겨낸 성도들의 궁극적인 승리를 예표한다고 볼 수 있습니다.

이와 같이 구원자 예수 그리스도의 최후 심판과 그 성도들의 구원을 예언하는 하박국에도 예수님의 따뜻한 사랑이 흐르고 있습니다.

JESUS'S LOVE **33**

|

스바냐

스바냐서에 나타난 예수 그리스도를 살펴보면 다음과 같습니다.

1) 임마누엘 하시는 예수 그리스도(습 2:3, 3:17)

스바냐 2장 3절에서 "여호와의 규례를 지키는 세상의 모든 겸손한 자
들아. 너희는 여호와를 찾으며 공의와 겸손을 구하라 너희가 혹시 여
호와의 분노의 날에 숨김을 얻으리라."고 말씀하십니다.

스바냐 3장 17절에서는 "너의 하나님 여호와가 너의 가운데에 계시
니 그는 구원을 베푸실 전능자시라."고 말씀하십니다.

예수 그리스도는 육신의 옷을 입고 오신 하나님입니다. 예수님을
영접했다는 것은 바로 하나님을 영접했다는 말입니다. 그렇다면 이제
내 안에 하나님이 계시게 됩니다. 내 몸이 하나님께서 계시는 거룩한
성전이 되는 것입니다. 그러므로 우리는 임마누엘의 신앙을 가져야
합니다. 임마누엘이란 '하나님께서 우리와 함께하신다'라는 뜻입니다.
우리 신앙생활의 모든 것이 임마누엘입니다.

이와 같이 스바냐도 임마누엘 하시는 예수 그리스도의 사랑을 예언하고 있습니다.

2) 교회의 머리가 되시는 예수 그리스도

스바냐 2장 11절에서 "여호와가 그들에게 두렵게 되어서 세상의 모든 신을 쇠약하게 하리니 이방의 모든 해변 사람들이 각각 자기 처소에서 여호와께 경배하리라."고 말씀하십니다.

스바냐 3장 9절은 "그때에 내가 여러 백성들의 입술을 깨끗하게 하여 그들이 다 여호와의 이름을 부르며 한 가지로 나를 섬기게 하리니."라고 말씀하십니다.

예수님은 교회의 머리 되실 뿐만 아니라 또 충성된 증인으로 죽은 자들 가운데서 먼저 나시고 땅의 임금들의 머리가 되신 예수 그리스도"(계 1:5)이십니다. 이 땅의 모든 왕들의 머리가 되시는 예수 그리스도이십니다.

이와 같이 만인들로부터 경배를 받으시는 교회의 머리 되시는 예수 그리스도의 따뜻한 사랑이 스바냐에서도 흐르고 있습니다.

3) 심판주가 되시는 예수 그리스도(습 1:3, 15)

스바냐 1장 3절과 15절에서 "내가 사람과 짐승을 진멸하고 공중의 새와 바다의 고기와 거치게 하는 것과 악인들을 아울러 진멸할 것이라. 내가 사람을 땅 위에서 멸절하리라. 나 여호와의 말이니라. 그날은 분노의 날이요 환란과 고통의 날이요 황폐와 폐망의 날이요 캄캄하고 어두운 날이요 구름과 흑암의 날이요."라고 말씀하십니다.

마지막 때에 예수 그리스도께서 구름 타고 홀연히 내려오셔서 역사의 종말을 선언하고 믿는 우리에게는 부활과 영생을 허락하시고 믿지 않는 자와 적그리스도에게는 영원한 심판을 내리시는 것입니다. 스바냐에도 심판주로 오신 예수님의 뜨거운 사랑이 흐르고 있음을 알 수 있습니다.

학개

학개서에 나타난 예수 그리스도를 보면 다음과 같습니다.

1) 성전이신 예수 그리스도

학개 1장 8절은 "너희는 산에 올라가서 나무를 가져다가 성전을 건축하라. 그리하면 내가 그로 인하여 기뻐하고 또 영광을 얻으리라. 여호와가 말하였느니라."고 말씀하십니다. 성전을 건축하면 하나님께서 기뻐하시고 영광을 얻게 된다는 말씀입니다. 구약시대의 성전은 하나님의 임재를 뜻했습니다. 제사장이 1년에 한 번 모든 백성의 죄를 사하기 위해 양을 잡아 제단에 바치면 굴뚝을 통해 연기가 하늘로 올라갔습니다. 백성들은 밖에서 이 모습을 보며 죄 사함에 대해 기뻐하며 박수를 쳤습니다. 이처럼 당시에는 성전이 하나님께서 함께하시는 곳이었습니다.

그래서 성전을 건축하는 것은 하나님과의 올바른 관계를 유지하는 일이었습니다. 성전의 기능을 제대로 유지하는 것이 바로 영광이었기 때문에 성전 안에서 늘 하나님이 주신 언약이 회복되도록 하였습니다. 또한 에베소서 1장 22절을 보면 장차 오실 메시아에 대한 소망을 가지라는 말씀이 기록되어 있습니다. 성전에서 늘 영적 상태를 점검하라는 것입니다. 성전에 하나님의 영광이 임재하고 있기 때문에 예배를 통해 영광을 누리면서 영적 성장을 하라는 것입니다. 이와 같이 학개서에는 성전이신 예수 그리스도의 사랑이 흐르고 있습니다.

2) 만국의 보배이신 예수 그리스도

학개 2장 6절부터 7절에서 "나 만군의 여호와가 말하노라. 조금 있으면 내가 하늘과 땅과 바다와 육지를 진동시킬 것이요 또한 만국을 진동시킬 것이며 만국의 보배가 이르리니 내가 영광으로 이 전에 충만케 하리라. 만군의 여호와의 말이니라."고 말씀하십니다. '만국의 보배'를 원어로 주역해 보면 '지구상에 하나밖에 없는 보배'라는 뜻입니다. 이 보배는 바로 예수 그리스도입니다. 그렇기 때문에 우리는 오직 예수, 항상 예수, 완전한 예수, 영원한 예수를 믿는 것입니다. 이 예수 그리스도를 가진 사람은 가장 부유한 사람입니다. 이와 같이 학개서에도 만국의 보배이신 예수 그리스도의 사랑이 흐르고 있습니다.

3) 스룹바벨의 영광을 취하실 예수 그리스도

학개 2장 8절부터 9절에서 "은도 내 것이요 금도 내 것이니라. 만군의 여호와의 말이니라. 이전의 나중 영광이 이전 영광보다 크리라. 만군의 여호와의 말이니라. 내가 이곳에 평강을 주리라 만군의 여호와의 말이니라."고 말씀하십니다.

이스라엘 백성들이 성전을 짓고 나서 성전의 모습에 만족하지 못해 안타까워했습니다. 하지만 하나님께서는 백성들의 중심을 다한 헌신을 기뻐하시며 위로해 주셨습니다. 예전의 화려했던 성전보다 지금 중심을 다해 지은 성전을 더 기쁘게 받으신 것입니다. 하나님께서는 이곳에 평강을 주시겠다고 말씀하셨습니다.

학개서 20에서 23절을 보면 "내가 너를 쓰리라."고 말씀하고 있습니다. 이 성전 건축에 스룹바벨이 쓰임을 받았습니다. 그래서 성전의 이름도 스룹바벨 성전이었습니다. 예수 그리스도가 이 스룹바벨의 혈통으로 이 땅에 오시는데 이는 성전이 바로 예수 그리스도의 성전임을 나타내는 것입니다.

이와 같이 학개에도 교회의 머리요 성전 되시는 예수님의 사랑이 흐르고 있습니다.

JESUS'S LOVE **35**

스가랴

1) 수난을 받으시는 예수 그리스도

◆ 나귀 타고 입성하심

스가랴 9장 9절에서 "보라. 네 왕이 네게 임하시나니 그는 공의로우시며 구원을 베푸시며 겸손하여서 나귀를 타시나니 나귀의 작은 것 곧 나귀새끼니라."고 말씀하십니다. 예수님은 스가랴의 예언대로 예루살렘 입성 시에 나귀새끼를 탔습니다.

◆ 은 30에 팔리심

스가랴 11장 12절부터 13절에서 "내가 그들에게 이르되 너희가 좋게 여기거든 내 품삯을 내게 주고 그렇지 아니하거든 그만두라. 그들이 곧 은 삼십 개를 달아서 내 품삯을 삼은지라. 여호와께서 내게 이르시되 그들이 나를 헤아린 바 그 삯을 토기장이에게 던지라 하시기로 내가 곧 그 은 삼십 개를 여호와의 전에서 토기장이에게 던지고."라고 말씀하십니다. 여기서 스가랴는 예수님께서 은 삼십에 팔릴 것을 예언하고 있습니다.

◆ 찔림을 당하심

스가랴 12장 10절에서 "그들이 찌른바 그를 바라보고 그를 위하여 애통하기를 독자를 위하여 애통하듯 하며 그를 위하여 통곡하기를 장자를 위하여 통곡하듯 하리로다."라고 말씀하십니다.

2) 겸손하신 예수 그리스도

또한 예수 그리스도께서는 겸손하셔서 메시아 왕국을 설립하시고 통치하시는 왕으로 오시며(슥 6:13), 만왕의 왕이시지만 나귀를 타고 입성하시며(슥 9:9), 채찍에 맞고 거절당하고 배신당하십니다(슥 13:7). 이렇게 스가랴에서 예수님은 겸손하신 그리스도의 사랑으로 흐르고 있습니다.

3) 공의의 심판자 예수 그리스도

스가랴 9장 11절부터 17절에서 수리아, 두로, 블레셋 등은 심판을 받아 멸망을 받았으나 언약으로 말미암아 이스라엘 백성들은 다시 축복함으로써 회복을 약속받고 있습니다. 스가랴에서 예수 그리스도는 악한 열방을 심판하시는 분으로 예언됩니다(슥 9:11-17, 14:12-15).

|

말라기

1) 온전한 제사를 드리실 대제사장 예수 그리스도

말라기 1장 6절부터 14절을 보면 하나님께서는 순결한 예배를 원하십니다. 그러나 타락한 이스라엘은 더러운 떡과 눈먼 희생제물과 훔친 물건과 저는 것, 병든 것들을 제물로 바치면서 조금도 양심의 가책을 느끼지 않았습니다. 오히려 "우리가 어떻게 주의 이름을 멸시하였나이까?"라고 반문하였습니다. 하나님께서는 그들에게 이와 같이 형식적으로 드리는 예배는 헛될 뿐이며 오히려 이렇게 예배를 드리는 자에게는 하나님의 저주가 임할 것이라고 경고하셨습니다(14절). 또한 본문에는 예배에 대한 하나님의 새로운 계시가 선포되어 있습니다. 그것은 바로 성전이 아닌 각처에서 신령과 진리로 예배드릴 때가 도래한다는 예언이었습니다(11절). 이 예언은 예수 그리스도로 말미암아 성취되었습니다(요 4:21-24).

이와 같이 말라기에도 대제사장이신 예수님의 사랑이 흐르고 있습니다.

2) 언약의 사자로 오신 예수 그리스도

언약의 사자란 첫째로 하나님의 말씀을 성취하는 자를 말합니다. 하나님께서 인간에게 주신 언약을 성취하는 일에 쓰임 받는 자가 언약의 사자입니다. 예수 그리스도께서 오신 이유가 바로 하나님과 인간 사이의 언약을 성취하기 위해서입니다. 언약의 흐름은 다음의 일곱 구절을 통해 살펴볼 수 있습니다. 창세기 3장 15절, 출애굽기 3장 18절, 이사야 7장 14절, 마태복음 1장 21절부터 23절, 16장 16절, 28장 16절부터 20절, 사도행전 1장 8절 등, 이 언약을 붙잡고 성경을 보아야 합니다.

언약 성취의 클라이맥스는 십자가와 부활입니다. 십자가로 대속하시고 새 생명을 주신 것이 언약 성취의 최절정입니다. 인간의 힘으로는 창세기 3장의 문제를 해결할 수 없습니다. 예수 그리스도의 십자가 대속과 부활만이 모든 저주를 해결하는 하나님의 방법입니다. 이것이 복음이며 하나님의 전적인 은혜입니다.

말라기 1장 2부터 3절을 보면 하나님께서 야곱을 무조건 사랑하셨다는 이야기가 나옵니다. 인간적으로 볼 때는 에서가 야곱보다 더 훌륭해 보입니다. 하지만 하나님께서는 야곱을 택하셨습니다. 이는 하나님께서 예정하셨던 일입니다.

언약의 사자는 둘째로 하나 되게 만드는 자를 의미합니다. 지금 세상은 창세기 3장의 현장으로 사단이 권세를 잡고 있습니다. 이러한 세상 속에서 사단의 권세에 잡히지 않고 빠져나오는 것이 구원입니다. 그리고 다른 사람을 빠져나오게 하는 것이 전도입니다. 하나 되게 만드는 것이란 창세기 3장의 현장에서 하나님과 분리된 인간을 다시 회복시키는 사람을 말합니다. 하나님 없이 살아가는 불신자, 우상숭배를 하는 자, 귀신을 섬기는 자를 하나님과 다시 하나 되게 만드는 역할을 하는 것을 말합니다. 우리는 이러한 전도자의 사명을 감당해야 합니다.

이와 같이 말라기에도 언약의 사자로 오신 예수님의 사랑이 흐르고 있습니다.

3) 강림하시는 예수 그리스도

말라기 4장은 구약성경 전체의 결론으로, 강림하시는 예수 그리스도를 맞이할 준비를 하라고 말합니다. 선민 이스라엘이 그리스도의 강림을 준비하는 길은 모세의 율법을 기억하고 그대로 실천하는 일이었습니다. 또한 하나님께서는 그리스도께서 강림하시기 직전에 주의 길을 예비하는 사자를 보내어 다시 한 번 회개를 외칠 것이라고 예고해 주셨습니다. 훗날 세례 요한이 광야에서 "회개하라. 천국이 가까웠느니라."고 외친 것은 곧 이 예언의 성취입니다(마 3:2). 그리스도께서 초림하심으로 여호와의 날이 이 땅에 임했으며, 재림하실 때에 그날을 완성시키실 것입니다.

이와 같이 말라기는 하나님의 사랑 즉, 무조건적인 사랑을 말씀하고 있습니다. 진정한 예배는 하나님을 기쁘시게 하는 진심의 기도이며, 언약에 신실하신 하나님은 의로운 자들에게 축복과 죄인들에게는 심판이 임한다고 말씀 합니다. 예수 그리스도의 강림은 구약 전체를 통해서 예언된 주제로서 말라기에서도 대제사장으로, 언약의 사자로 강림하시는 예수님의 사랑이 흐르고 있음을 알 수가 있습니다.

구약 전체에 흐르는
J의 사랑 요약

성경 전체는 예수 그리스도 한 분에 대하여 소개하고, 증거하고 있습니다. 구약은 그리스도를 보내 주시겠다는 약속이고, 신약은 그 약속대로 오셔서 약속하신 말씀을 이루신 것입니다. 구약은 그림자이고, 신약은 실체인 것입니다. 구약에는 예수 그리스도의 수많은 예표들이 있습니다. 그 사건들이 예수 그리스도 한 분을 증거합니다.

태초부터 삼위일체 하나님께서 함께 계셨으며 예수님께서 이 땅에 내려오실 때도 삼위일체 하나님의 사랑으로 협의하셔서 결정하셨습니다.

요한복음 5장 39절에서 "너희가 성경에서 영생을 얻는 줄 생각하고 성경을 상고하거니와 이 성경이 곧 내게 대하여 증거 하는 것이로다." 라고 말씀하십니다.

요한복음 8장 56절에서 "너희 조상 아브라함은 나의 때 볼 것을 즐거워하다가 보고 기뻐하였느니라."고 말씀하고, 요한복음 5장 46절에서 "모세를 믿었더라면 또 나를 믿었으리니 이는 그가 내게 대하여 기록하였음이라."고 말씀하고 있으며, 마태복음 22장 45절에서 "다윗이 그리스도를 주라 칭하였은즉 어찌 그의 자손이 되겠느냐 하시니."라고 말씀하고 있습니다. 이 말씀들은 예수님께서 직접 하신 말씀들입니다.

이 말씀 외에도 구약성경으로부터 예수님께서 인용하신 말씀이 얼마나 많은지를 신약성경을 통해서 우리에게 일깨워 주십니다. 특히 모세 5경은 예수님에 대한 성경 전체적 부분에 대해 요약 설명하고 있습니다.

창세기는 창조되신 그리스도를 말씀하고 있으며, 출애굽기는 구원하신 그리스도를 말씀하고 있으며, 레위기는 속죄양 되신 그리스도를, 민수기는 동행하시는 그리스도를, 신명기는 교훈을 주시는 그리스도를 말씀하고 있는 것입니다.

예수님께서는 "너희는 읽지 않았느냐?", "기록하였으되."라는 표현으로 무지한 이스라엘 백성들에게 내가 구약의 하나님이라는 것을 끊임없이 설득하셨다는 근거가 되는 것입니다.

"성경은 폐할 수 없다.", "성경은 나를 증거한다.", "성경은 반드시 이루리라."는 말씀은 예수님의 계속적인 주장입니다. 부활에 대한 질문을 받았을 때 예수님은 "너희가 성경도 모르고 오해하였도다. 나는 아브라함의 하나님이요, 이삭의 하나님이요, 야곱의 하나님이라 하신 것을 너희가 읽어보지 못하였느냐. 하나님은 죽은 자의 하나님이 아니요 산 자의 하나님이시라."고 답변하십니다.

구약시대에 예수 그리스도를 보내 주시겠다는 약속이 300가지 이상 자세하게 묘사되었습니다. 하나님께서는 기약대로(롬 5:6), 그리스도를 보내 주셔서 우리의 죄를 대속하게 하셨습니다. 예수님이 완성하신 사랑은 하나님이 선지자들로 말미암아 미리 성경에 약속하신 것입니다(롬 1:2). 이와 같이 구약에서부터 J의 사랑이 흐르고 있는 것을 알수 있습니다.

예수님(J)의
사랑

요한복음 1장 1절에 "태초에 말씀이 계시니라…… 이 말씀은 곧 하나님이시라."고 말씀하십니다. 예수님은 창세전부터 말씀(사랑)이신 하나님과 동행했으며, 천지창조도 하나님과 함께 진행하셨습니다(요 1:2-3). 창조의 마지막에 인간을 지으시면서 하나님께서는 하나님의 형상을 닮은 사람을 창조하시고 보시기에 심히 좋았다고 하셨습니다. 그러나 그들 가운데 죄가 들어오고 하나님의 사랑을 깨닫지 못하는 인간들을 버리지 아니하시고, 끝까지 사랑하셔서 자기형상을 닮은 인간의 모습으로 독생자 예수를 이 땅에 보내셔서 하나님의 사랑을 실현해 보여 주신 것입니다. 이것이 J의 사랑입니다.

　요한일서 4장 8절에서 "사랑하지 아니하는 자는 하나님을 알지 못하나니 이는 하나님은 사랑이심이라."고 말씀하십니다. 이 사랑은 예수님 안에서 우리에게 나타났습니다. 이것이 J의 사랑입니다. 우리가 이 사랑을 체험하면, 우리는 하나님이 사랑이심을 알고 기뻐하게 됩니다. 하나님은 땅의 일을 위하여 예수님을 보내기로, 예수님은 이 제안에 응하기로, 성령님은 그의 오심을 예비하기로 협의하셨습니다. 이와 같이 삼위일체 하나님의 완벽한 협력사역으로 하나님의 사랑이 이루어진 것을 우리가 알고 있습니다. 그렇다면 예수님께서 이 땅에 오셔서 어떤 모습으로 하나님의 사랑을 실현하시고, 어떤 방법으로 하나님의 사랑을 실현하셨으며, 어떤 사람들에게 하나님의 사랑을 실현하셨는지 이제 하나하나 살펴보도록 하겠습니다.

인간의 모습으로
오심

요한복음 1장 14절에서 "말씀이 육신이 되어 우리 가운데 거하시매 우리가 그의 영광을 보니 아버지의 독생자의 영광이요 은혜와 진리가 충만하더라."고 말씀하십니다. 말씀이시고 영이신 하나님께서 육신으로 나타나서 인간의 모습 그대로 오신 것을 성육신(incarnation)이라 합니다. 따라서 성육신화는 성부, 성자, 성령 삼위 중 성자는 인간의 성품과 몸과 형태를 입고, 인간으로 오게 하신 하나님의 사랑의 표현인 것입니다. 여기서 이 말씀은 세상의 창조 이전부터 계신 분이며, 이 말씀은 하나님과 함께 계셨을 뿐만 아니라 이 말씀 자체가 곧 하나님이십니다(요 1:1).

요한의 증언에 따르면, 존재하는 모든 피조물은 이 말씀을 통하여 지음을 받았습니다(요 1:3). 이 말씀은 이제 육신이 되어서 인간들 사이에 거하셨는데, 이 말씀은 참 빛이며 모든 사람들의 생명이 되는 것입니다. 육신이 되신 이 말씀은 예수 그리스도로서 우리에게 오셨는데, 예수 그리스도의 오심의 사건이 곧 성육신의 사건이 되는 것입니다. 빌립보서 2장 6절부터 8절에서 "그는 근본 하나님의 본체시나 하나님과 동등 됨을 취할 것으로 여기지 아니하시고, 오히려 자기를 비워 종의 형체를 가져 사람들과 같이 되었고, 사람의 모양으로 나타나셨다."고 말씀하십니다.

이것이 J의 사랑입니다.

1) 성육신의 목적

그러면 하나님께서는 왜 독생자이신 성자 예수님을 인간의 모습으로 이 땅에 보내셨을까요? 하나님께서 성자예수님을 성육신하게 하신 목적은 다음과 같습니다.

첫째, 죄인을 위해 죽어서 그를 죄로부터 구원하시려고 인간이 되셨습니다.

마태복음 1장 21절에서 "아들을 낳으리니 이름을 예수라 하라. 이는 그가 자기 백성을 그들의 죄에서 구원할 자이심이라(마 1:21)고 말씀하십니다.

둘째, 그리스도 예수 안에 있는 영원한 생명을 인간과 함께 공유하시려고 오셨습니다. 요한복음 10장 10절은 "내가 온 것은 양으로 생명을 얻게 하고 더 풍성히 얻게 하려는 것이라."고 말씀하십니다. 예수님 안에 영원한 생명이 있기에 예수님을 자기 마음속에 모신 사람만이 영원한 생명이 있습니다.

셋째, 인간의 삶을 인간이 되어 직접 경험함으로써 인생을 잘 아시기 위해 오셨습니다. 히브리서 2장 9절에서 "죽음의 고난 받으심으로 말미암아 영광과 존귀로 관을 쓰신 예수를 보니 이를 행하심은 하나님의 은혜로 말미암아 모든 사람을 위하여 죽음을 맛보려 하심이라."고 말씀하십니다. 죄인을 위하여 하나님 스스로 죽음을 체험하기 위해 오셨습니다. 주님이 우리가 당해야 할 고통을 다 체험하심으로 우리는 그 고통에서 해방되어 구원을 얻게 되었습니다.

넷째, 이상적인 인간상을 스스로 보여 주시기 위해서 오셨습니다.

요한일서 3장 2절에서 "그가 나타나시면 그와 같을 줄을 아는 것은 그의 참 모습 그대로 볼 것이기 때문이니."라고 말씀하십니다. 예수님은 인간으로서 어떻게 살아야 할지 이상적인 모습을 우리에게 보여 주시기 위해 오셨습니다. 예수님이 내 속에 오셔서 예수님과 하나 되는 과정이 바로 내 삶에 예수님의 성육신화이며, 그분을 닮아가는 성화의 과정인 것입니다.

다섯째, 영원하신 하나님을 인간의 눈으로 보여 주기 위하여 오셨습니다.

골로새서 1장 15절에 "그는 보이지 아니하는 하나님의 형상이시오 모든 피조물보다 먼저 나신이시니."라고 말씀하십니다. 예수님은 보이지 않는 하나님이 인간으로 오신 분이기 때문에 모든 창조물보다도 더 먼저 계시는 분입니다. 그러므로 예수님을 본 것은 곧 하나님을 본 것입니다.

2) 성육신의 중요성

성육신의 중요성은 먼저 하나님의 영과 적그리스도의 영을 구별하는 기준이 된다는 것입니다. 요한일서 4장 1절부터 3절에서 "사랑하는 자들아 영을 다 믿지 말고 오직 영들이 하나님께 속하였나 분별하

라. 많은 거짓 선지자가 세상에 나왔음이라. 이로써 너희가 하나님의 영을 알지니 곧 예수 그리스도께서 육체로 오신 것을 시인하는 영마다 하나님께 속한 것이요 예수를 시인하지 아니하는 영마다 하나님께 속한 것이 아니니 이것이 곧 적그리스도의 영이니라."고 말씀하십니다. 하나님이 직접 인간으로 이 땅에 오신 것을 시인하는 영만이 하나님의 영이라는 것입니다.

초대교회의 이단이었던 영지주의는 하나님은 영이고 선한 분이셔서 절대로 인간으로 올 수 없다고 주장합니다. 영은 선하고 모든 물질은 악하다는 이원론에 빠져 있었기 때문에 이단인 것입니다. 그러나 하나님께서는 인간을 구원하기 위해 인간으로 오셨습니다. 이와 같이 성육신의 중요성은 적그리스도의 영을 분별하는 기준이 되고 있으며, 만약에 성육신을 부인하면 그것은 적그리스도의 영이 되는 것입니다.

성육신의 중요성에서 무엇보다도 우리는 성육신 사건의 구원론적 측면에 주목해야 합니다. 성육신 사건은 무엇보다도 구원의 사건입니다. 성서의 중심적 주제는 죄에 빠진 인간을 구원하시는 하나님의 구원의 손길입니다. 하나님은 불순종하는 인간과 그의 세계를 저버리지 않으시고 옛적부터 선지자를 보내어서 구원의 손길을 펼쳐 오셨습니다. 이제 하나님 자신이 인간의 구원을 위하여 예수 그리스도 안에서 인간의 몸을 입으신 것입니다. 예수 그리스도, 곧 성자 하나님은 인간의 몸을 입고 이 세상에 오심으로써 죄악에 빠진 인간과 그의 세계를 구원하십니다. 성자 하나님이 인간의 몸을 입고 이 세계에 찾아오신 사건, 곧 성육신의 사건은 하나님이 이 세상을 포기하지 아니하시고 끝까지 사랑하심을 분명하게 보여 줍니다.

또한, 성육신의 중요성은 우리가 예수 그리스도의 성육신 사건에 기초하지 않는다면 우리는 하나님에 관하여 그저 추상적으로 말할 수 밖에 없습니다. 하나님의 불멸성, 무한성, 불변성 등은 보다 구체적으로 하나님이 어떤 분인가에 대해서는 아무런 말도 하지 않습니다.

그렇다면 예수 그리스도의 성육신에 기초할 때 하나님의 구체적 모습은 어떠합니까? 성육신 교리에 따르면, 하나님은 곧 예수 그리스도이며, 하나님의 성품은 예수 그리스도 같은 분이라고 합니다. 예수 그리스도는 "보이지 아니하시는 하나님의 형상(image)"(골 1:15)이기 때문입니다. 그러므로 성육신은 하나님을 눈에 보이게 한 사건입니다. 하나님은 그리스도와 같은 분이기에, 우리는 그리스도를 봄으로써 하나님이 어떤 분인가를 비로소 배우게 되는 것입니다.

하나님은 예수 그리스도의 삶과 죽음이라는 구체적인 행위 속에 자신의 사랑을 드러내시는 분이십니다. 성육신은 우리의 하나님이 사랑 안에서 구체적으로 행동하시는 분임을 말하고 있는 것입니다. 이것이 J의 사랑입니다.

3) 성육신의 참 의미

성육신의 사건은 기독교 신앙의 구원 이해에 기초를 제공해 주는 사건이며, 참 하나님의 성품을 우리에게 알려 주는 계시의 사건인 동시에, 기독교적 영성의 모습이 어떠한가를 보여 주는 하나님의 인간을 향한 극진한 사랑의 표현입니다. 성육신 안에서 참 하나님이며 참 사람이신 예수님께서 인간 구원의 사역을 이루신 것입니다. 기독교 신앙의 하나님은 인간과 세계를 외면하는 하나님이 아니라 자기 낮춤의 고난을 감수하시고(빌 2:6-8) 스스로 피조물 세계에 찾아오신 사랑의 하나님이십니다. 성경은 인간으로 하여금 구원받기 위하여 구원의 사다리를 올라가야 한다고 말하지 않습니다. 오히려 하나님 자신이 자신의 영광을 버리고 이 땅에 찾아오셨음을 선포하는 것입니다. 피조물의 범죄함 이전부터 시작된 하나님의 사랑은 이제 성육신을 통한 성자의 삶과 죽음에서 그 절정에 다다르게 됩니다. 성육신의 사건은 하나님의 사랑의 표현이며, 하나님께서 그의 지극하신 사랑으로 죄인을 구원하는 구원 사건인 것입니다. 이것이 J의 사랑입니다.

JESUS'S LOVE **2**

|

가난한 자에게
복음을 오심(마 5:3, 고후 8:9-15)

여기서 가난하다는 말은 마음(심령)이 가난하다는 말입니다. 예수님께서는 하나님 나라의 모든 영광을 버리고 머리 둘 곳도 없는 가난한 모습으로 우리에게 오셨습니다. 예수님께서 가난하게 오신 것은 우리에게 아름다운 소식(복음)을 풍성하게 주시기 위해서입니다.

1) 심령이 가난한 자는 복이 있습니다(마 5:3)

마태복음 5장 3절에서는 "심령이 가난한 자는 복이 있나니 천국이 그들의 것임이요."라고 말씀하고 있습니다. 이 말씀은 산상수훈에 나오는 첫 번째 말씀입니다.

산상수훈은 단지 천국의 삶을 그리고 있지만은 않습니다. 산상수훈에 나와 있는 특징들이 천국의 모습이라면, 예수님은 그 천국의 삶을 이 땅으로 끌고 내려오신 분이십니다. 예수님께서는 하늘에 계신 하나님 아버지의 사랑을 이곳 땅에서 보여 줄 수 있는 길을 이 산상수훈을 통해서 가르치고 있는 것입니다.

산상수훈은 그리스도인들이 삶으로 나타내는 믿음의 표현이고 삶의 열매입니다. 영국의 성경학자 존 스토트는 팔복을 예수님께서 직접 말씀하신 "거듭난 그리스도인들이 품어야 하는 성품"이라고 말합니다. 사도 바울이 성령의 열매를 사랑과 희락과 화평과 오래 참음과 자비와 양선과 충성과 온유와 절제로 표현한 삶의 모습처럼, 산상수훈의 팔복은 성령으로 거듭난 사람들이 이 땅에서 '어떠한 사람들'인지 그리고 '어떤 사람으로 살아가야 할지'를 보여 줍니다.

산상수훈의 내용은 우리의 노력으로 이룰 수 있는 성품이 아니라 하나님께서 거듭난 사람들 안에서 성령으로 말미암아 형성하시는 예수 그리스도의 성품이고 그러한 사람들에게 은혜의 선물로 주시는 복들을 말하고 있습니다. 그래서 산상수훈에 나와 있는 복들은 주로 경제적인 유익이 아닙니다. 그 복은 하나님의 임재와 구원, 회복, 친밀한 관계를 경험하는 하나님의 사랑인 것입니다.

오늘 말씀은 "심령이 가난한 자는 복이 있나니 천국이 저희 것임이요."입니다. 심령이 가난한 자를 사람들은 산상수훈의 중심이라고 말합니다. 심령이 가난한 자는 "성령으로 거듭난 사람"입니다. 성령으로 거듭나지 아니하고는 하나님 앞에서 가난한 마음을 가질 수 없습니다. 성령으로 거듭나지 아니하고는 그 어떤 그리스도의 성품, 성령의 열매를 맺을 수 없기 때문입니다.

심령이 가난한 자는 복이 있습니다. 하나님의 나라가 그들에게 임하기 때문입니다. 심령이 가난한 자들은 복이 있습니다. 연약한 자들의 중심이 된 공동체를 이루기 때문입니다. 심령이 가난한 자들은 복이 있습니다. 하나님께서 그들과 함께 사랑을 나누시기 때문입니다.

심령이 가난한 자는 복이 있습니다. 그들이 하나님 안에서 진정한 기쁨을 누릴 수 있기 때문입니다. 이것이 J의 사랑입니다.

2) 그리스도께서 가난하게 되신 이유(고후 8:9-15)

고린도후서 8장 9절에서는 "우리 주 예수 그리스도의 은혜를 너희가 알거니와 부요하신 자로서 너희를 위하여 가난하게 되심은 그의 가난함을 인하여 너희로 부요케 하려 하심이니라."고 말씀하십니다.

바울은 그리스도에 대하여 부요하신 자로서 가난하게 되셨다고 말하고 있습니다. 그리스도께서 부요하시다는 것은 그의 영광과 권능을 가리키는 말입니다. 그분은 만물의 창조주로 만물의 주인이시며 그 소유주가 되시는 분이십니다. 지금도 모든 만물을 그의 손으로 붙들고 계십니다. 이런 분이 우리를 위해 가난하게 되셨다고 하신 것입니다. 그러면 그리스도가 가난하게 되셨다는 말은 무슨 뜻입니까? 이같은 하나님이 사람의 몸으로 세상에 오신 것을 의미합니다. 말씀이 육신이 되어 세상에 오신 그의 말할 수 없는 비하는 바로 그가 가난하게 되신 것을 가리킵니다.

하늘의 영광의 보좌를 버리고 세상에 오셔서 사람과 같이 되셨고 세상에서 온갖 고초를 겪으셨으니 머리조차 둘 곳이 없는 생애를 사셨고 끝내는 십자가에서 죽으셨으니 이런 그의 가난의 원인은 어디 있었던 것입니까? "너희를 위하여"라고 말하고 있습니다. 우리 때문에 그렇게 되셨다는 것입니다. 우리의 죄를 대신 짊어지시고 그 죄를 속죄하시기 위한 속죄 제물이 되시려고 스스로 가난하게 되신 것입니다. 이것이 '우리 주 예수 그리스도의 은혜요 사랑'이라고 했습니다.

그러면 이 같은 은혜를 힘입은 우리는 그 결과 어떻게 된 것입니까? 바울은 이에 대해 명쾌한 대답을 주고 있습니다. 그것은 "그의 가난함을 인하여 너희로 부요케 하려 하심이니라."고 하신 말씀입니다. 그리스도께서 가난해진 것이 우리들을 어떻게 부요케 합니까? 첫째로 그리스도의 가난하심은 우리들로 믿음에 부요케 하셨습니다. 우리의 믿음은 그리스도의 가난하게 되심에서 온 은혜인 것입니다. 그분이 가난하게 되시지 않으셨다면 우리는 구원의 소망이 없었을 것입니다. 다음에 그리스도의 가난하심은 우리들로 소망에 부요케 하셨습니다.

우리의 소망은 세상의 물질로 생긴 것이 아닙니다. 세상에 누구의 가르침으로 얻어진 것도 아닙니다. 그리스도의 가난하심이 우리들로 소망에 부요케 하셨으니 그분으로 말미암아 천국을 소유할 수 있게 된 것입니다. 그 다음 그리스도의 가난하심은 우리들로 하나님께 부요한 자가 되게 하셨습니다. 그리스도를 몰랐을 때는 우리의 생활은 하나님께 가난했습니다. 하나님을 영화롭게도 해드릴 수 없었고 하나님께 드리는 일에 전혀 무관심했습니다. 그러나 그리스도를 믿은 후, 우리는 하나님께 드리기를 기뻐하게 되었습니다. 예수 그리스도를 통하여 우리는 하나님과 사랑의 교제를 나눌 수 있게 된 것입니다. 이것이 J의 사랑입니다.

3) 가난한 자에게 복음을 전하심(눅 4:16-30)

누가복음 4장 18절에서 "주의 성령이 내게 임하셨으니 이는 가난한 자에게 복음을 전하게 하시려고."라고 말씀하십니다. 여기서 말씀하고 있는 가난한 사람은 세상에서 즐거움을 주는 요소들이 결핍되어 있는 사람들, 죄에 민감한 사람, 마음이 가난한 사람으로서(마 5:3), 궁핍한 사람들이며 고통당하는 사람들을 가리킵니다(사 58:7). 예수님께서는 "주의 성령이 내게 임하셨으니."라고 하셨는데 하나님은 "가난한 자에게 전파되는 아름다운 소식"을 위해서 예수님께 성령이 임하게 하셨습니다(18절). 또한 "내게 기름을 부으시고."는 "가난한 자에게 전파되는 아름다운 소식"을 위해서 사랑의 하나님께서 예수님께 성령으로 기름을 부어 주셨습니다(18절). 뿐만 아니라 예수님께서 "나를 보내사."라고 하신 말씀은 "가난한 자에게 전파되는 아름다운 소식"을 취해서 하나님께서 주 예수님을 보내셨다는 뜻입니다(18절).

예수님께서는 자신의 메시아 사역에 대해 "소경이 보며 앉은뱅이가 걸으며 문둥이가 깨끗함을 받으며 귀머거리가 들으며 죽은 자가 살아나며 가난한 자에게 복음이 전파된다 하라."(마 11:5)라고 소개하였습니다. 주 예수님의 초림은 "우리 하나님의 은혜의 해"를 선포하며 그것을 이루는 것이었습니다. 뿐만 아니라 주 예수님은 제자들을 부르시고 그들에게 성령을 받게 하셨으며 그들을 온 열방으로 파송하였습니다. 이것은 가난한 자들에게 아름다운 소식을 전하게 하기 위함이었습니다. 오늘날 하나님께서 우리를 부르시고 성령을 부어 주신 이유는 예수님께서 성육신하신 사명과 사도들이 받았던 사명대로 가난한 자들에게 아름다운 소식을 전하기 위해서입니다. 이것이 J의 사랑입니다.

눌린 자와 포로된 자를
자유케 하심(눅 4:18)

누가복음 4장 18절에서 "주의 성령이 내게 임하셨으니 이는 가난한 자에게 복음을 전하게 하시려고 내게 기름을 부으시고 나를 보내사 포로된 자에게 자유를, 눈먼 자에게 다시 보게 함을 전파하며 눌린 자를 자유케 하고."라고 말씀하십니다.

예수님께 성령이 임하셔서 사역에 나서는데 그것은 가난한 자에게 복음을 전하는 것입니다 가난한 자는 그 뒤에 구체적으로 포로 된 자, 눈먼 자, 눌린 자로 표현되고 있고, 예수님은 이들을 자유케 하기 위해서 복음을 전한다고 하십니다. 예수님께서는 하나님의 사랑으로 이와 같은 사역을 감당하기 위해서 이 땅에 오신 것입니다. 이것이 J의 사랑입니다.

그렇습니다. 예수님은 포로 된 자, 눈먼 자, 눌린 자를 자유케 하시기 위해서 사랑의 하나님의 명령을 받고 이 땅에 오셨고, 그들을 구원하여 자유케 하기 위해서 오신 것입니다. 우리가 일반적으로 생각하는 포로 된 자, 눈먼 자, 눌린 자는 이 세상을 살 때 일이 잘 안 풀리고 무엇인가에 사로잡혀 압제당하는 자들을 말합니다. 예수님이 유대 땅에 오셨을 때 백성들은 로마의 압제를 받고 있던 유대민족의 해방, 배고픈 민중들을 배불리 먹게 해주는 것, 질병으로 고생하는 자들의 치유 등 힘든 이 세상을 해결해 줄 수 있는 분으로 생각을 했습니다. 그러나 예수님은 정치적 문제 해결이 아니라 육체적, 정신적, 영적인 문제 해결을 위해서 오신 것입니다. 예수님은 분명히 이렇게 말씀하십니다.

요한복음 18장 36절에서 "내 나라는 이 세상에 속한 것이 아니니라. 만일 내 나라가 이 세상에 속한 것이었더라면 내 종들이 싸워 나로 유대인들에게 넘겨지지 않게 하였으리라. 이제 내 나라는 여기에 속한 것이 아니니라."고 말씀하십니다. 예수님께서 이루고 견고케 하시고자 하는 나라는 이 세상나라가 아닙니다.

예수님이 말씀하시는 포로 된 자란 하나님의 말씀을 떠나서 죄의 종노릇하는 자들을 말하는데 예를 들면 게임중독자, 알코올중독자, 스포츠중독자, 낚시중독자, 도박중독자 등 무엇인가에 깊이 빠져 헤어나오지 못하는 상태에 있는 자들을 말합니다. 그리고 눈먼 자는 진리를 떠나서 거짓 것을 믿고 옳다고 주장하고 따르는 영적 소경들을 말하는데 예를 들면 각종 이단 사상들과 각종 철학사상이나 심리학 사상에 깊이 빠져 헤어 나오지 못하는 자들을 말합니다. 눌린 자는 무엇인가에 강하게 눌림을 당하여 죄와 사탄의 종노릇을 하는 사람들을 말하는데 특별히 열등의식이 강한 사람과 성적으로 타락한 사람, 스트레스를 많이 받는 사람들이 여기에 속합니다. 사실 예수를 전하되 '다른 예수'를 전하고 있는 자들이 포로된 자요, 눈먼 자요, 눌린 자들인 것입니다. 우리 인생은 모두 다 각자 인생 본연의 문제를 가지고 있습니다. 그것은 하나님을 떠난 문제입니다. 예수님은 이런 우리를 하나님과 다시 하나 되게 하심으로 우리를 그 문제로부터 자유케 하기 위해서 오신 것입니다. 이것이 J의 사랑입니다.

아모스서 8장 11절에서 "주 여호와께서 가라사대 보라 날이 이를지라 내가 기근을 땅에 보내리니 양식이 없어 주림이 아니며 물이 없어 갈함이 아니요 여호와의 말씀을 듣지 못한 기갈이라."고 말씀하십니다. 이와 같이 육신의 양식과 육신의 물로 인한 갈함이 아니라, 하나님과 하나 되지 못한 인생의 근원적 갈증을 가진 자들이 포로 된 자요, 눈먼 자요, 눌린 자인 것입니다. 예수는 이러한 인생의 근원적 갈증을 해결해 주기 위해서 오셨습니다.

포로 된 자, 눈먼 자, 눌린 자들은 스스로 자유케 될 가능성이 희박합니다. 다만 예수님께 의지하고 끝까지 예수님을 따라 나설 때 예수님께서 이 일을 이루어 주십니다. 그래서 예수님은 우리에게 어떤 상황 하에서도 낙망하지 말고 항상 기도할 것을 말씀하시고(눅 18:1) 히브리서 기자는 이 과정에서 우리가 어떠해야 할 것을 이렇게 말합니다. 히브리서 3장 14절에서는 "우리가 시작할 때에 확실한 것을 끝까지 견고히 잡으면 그리스도와 함께 참예한 자가 되리라."고 말씀하십니다.

끝까지 잘 견디면 예수님의 은혜의 해를 맞이하게 된다는 것입니다.

이것이 J의 사랑입니다

질병을
치유하심

예수님의 치유사역은 하나님 나라의 차원에서 이해되어야 합니다. 하
나님 나라를 이 땅에 실현하기 위한 구체적인 사랑의 행위가 예수님의
치유사역 입니다. 예수님을 통해서 하나님의 구원과 사랑이 지금 이
땅에 실행되고 있음을 나타냈던 것입니다. 예수님께서 하나님 나라의
도래에 대해서 선포했다는 것은 그 이면에 하나님의 주권과 역사를 거
부하는 거대한 반대 세력이 존재하고 있었음을 의미합니다. 따라서 예
수님께서는 하나님 나라를 세우기 위해서 먼저 하나님 나라를 거부하
는 세력들을 제거하셨습니다. 예수님께서는 인간의 존엄성과 정체성
을 망가뜨리는 질병을 적대적인 마귀의 세력으로 간주하고, 그것을 쫓
아내야 할 대상으로 보았습니다. 예수님께 있어서 마귀는 죄와 질병과
사망을 이용해 인간을 위협하고 억압하고 파멸시키는 존재였습니다.
따라서 예수님의 하나님 나라 운동은 사탄과의 투쟁이었고, 그 구체적
인 사역이 귀신추방과 질병치유로 나타났던 것입니다(마12:28, 눅 9:2).

　예수님께서는 그의 지상생활에서 하나님의 사랑, 즉 구속의 사랑과

그리스도인의 생활을 가장 중요하게 역설하며 가르쳤지만, 그에 못지 않게 인간의 질병치유의 구속에도 많은 중점을 두었습니다. 사도들도 역시 그 중요함을 인식하고 여러 가지 질병치유의 사건들을 통해서 이방인들에게 복음을 전할 때 많은 사람을 구원에 이르게 하였습니다. 하지만 오늘날 목회자들은 질병치유를 통한 구속사역에는 별로 관심들이 없는 것이 사실입니다. 심지어는 치유사역을 이단으로 몰아세우는 경향까지 있습니다. 이것은 하나님 나라의 영역을 넓히는 데 역행하는 것으로 심각하게 돌아볼 필요성이 있다고 봅니다.

예수님의 질병치유 사역은 사역들 중에서 이웃에 대한 돌봄과 사랑을 끊임없이 강조한 것과 맥을 같이하는 것이 확실합니다. 그것은 '아가페'의 가르침과 일맥상통하며, 그의 가르침에 있어 매우 기본적인 사항이었습니다. 그러므로 예수님이 사랑을 표현하는 가장 구체적인 방법들 중의 하나는 다른 사람의 육체 및 정신적으로 고통스러운 질병들을 치유해 주는 것이었습니다. 예수님은 질병과 귀신들림은 사탄의 역사로 생각하였으며, 하나님의 사랑으로 보내신 '메시아'로서 그것들을 다룸으로써 질병치유에 대한 하나님의 사랑을 모든 사람이 볼 수 있게 하였습니다. 이러한 치유행위는 하나님 나라에 대한 직접적 증거로 실행되었습니다. 이것이 J의 사랑입니다.

1) 질병치유의 동기와 목적

하나님은 우리 인간에게 여러 가지 방법으로 하나님의 사랑을 표현하십니다. 질병을 치유하시는 이적 자체가 목적이라기보다는 그 이적을 통하여 주시는 하나님께서 주시는 사랑의 말씀에 그 목적이 있습니다. 예수님께서 질병 치유사역을 하신 동기와 목적들을 아래와 같이 몇 가지로 정리할 수 있습니다.

첫째, 예수님은 질병으로 고통당하는 자들을 긍휼히 여기셨습니다(마 9:35-36). 예수님의 사랑과 자비가 치유사역의 동기였기 때문입니다.

둘째, 예수님은 치유사역을 통해서 하나님의 영광을 나타내셨고, 백성들은 하나님께 영광을 돌렸습니다(요 11:1-45, 눅 5:17-26).

셋째, 예수님은 치유사역을 통해 자신이 선지자의 예언대로 오신 메시아임을 증거하셨습니다. 세례 요한이 자기 제자들을 예수님께 보내어 "오실 메시아가 당신입니까?"라고 물었을 때, 예수님은 이사야 35장 4절부터 6절의 예언이 자신의 치유사역을 통해 성취되었음을 말씀하시며 자신이 메시아임을 증거하셨습니다.

넷째, 예수님은 병든 자들을 고치심으로 자신의 말씀이 진리임을 증거하셨습니다(눅 5:18-26).

다섯째, 예수님은 병든 자들이 믿음을 가지고 부르짖어 기도할 때 그에 대한 응답으로 치유해 주셨습니다(막 7:25-30,10:46-52).

여섯째, 예수님은 하나님 나라가 임한 표징으로 귀신을 쫓아내며 병든 자들을 고치셨습니다(마 12:22-28, 눅 4:40-44).

일곱째, 예수님은 사람들이 회개하도록 하기 위해(눅 10:8-12), 그리고 예수님을 믿음으로 영생을 얻도록 하기 위해 병을 고쳐 주시고 기적을 행하셨습니다(요 20:30-31).

여덟째, 예수님은 치유사역이 교회시대에도 계속되도록 하기 위해 자신의 치유사역을 통하여 제자들을 훈련하셨습니다.

이와 같이 예수님의 질병치유는 질병을 치유하시는 이적 자체가 목적이라기보다는 그 이적을 통하여 주시는 하나님께서 주시는 사랑의 말씀에 그 목적이 있습니다. 이것이 J의 사랑입니다.

2) 질병치유의 방법

『하나님의 사랑과 치유사역』(서로사랑/김남수, 2006)에 보면 예수님께서 사용하신 치유 방법들의 횟수를 조사해 놓은 자료가 있는데, 참고가 될 것입니다.

말씀으로 역사하심(명령)은 21회, 만져 주심(안수)은 14회, 다른 사람의 기도는 5회, 다른 사람의 믿음은 8회, 설교하심은 6회, 그 사람의 믿음은 7회, 동정하심은 5회, 예수님을 만짐은 2회, 가르침은 4회로 나타납니다.

앞의 통계를 보면 예수님께서 가장 많이 사용하신 치유 방법은 말씀으로 명령하심(21회)입니다. 두 번째가 안수이고(14회), 세 번째가 귀신을 쫓아내심으로 치유하신 방법입니다. 그 다음으로 다른 사람의 믿음, 그리고 다음으로는 그 사람의 믿음을 보시고 고쳐 주신 경우입니다. 이들을 토대로 하여 우리는 예수님의 치유 방법들을 세 가지로 요약할 수 있습니다.

첫째, 예수님의 치유 방법은 하나님의 말씀이 주방법이었습니다.

하나님의 말씀과 관련된 치유 방법의 횟수를 보면 명령 21회, 설교 6회, 가르침 4회로 이를 모두 합하면 31회입니다. 이것은 총41회 치유 횟수의 75%에 달합니다.

둘째, 예수님은 여러 가지 복합적이고 다양한 방법을 사용하셨습니다.

예를 들면 그 사람의 믿음을 보시고 안수하면서 말씀하심으로 치유하시거나(마 9:29-30), 많은 경우 예수님은 손을 얹고(14회) 명령하심으로(21회) 고치셨습니다. 주님의 치유사역을 본받아 "손을 얹고 명령하는" 방법은 기독교 치유 방법의 관행처럼 되어왔습니다.

셋째, 예수님의 치유사역의 근본 능력은 치유 방법에 있는 것이 아니라 성령님의 능력과 하나님께서 주신 권세에 있었습니다. 주님은 공적인 사역을 시작하시기 전에 성령의 기름 부음을 한량없이 받으셨습니다(눅 3:21-22, 4:18-19. 요 3:34). 주님은 항상 성령으로 충만하셨고, 질병을 치유하는 주의 능력이 함께 하셨습니다. 예수님은 이 능력과 권세를 교회에 위임하셨습니다.

예수님께서 치유사역을 행하실 때 사용하셨던 방법은 후일 사도들에게로 이어졌고, 이들의 왕성한 치유사역은 초대교회 부흥의 원동력이 되었습니다. 초대교회 일꾼들은 성령 충만하여 담대히 복음을 전했을 뿐만 아니라 기사와 표적을 통하여 하나님의 영광을 드러내었습니다. 오늘날 치유사역에 있어서 그 방법도 중요하지만 더 중요하고 본질적인 것은 질병을 치유하는 것이 예수님께서 주신 권세와 능력이라는 사실입니다. 이것이 J의 사랑입니다.

3) 치유와 구원과의 관계

사랑의 하님께서는 아담과 하와의 원죄 때문에 인간들에게 구원이 필요함을 아시고 독생자 예수를 이 땅에 보내실 계획을 갖고 삼위 하나님의 협의에 의하여 예수님을 이 땅에 파송하십니다. 예수님께서는 그 죄인들을 구원하시기 위하여 십자가에 죽음을 당하시고 부활하여 승천하셨습니다. 본래 '구원하다'라는 단어는 '구출', '보전', '안녕' 그리고 '속사람의 안녕' 등을 의미하거나 이 모든 것을 포함하는 의미로 사용되었습니다. 생명의 위험이나 재판의 유죄 판결, 또는 질병으로부터의 구출을 의미하기도 하였고 생존을 계속 보전하거나 어떤 것을 보호, 유지하는 것을 의미하기도 하였습니다.

이처럼 '구원'이라는 말은 예수 그리스도의 은혜로 말미암아 죄를 사함 받은 것을 의미합니다. 신약성경에서의 구원은 사탄과 그의 올무에서 자유케 하시는 그리스도의 사역을 말하는 데 사용하였습니다. 가장 위대한 구원의 결정은 죄인이 흑암과 사망의 권세로부터 건짐을 받는 것이며, 이것은 그리스도의 십자가를 통해 성취됩니다. 복음이 구원의 선포라면 치유는 그 구원의 일부가 되는 것입니다. 예수 그리스도의 사역에 있어서 설교와 가르침과 치유는 하나였고, 이것들은 각각 구원의 선포에 있어서 빠질 수 없는 핵심요소인 것입니다. 이것이 J의 사랑입니다.

귀신을
쫓아내심(마 12:22-24)

마태복음 12장 22절부터 24절의 말씀을 보면 예수님께서는 귀신을 쫓아내십니다.

22절에서 "그때에 귀신 들려 눈멀고 말 못하는 사람을 데리고 왔거늘 예수께서 고쳐 주시매 그 말 못하는 사람이 말하며 보게 된지라."

23절에서 "무리가 다 놀라 이르되 이는 다윗의 자손이 아니냐 하니."

24절에서 "바리새인들은 듣고 이르되 이가 귀신의 왕 바알세불을 힘입지 않고는 귀신을 쫓아 내지 못하느니라 하거늘."이라고 말씀하십니다.

귀신을 쫓아내는 것도 예수님께서 이 땅에 하나님 나라를 이루기 위해 하신 질병 치유사역과 같은 맥락에서 살펴볼 수 있습니다.

귀신은 사탄(마귀)을 말합니다.

예수님께서는 이 땅에 하나님 나라를 이루기 위해서는 반드시 이 악한 귀신의 세력, 즉 사탄(마귀)의 세력을 무너뜨려야 하는 당위성을 갖고 있었습니다. 사탄(마귀)을 이길 수 있는 방법은 오직 한 가지 성령을 충만하게 받는 것입니다. 말씀을 믿으며, 전심으로 기도하면 성령이 임하고 성령의 기름 부으심으로 치유가 일어나고 귀신조차도 쫓아낼 수가 있는 것입니다.

귀신이 그 사람에게 들어가서 눈이 있는데도 보지 못하게 하고, 귀가 있는데도 듣지 못하게 했습니다. 귀신이 우리 몸 안에 들어와 우리의 눈과 귀를 보지 못하고 듣지 못하게 한 것입니다. 귀신은 우리의 육체뿐만 아니라 영혼도 마비시킵니다. 사탄(마귀)은 우리 마음속에 거짓되고 악한 생각을 주고 원치 않는 죄를 짓도록 부추깁니다. 우리의 성품을 파괴하기 위해 혈기를 내게 하고 교만하고 게으르고 거역하게 합니다. 그러나 이것은 자연스러운 것이 아니라 하나님의 형상이 파괴된 사람에게서 나타나는 현상입니다. 사탄(마귀)이 우리 속에 들어와 이렇게 하나님의 형상을 합법적으로 파괴하는 짓을 합니다.

성경은 죄를 지으면 사탄(마귀)이 합법적으로 우리를 소유한다고 했습니다. 죄는 사탄(마귀)이 우리 속에 들어올 수 있는 합법적인 권리를 주는 것입니다.

요한일서 3장 8절에서 "죄를 짓는 자는 마귀에게 속하나니 마귀는 처음부터 범죄함이라. 하나님의 아들이 나타나신 것은 마귀의 일을 멸하려 하심이라."고 말씀하십니다. 예수님은 바로 이 마귀(사탄)가 하는 일을 멸하기 위해서 오셨습니다. 예수님이 십자가에서 마귀의 일을 멸했으면 우리도 마귀의 일을 멸하는 것이 신앙생활의 실제입니다. 악한 귀신은 우리의 인격과 육신을 파괴하고 결국 하나님을 믿지 못하게 해서 그 영혼이 구원받지 못하게 합니다. 이 귀신이야말로 우리의 원수이고 이 원수를 반드시 멸하고 쫓아내는 것이 우리의 사명입니다.

예수님은 그 사람 속에 있는 귀신을 쫓아냄으로써 즉시 말하고 보게 하셨습니다.

망가뜨려진 인생을 단번에 회복시키신 것입니다. 예수님은 바로 교회를 통해서 이런 일을 행하십니다. 이것이 마귀의 일을 멸하는 실제적인 일입니다.

자기가 원치 않는 고질적인 문제, 아무리 교회를 오래 다녀도 해결되지 않는 문제가 있습니다. 그런데 우리 인생의 근본적인 문제는 오직 성령의 능력으로 귀신을 쫓아낼 때만 해결할 수 있습니다. 사도행전 10장 38절에서 "하나님이 나사렛 예수에게 성령과 능력을 기름 붓듯 하셨으매 그가 두루 다니시며 선한 일을 행하시고 마귀에게 눌린 모든 사람을 고치셨으니 이는 하나님이 함께하셨음이라."고 말씀하십니다.

하나님의 아들이신 예수님일지라도 하나님이 그에게 성령과 능력을 기름 붓듯 하셨기 때문에 그런 일을 하셨다면 우리도 이 일을 하기 위해서 성령의 기름 부으심과 능력을 받아야 합니다. 이제는 혈과 육에 속한 형식적인 신앙에서 벗어나야 합니다. 우리 안에 나를 조종하는 죄의 세력들, 이 악한 영을 쫓아내는 보혜사 성령을 충만하게 받아야 합니다. 그래서 내 안에 말씀이 살아 움직이게 하여 사탄(마귀)에게 사로잡힌 육체와 영혼에서 더러운 귀신을 쫓아내고 깨끗함을 받아야 합니다.

예수님께서는 더러운 귀신을 쫓아내고 육체와 영혼을 깨끗하게 하셨습니다. 이것이 J의 사랑입니다.

|

제자들의
발을 씻기심(요 13:1-17:26)

요한복음 중에서도 13장부터 17장은 예수님의 모습을 가장 분명하고 가장 진하게 보여 주는 장입니다. 그 중에서도 요한복음 13장은 예수님의 사랑의 모습을 가장 진하고 가장 강하게 보여 줍니다. 예수님께서는 저녁 잡수시던 자리에서 수건을 허리에 매고 대야에 물을 떠서 제자들의 발을 직접 씻어 주십니다. 말로 하는 것이 아니라 행동으로 사랑을 보여 주십니다. 제자들을 끝까지 사랑하신 것입니다. 이것이 J의 사랑입니다.

1) 제자들을 끝까지 사랑하시는 예수님

예수님은 제자들을 끝까지 사랑하신 분입니다. 요한복음 13장 1절에서 "예수께서 세상에 있는 자기 사람들을 끝까지 사랑하시니라."고 말씀하십니다. 여기서 '끝까지'라는 말은 시간적으로 마지막까지 사랑하셨을 뿐 아니라 질적으로 가장 진하고 가장 뜨겁게 사랑하셨다는 말입니다. '마지막까지 그리고 최고로' 사랑하셨다는 말입니다. 사람들의 사랑에는 한계가 있습니다. 시간적으로 한계가 있고 질적으로 한계가 있습니다. 조건적입니다. 그러나 예수님의 사랑에는 한계가 없습니다. 무조건적입니다. 무조건적인 아가페의 사랑으로 마지막까지 최고로 사랑하십니다.

이별의 때가 이른 줄을 아셨을 때 예수님의 사랑은 더욱 더 뜨거워졌습니다. 이별은 마음을 슬프게도 하지만 사랑을 더 뜨겁게 만듭니다. 예수님의 사랑은 더욱 더 간절해졌고 뜨거워졌습니다. 끝까지 최고로 제자들을 사랑했습니다. 이것이 J의 사랑입니다.

2) 제자들을 행동으로 사랑하신 예수님

예수님은 '행동으로 사랑하신' 분입니다. 요한복음 13장 4절부터 5절에서 "저녁 잡수시던 자리에서 일어나 겉옷을 벗고 수건을 가져다가 허리에 두르시고 이에 대야에 물을 떠서 제자들 의 발을 씻으시고 그 두르신 수건으로 닦기를 시작하고."라고 말씀하십니다. 진정한 사랑은 몸으로 그리고 행동으로 나타납니다. 사랑하는 사람을 손으로 만지고 싶어 하고 그리고 무엇인가를 행동으로 나타내 보여 주고 싶어 합니다. 예수님은 자리에 그대로 앉아 있을 수가 없었습니다. 자리에서 일어나셨습니다. 제자들의 발을 손으로 만지시며 거룩하신 손으로 더러운 발을 씻어 주시기 시작했습니다. 제자들의 발을 씻는 행동에는 두 가지 의미가 나타나 있었습니다.

첫째는, 더러운 것을 씻어 주시는 죄 사함의 의미가 있었습니다.

물론 제자들은 이미 죄 사함과 구원을 받은 사람들이었습니다. 목욕을 한 사람들이었습니다. 그럼에도 불구하고 제자들은 날마다 죄를 범하는 죄인들이었습니다. 날마다 발이 더러워지는 죄인들이었습니다. 날마다 씻음을 받아야 하는 사람들이었고 날마다 죄 사함을 받아야 하는 죄인들이었습니다. 그래서 예수님은 저들의 허물과 죄를 씻어 주시기를 원하셨습니다. 최고의 사랑은 허물을 덮어 주고 죄를 씻어 주는 것입니다. 예수님은 제자들의 더러운 발을 거룩하신 손으로 만지시면서 깨끗하게 씻어 주셨습니다. 예수님의 손은 우리들의 모든 병을 고치시고 우리들의 모든 죄를 사하고도 남는 거룩하신 손입니다. 그 거룩하신 손, 십자가 못에 박히신 손, 피 묻은 손으로 우리들의 죄와 허물을 씻어 주셨습니다. 우리는 날마다 씻음을 받아야 합니다. 주님의 피 묻은 손으로 날마다 씻음을 받아야 합니다.

둘째로, 겸손과 섬김의 의미를 지니고 있었습니다.

예수님은 겸손한 모습으로 우리들을 섬기기를 원하셨습니다. 우리는 예수님의 섬김을 받아야 구원을 얻습니다. 예수님은 종의 모습으로 우리를 섬기시기 위해서 세상에 오셨다고 말씀하셨습니다. 수건을 허리에 두르신 것은 종의 차림을 한 것입니다. 대야에 물을 담아 제자들의 발을 씻긴 것은 하인들이 섬기는 일을 몸소 실천하신 것입니다. 주님의 마지막 사랑은 입으로 하는 설교로 나타나지 않았고 손으로, 몸으로 하는 섬김의 행동으로 나타났습니다. 죄 씻음의 행동과 섬김의 행동으로 나타났습니다. 이것이 J의 사랑입니다.

3) 서로 발을 씻기라고 분부하시는 예수님

예수님은 제자들에게 서로 발을 씻어 주라고 분부하십니다.

요한복음 13장 14절에 "내가 주와 또는 선생이 되어 너희 발을 씻겼으니 너희도 서로 발을 씻어 주는 것이 옳으니라."고 말씀하십니다. 예수님은 제자들의 발을 씻어 주셨을 뿐 아니라 제자들보고 서로 발을 씻어 주라고 분부했습니다. 왜 제자들보고 서로 발을 씻어 주라고 분부했을까요? 우리들이 예수님처럼 행동하기를 원하셨기 때문입니다. 예수님 닮기를 원하셨기 때문입니다. 예수님은 우리들이 마귀처럼 행동하기를 원하시지 않았고 예수님처럼 행동하기를 원하셨습니다. 그러므로 서로 발을 씻어 주라는 분부는 우리들을 괴롭게 하는 분부가 아니라 우리들을 복되게 만드시는 분부였습니다.

요한복음 13장 17절에서 "너희가 이것을 알고 행하면 복이 있으리라."고 말씀하십니다. 우리가 서로 발을 씻어 주는 행동에도 두 가지 의미가 포함되어 있습니다. 서로의 허물을 용서하는 의미가 있고, 서로를 섬긴다는 의미입니다. 우리가 서로의 허물을 용서하고 서로를 섬길 때 하나님의 뜻이 우리 가운데서 이루어집니다. 구원의 역사가 우리 가운데서 일어납니다. 예수님이 하신 그 일을 우리가 하게 됩니다. 죄 씻음의 역사와 구원의 역사가 이루어집니다. 사람을 깨끗하게 하는 일이 훈계나 강의나 설교로 이루어지는 것이 아니라 발을 씻는 예수님의 사랑과 겸손의 행위로 이루어진다는 것입니다. 예수님이 누구십니까? 끝까지 제자들을 사랑하신 분입니다. 말뿐 아니라 행동으로 사랑하신 분입니다. 발을 씻는 겸손과 봉사의 행동으로 우리를 사랑하신 분입니다. 그리고 우리들을 향해서 서로 발을 씻어 주라고 분부하신 분입니다. 예수님은 우리들의 더러운 발을 손으로 물로 그리고 십자가에서 흘리신 피로 깨끗하게 씻어 주셨습니다. 이것이 J의 사랑입니다.

십자가를 지심

십자가는 십자 모양으로 된 사형 틀을 말하며. 고대 페르시아, 애굽, 앗수르에서 사형을 집행할 때 사용한 형구입니다. 헬라의 알렉산더 대왕은 두로를 정복한 뒤 지중해 연안을 따라 십자가를 세우고 지도자급 2,000명을 매달아 죽였다고 합니다. 그 후 십자가형은 로마에 도입되어 극악한 범죄자나 로마 황제의 권위에 도전한 반역자에게만 가해졌습니다. 죄수는 십자가 형벌을 받기 전에 심한 채찍질을 당하거나 말로 표현할 수 없는 고문을 받았습니다. 예수께서도 십자가를 지고 형장으로 갈 수 없을 정도로 심한 매질을 당하셨습니다(마 27:32). 십자가상에서 숨이 멎으면 죄수를 십자가에서 내린 뒤 망치로 다리를 힘껏 내리쳐서 꺾었는데, 이는 죽음을 최종 확인하기 위함이었습니다. 예수님의 경우는 다리가 꺾이는 대신 창으로 옆구리를 찔렸습니다(요 19:32).

나무에 매달려 죽임당한 자는 저주받은 자로 간주했던 유대인에게 예수님의 십자가형은 저주의 상징이었습니다(신 21:23, 갈 3:13). 하지만 예수님께서는 인류의 죄를 대속하기 위해 대신 저주를 받으셨으며, 십자가의 극한 고통과 수치를 참으셨습니다. 따라서 그리스도인에게 십자가는 그리스도의 사랑과 자기희생의 가장 강렬한 표현이며, 대속과 구원의 상징물인 것입니다(롬 6:6, 갈 2:20, 5:24). 이것이 J의 사랑입니다.

1) 십자가의 진정한 의미

그리스도인들은 십자가를 중심으로 신앙생활을 합니다. 기독교는 예수 그리스도의 십자가를 구원의 표상으로 삼고 믿으며 가르치며 전하여 왔습니다.

사도 바울은 고린도전서 2장 2절에서 "예수 그리스도와 그의 십자가에 못 박히신 것 외에는 아무것도 알지 아니하기로 작정하였음이라."고 말씀하고 있습니다.

예수 그리스도의 십자가는 영원토록 찬양과 존귀와 영광을 돌리기에 합당한 구속의 상징입니다. 십자가는 인류의 죄를 대신 지시고 그 죄 값을 갚으신 예수님의 고통을 상징합니다. 영원히 죽을 수밖에 없는 우리를 대신하여 지불하신 하나님의 어린 양의 놀라운 희생과 사랑을 나타냅니다. 십자가는 멸망당하는 인간들을 그대로 내버려 두실 수가 없어서 절규하시며 돌아오라고 탄원하시는 하나님의 사랑의 상징입니다. 이것이 J의 사랑입니다.

2) 영원한 멸망의 죽음을 당하심

예수님께서는 십자가에서 이렇게 부르짖으셨습니다. "나의 하나님,

나의 하나님, 어찌하여 나를 버리시나이까." 그것은 순교자의 부르짖음이 아니었습니다.

순교자들은 모두 다 기쁨과 소망 속에서 영원한 구원을 바라보며, 하나님의 복음을 위하여 목숨까지 바친다는 사실에 기뻐 찬미하면서 순교하였습니다. 그러므로 예수님의 죽음은 순교자의 죽음이 아니었습니다.

예수님의 죽음은 인류의 죄를 대신하여, 그들이 받아야 할 죄의 결과를 대신 받아 주시는 대속의 죽음이었던 것입니다.

죄는 하나님과 인간과의 관계를 단절시키는 것입니다. 인간의 죄를 지신 예수님께서 통렬하게 부르짖으신 이유는 죄가 예수님을 깜깜한 지옥 같은 절망으로 몰고 갔기 때문이었습니다.

예수님께서 십자가를 지신 것은 그 죄의 고통을 대신 감당하신 사실을 나타냅니다. 예수 그리스도께서는 죄를 범하여 죽어가는 인간들을 구원하여 내시기 위하여 자기를 희생하여 사망에 이르러, 대신 완전히 죽어 없어지더라도 죄인들을 위하여 대신 죽기를 택하겠다는 이해할 수 없는 강렬한 사랑을 보여 주신 것입니다. 이 엄청난 사랑이 우리를 살리셨습니다. 이것이 J의 사랑입니다.

3) 육체의 고통이 아니라 죄의 고통

십자가의 양편 강도들은 금요일 저녁까지 죽지 아니했기 때문에 속히 죽게 하기 위하여 다리를 꺾었지만 예수님께서는 벌써 운명하셨기 때문에 그렇게 할 필요가 없었습니다. 예수께서는 하나님 아버지를 향하여 큰 소리로 부르짖으시고는 갑자기 고개를 떨구시고 숨을 거두셨습니다. 그것은 예수 그리스도의 심장이 갑자기 파열되어 돌아가셨다는 증거입니다. 인류의 죄를 지시면서 그 괴로움과 죄의 의식을 더 이상 견디실 수가 없으셔서 예수님의 심장은 그만 터져 버리고 만 것입니다. 그러므로 그리스도께서는 십자가의 못 박힘으로 인한 육체의 고통 때문에 돌아가신 것이 아니라 바로 우리들의 죄의 고통 때문에 돌아가신 것이라 말할 수 있는 것입니다. 우리의 죄악들이 바로 예수님을 죽인 것입니다.

그러므로 하나님의 아들, 하나님의 어린 양이 세상 죄를 지고 가는 일은 우리가 이해하고 있는 것보다 훨씬 더 깊고 넓은 엄청난 의미가 내포되어 있는 것입니다. 그 사실을 마음속으로 믿고, 정말로 감사하며 눈물 흘리는 사람이 진정한 그리스도인이 되는 것입니다. 나의 죄를 예수님께서 실제로 대신 져 주신 것입니다. 그래서 내가 죄에서 자유를 얻고 그 정죄에서 벗어나게 되는 것입니다.

이 놀라운 하나님의 사랑을 우리가 다 이해할 수는 없습니다. 그러나 이것을 알고 믿고 가슴 깊이 받아들여 감격해 하는 자들이 그리스도인이 되는 것입니다. 십자가의 고통은 육체적인 고통 그 이상을 의미합니다. 이것을 이해할 때 인간이 하나님의 사랑을 이해하게 되는 것입니다. 이것이 J의 사랑입니다.

부활하심

예수의 부활은 안식일 전날(현재의 금요일)에 십자가에서 죽은 예수가 안식일 다음날(현재의 일요일)에 무덤에서 되살아난 것을 말합니다. 예수 그리스도의 부활에 대한 믿음은 기독교의 가장 중심적인 신앙 내용을 형성하고 있습니다. 이것은 단순히 한 인간이 죽음에서 되살아난 것을 의미하는 것이 아닙니다. 이것은 기독교에서 말하는 하나님의 아들인 예수 그리스도가 죽음을 이기고 다시 살아난 것으로 예수 그리스도 스스로 하나님이자 인간임을 보여 주시는 것이며 나아가 그를 믿는 모든 자에게 구원이 됨 보여 주는 사건입니다.

예수 그리스도의 십자가의 죽음은 인간의 죄를 씻기 위한 죽음이지만, 부활은 인간의 죄와 그 결과인 죽음을 이겼음을 나타내며, 이로써 하나님 스스로가 생명과 죽음의 주님이심을 계시했습니다. 바울 사도는 고린도전서 15장 14절에서 "만일 예수께서 부활하시지 않았다면 우리들의 선교는 헛된 일이며, 또한 여러분의 신앙도 헛된 것이다."라고 말씀하고 있습니다. 또한 바울 사도가 부활한 그리스도와 만났다는 이야기를 하고 있듯이, 그리스도의 부활은 무엇보다도 우리가 그리스도인이 되는 계기가 된다고 할 수 있습니다. 이것이 J의 사랑입니다.

1) 부활의 증거

마가복음 10장 33절부터 34절에서 "보라. 우리가 예루살렘에 올라가노니 인자가 대제사장들과 서기관들에게 넘겨지매 그들이 죽이기로 결의하고 이방인들에게 넘겨주겠고 그들은 능욕하며 침 뱉으며 채찍질하고 죽일 것이나 그는 삼 일 만에 살아나리라 하시니라."고 말씀하십니다.

예수님께서 말씀하신 대로 십자가에 못 박혀 죽으시고 무덤에 장사 지내시고 무덤 문을 돌로 막으시고 그리고 총독의 명령에 의해서 로마의 군인들이 철통같이 무덤을 지켰습니다. 셋째 날 아침에 막달라 마리아와 다른 마리아가 예수님께 향유를 붓기 위해서 무덤으로 갔습니다. 무덤을 찾아왔는데 갑자기 하늘에서 천둥과 벼락이 치더니 빛난 옷을 입은 천사가 무덤에 와서 돌을 옮기는데 지키던 파수꾼들이 얼굴이 백지장같이 되어서 죽은 자 같이 되었습니다. 여자들도 정신이 없어서 보고 있는데 돌 위에 올라앉은 천사가 예수님께서 부활하셨다고 말합니다. 여자들은 놀라서 이 사실을 제자들에게 알려야겠다고 뛰어가는데 예수님이 그들 앞에 나타나셨습니다. 그들은 너무 놀랍고 반가워서 예수 그리스도의 발을 잡고 경배했습니다.

부활하신 예수님은 엠마오로 가는 두 제자에게 나타나서 동행하셨고(눅 24:13-35, 막 16:12-13), 부활하신 예수님은 베드로에게 나타나셨습니다(눅 24:34, 고전 15:5). 이처럼 부활하신 예수님은 도마를 제외

한 제자들에게 나타나시다가(막 16:14, 눅 14:36), 나중에는 도마에게
도 나타나셨습니다(요 20:26-29). 부활하신 예수님은 이어서 갈릴리
호수에서 고기 잡던 일곱 제자에게 나타나셨고(요 21:1-14), 갈릴리 산
에서는 열한 제자에게 나타나셨으며(마 28:16-20, 막 16:15-18), 500명
의 성도들에게 나타나십니다(고전 15:6).

부활하신 예수님은 야고보(알패오의 아들)에게도 나타나셨으며(고전
15:7), 부활 후 40일 만에 감람산에서 승천하시면서(막 16:19-20, 눅
24:44-53, 행 1:1-11) 제자들에게 성령을 받고 그 권능으로 모든 나라
와 모든 민족에게 복음을 전할 것을 명령하셨습니다.

예수님께서는 십자가에 죽으시고, 사망권세를 이기시고 삼일 만에
무덤에서 부활하시며, 제자들에게 나타나셔서 부활의 사실을 증거하
십니다. 이어 성령을 약속하시고, 다시 오실 것을 약속하신 후 승천하
셨습니다. 이것이 J의 사랑입니다.

2) 우리가 체험하는 부활

우리는 예수님의 부활을 확실하게 체험해야만 합니다. 우리의 대속
물이 되신 예수님이 무덤에서 부활한 사실을 알고 그것을 믿음으로써
우리는 큰 변화를 체험해야 되는 것입니다.

고린도전서 15장 3절부터 4절에서 "내가 받은 것을 먼저 너희에게
전하였노니 이는 성경대로 그리스도께서 우리 죄를 위하여 죽으시고
장사 지낸 바 되셨다가 성경대로 사흘 만에 다시 살아나사."라고 말씀
하십니다.

예수님이 부활했다는 것은 죄악의 무덤에서 부활하셨고, 불결의 무

덤에서 부활하셨고, 질병의 무덤에서 부활하셨고, 저주의 무덤에서 부활하셨고, 사망의 무덤에서 부활하신 것입니다. 성경에는 예수의 죽음을 우리 몸에 짊어짐은 예수의 생명도 우리 몸에 나타나게 하려 함이라고 나와 있습니다. 예수 죽음 내 죽음, 예수 부활 내 부활, 예수 승천 내 승천, 예수 천국 내 천국인 것입니다. 그리스도와 우리는 하나가 된 것입니다. 예수님께서 하나님으로써 우리와 같은 사람이 되어 온 것은 우리를 너무나도 사랑하신 하나님께서 우리와 하나가 되려고 온 것입니다.

로마서 4장 25절에서 "예수는 우리가 범죄한 것 때문에 내줌이 되고 또한 우리를 의롭다 하시기 위하여 살아나셨느니라."고 말씀하십니다.

예수님이 무덤에서 부활했다는 것은 죄를 다 청산하고 죄를 용서하고 의로움을 우리에게 주시기 위해서 부활하신 것입니다. 예수님은 거룩함과 성령 임재의 부활을 하신 것입니다.

사도행전 2장 32절부터 33절에서 "이 예수를 하나님이 살리신지라 우리가 다 이 일에 증인이로다. 하나님이 오른손으로 예수를 높이시매 그가 약속하신 성령을 아버지께 받아서 너희가 보고 듣는 이것을 부어 주셨느니라."고 말씀하십니다.

예수님은 마귀의 진을 물리치고 자기가 일어나지 못하게 지키는 로마 군인들을 물리치고 부활하셔서 우리에게 성령을 보내주신 것입니다. 그러므로 예수 그리스도는 우리에게 성령을 주시기 위해서 부활하신 것입니다. 예수님은 십자가를 걸머지고 무덤에 들어갈 때 채찍에 맞아 온 몸이 피투성이가 되었습니다. 성경은 말하기를 채찍에 맞을 때마다 우리의 병을 대신 짊어졌습니다. 40에 하나 감한 매, 39차례 맞았는데 요즈음 과학자들이 말하기를 모든 인류에게 있는 병의 대략을 줄기로 조사해 보면 39가지라고 말합니다. 인류의 모든 병을 예수님께서 채찍을 통해서 다 청산하시고 무덤에 들어가서 부활할 때는 활짝 병을 벗어버리고 부활하신 것입니다.

예수님의 부활은 축복의 부활입니다.

고린도후서 9장 8절은 "하나님이 능히 모든 은혜를 너희에게 넘치게 하시나니 이는 너희로 모든 일에 항상 모든 것이 넉넉하여 모든 착한 일을 넘치게 하게 하려 하심이라."고 말씀합니다.

"모든 일에 항상 모든 것이 넉넉하여 너만 잘 먹고 잘 입고 잘 살아라." 그렇게 말한 것이 아니라 "모든 착한 일을 넘치게 하려 하심"이라고 말씀하십니다. 착한 일을 넘치게 하기 위해서 우리에게 모자람이 없이 풍부하게 주시겠다는 것입니다.

요한복음 11장 25절부터 26절에 "나는 부활이요 생명이니 나를 믿는 자는 죽어도 살겠고 무릇 살아서 나를 믿는 자는 영원히 죽지 아니하리니."라는 말씀이 있습니다.

부활하신 예수님이 우리 속에 계시기 때문에 우리는 영원히 죽지 않습니다. 고린도전서 15장 20절부터 22절에서"그러나 이제 그리스도께서 죽은 자 가운데서 다시 살아나사 잠자는 자들의 첫 열매가 되셨도다. 사망이 한 사람으로 말미암았으니 죽은 자의 부활도 한 사람으로 말미암는도다. 아담 안에서 모든 사람이 죽은 것 같이 그리스도 안에서 모든 사람이 삶을 얻으리라."고 말씀하십니다.

우리는 삶을 얻었습니다. 우리는 영생을 얻었습니다. 우리는 놀라운 축복을 받은 것입니다. 그런데 더 놀라운 것은 우리가 알아서 찾은 것이 아니라 예수님께서 우리를 붙잡아서 이 복을 받도록 택하여 주신 것입니다. 우리는 예수님의 택함을 받은 것입니다. 이것이 J의 사랑입니다.

3) 부활의 소망

그러므로 그리스도는 모든 절망을 안고 십자가 무덤에 들어갔다가 절망을 다 멸하시고 난 다음에 영원한 소망을 갖고 부활하신 것입니다. 예수 안에서 우리는 용서받은 소망이 있습니다. 예수 안에서 거룩하고 성령 받을 소망이 있습니다. 예수 안에서 심신이 치료받을 소망이 있습니다.

예수 그리스도의 부활에는 믿음, 소망, 사랑, 의, 평강, 희락을 갖고 살 수 있는 소망이 있습니다. 사랑과 희락과 화평과 오래 참음과 자비와 양선과 충성과 온유와 절제와 같은 성령의 열매를 맺을 소망이 있습니다. 우리는 우리 앞에 소망이 있고 우리 주변에 소망이 있고 내일에 소망이 있습니다. 우리는 절망을 벗어버리고 나와야 합니다. 부활하신 예수님을 구주로 모시면 우리들 속에 그리스도의 사랑과 소망을 가득히 채워 주십니다.

오늘날 우리는 예수님께서 부활하신 모습으로 제자들에게 나타나신 것보다 더 확실하게 예수님을 모시고 체험하고 있는 것입니다. 왜냐하면 성령을 통해서 예수님께서 우리 가운데 와 계시기 때문입니다. 그리스도의 영인 성령이 우리와 함께 계시고 우리 안에 계시므로 확실하게 우리는 소망이 있는 것입니다.

그리고 부활하신 예수님은 말씀을 옷 입고 우리 가운데 와 계시므로 말씀을 받아들일 때 예수님은 우리 가운데 들어오시고 우리와 더불어 먹고 마시면서 생활하십니다. 성찬을 통해서 그리스도의 몸을 먹고 피를 마시고 주님이 우리 안에 우리가 주님 안에 들어가서 일체된 체험을 할 때 우리에게 소망이 있는 것입니다. 우리는 몸 된 그리스도의 교회에 들어와서 그 몸의 지체가 되어 있으므로 예수님의 성령이 우리 몸을 통해서 흘러 넘쳐 나오고 있습니다. 성령과 말씀과 성찬과 교회는 바로 부활하신 예수님이 옷 입고 나타나신 것입니다. 이것이 J의 사랑입니다.

|

부활 후 40일 동안
제자들과 함께하심

제자들은 예수님의 십자가 죽으심을 목격하고 실의에 빠져 있었습니다. 아무런 의욕도, 계획도 없이 그저 한군데 모여 문을 걸어 잠그고 두려움에 떨고 있었습니다. 바로 이때에 부활하신 주님께서 제자들 가운데 오셨습니다. 오셔서 평안을 묻습니다.

예수님은 우리의 죄를 위하여 십자가에서 죽으시고 부활하셨습니다. 그리고 부활하신 예수님은 곧바로 하늘로 승천하신 것이 아니라, 40일 동안 이 땅에 더 머물러 계시면서 사람들에게 '하나님 나라의 일'을 말씀하셨습니다(행 1:3). 성경은 부활하신 주님이 40일 동안 11번 나타나신 사건을 기록하고 있습니다. 왜 예수님은 부활 후 바로 승천하시지 않고 40일을 머물며 제자들에게 나타나셨을까요?

그것은 아직 제자들이 상실감 때문에 실의에 빠져 있고, 예수님이 메시아로 오신 것에 대한 확신이 없었기 때문이며, 예수님이 떠난 공허함으로 모두 세상으로 흩어질 가능성이 컸기 때문입니다. 예수님께서는 승천 후 보혜사 성령을 약속하시면서 제자들을 끝까지 사랑하셨습니다. 이것이 J의 사랑입니다.

1) 무덤가에서 막달라 마리아에게 나타나심(막 16:9, 요 20:14-18)

마가복음 16장 9절에서 "예수께서 안식 후 첫날 이른 아침에 살아나신 후 전에 일곱 귀신을 쫓아내어 주신 막달라 마리아에게 먼저 보이시니."라고 말씀하십니다.

요한복음 20장 18절에서 "막달라 마리아가 가서 제자들에게 내가 주를 보았다 하고 또 주께서 자기에게 이렇게 말씀하셨다 이르니라."고 말씀하십니다.

이렇게 부활하신 예수님은 예수님에 대한 간절한 소망이 있는 막달라 마리아에게 제일 먼저 나타나신 것입니다. 막달라 마리아는 간음 현장에서 잡혀 와서 돌로 맞아 죽을 위기에서 "너희 중 죄 없는 자가 먼저 돌로 치라."라는 예수님의 말씀으로 살아났습니다. 그리고 그녀가 일곱 귀신이 들려 고통을 받을 때에는 예수님께서 귀신을 쫓아 주셨습니다. 이렇게 은혜를 입은 막달라 마리아는 예수님께 누구보다도 간절한 소망이 있었던 것입니다. 그래서 부활하신 예수님은 막달라 마리아에게 제일 먼저 현현하신 것입니다. 누구라도 예수님을 간절히 소망하면 이렇게 만나 주시는 것입니다. 이것이 J의 사랑입니다.

2) 무덤에 갔던 여인들에게 나타나심(마 28:8-10)

마태복음 28장 8절부터 10절에서 "그 여자들이 무서움과 큰 기쁨으로 빨리 빨리 무덤을 떠나 제자들에게 알리려고 달음질할새 예수께서 그들을 만나 이르시되 '평안하냐.'하시거늘 여자들이 나아가 그 발을 붙잡고 경배하니 이에 예수께서 이르시되 '무서워하지 말라. 가서 내 형제들에게 갈릴리로 가라 하라 거기서 나를 보리라.'하시니라."고 말씀하십니다. 이 여인들도 예수님을 너무나도 간절히 사모하고 소망했기 때문에 무덤까지 갔고 거기서 부활하신 주님을 만날 수 있었습니다. 이처럼 부활하신 예수님께서는 간절히 사모하고 소망하는 모든 사람에게 나타나십니다.

이것이 J의 사랑입니다.

3) 엠마오로 가는 두 제자에게 나타나심(눅 24:13-35, 막 16:12-13)

엠마오로 가던 두 제자는 과거에는 예수님을 열심히 따르던 제자들이었습니다. 이 두 사람은 예수님께서 십자가에 죽으신 후에도 사도들과 끝까지 함께 있던 제자들이었습니다(13절). 그러나 이 두 사람은 지금 예루살렘 성을 등지고 떠나 서쪽 엠마오로 가고 있습니다.

문제는 이 두 제자가 예수님의 말씀대로 갈릴리로 가야 했던 사람들이었다는 점입니다(마 28:7, 10). 갈릴리는 이스라엘 땅 북부 지역입니다. 당시 예루살렘에서 갈릴리로 가자면 동쪽에 있는 여리고 성으로 돌아가거나 북쪽 사마리아 성을 지나서 가야 했습니다. 그러나 이 두 제자는 이와는 전혀 반대 방향인 서쪽의 엠마오로 가고 있었습니다. 이 두 제자는 예수님께서 부활하셨다는 사실을 들었으나(22절-24절) 믿지 못하고 동쪽이나 북쪽이 아닌 서쪽 엠마오로 갔던 것입니다.

엠마오로 가던 두 제자는 현재 절망과 실의에 빠져 있는 사람들이었습니다. 과거에 그들은 예수님을 열심히 따르던 제자들이었으나 지금은 절망과 실의에 빠졌습니다. 누가복음 24장 17절 말씀에 보면 "두 사람이 슬픈 빛을 띠고 머물러 섰다."고 되어 있습니다. 두 사람은 예수님께 대한 자기들의 기대가 무너지자 절망과 실의에 빠져 슬픈 빛을 띠고 엠마오로 내려가고 있었던 것입니다.

이 두 사람이 절망과 실의에 빠진 이유는 오직 한 가지 예수님께서 부활하신 사실을 믿지 못했기 때문입니다(22절-24절). 누가복음 24장 25절 말씀에 보면 예수님께서는 이런 두 사람을 꾸중하십니다. "미련하고 선지자들이 말한 모든 것을 마음에 더디 믿는 자들이여."라고 말씀하십니다. 우리는 성경이 증거하는 대로 예수님의 부활의 사실을 믿는 사람들로서 어떤 현실적인 어려움이 있어도 절망과 실의에 빠질 수 없습니다. 엠마오로 가던 두 제자의 눈이 밝아져 부활하신 예수님을 믿게 되었던 것처럼 우리도 부활하신 예수님을 확실히 믿을 수 있어야겠습니다.

엠마오로 가던 두 제자는 이제 '예수님 부활의 증인'이 되었습니다. 누가복음 24장 33절에 보면 이 두 제자는 "곧 그때로 일어나 예루살렘에 돌아갔다."고 말씀하십니다. 누가복음 24장 35절에 보면 "두 사람도 길에서 된 일과 예수께서 떡을 떼심으로 자기들에게 알려지신 것을 말하였다."고 말씀하십니다. 그러니까 엠마오로 가는 두 제자는 부활하신 예수님을 만나서 부활을 믿게 되자 그 즉시 부활의 증인이 된 모습을 보여 주고 있습니다. 이와 같이 예수님께서는 부활하셔서 제자들에게 나타나셔서 그들에게 소망을 주고 부활을 깨닫게 해주셨습니다. 이것이 J의 사랑입니다.

4) 베드로에게 나타나심(눅 24:34, 고전 15:5)

누가복음 24장 34절에서 "말하기를 주께서 과연 살아나시고 시몬에게 보이셨다 하는지라."고 말씀하십니다. 고린도전서 15장 5절에서 "게바에게 보이시고 후에 열두 제자에게 와."라고 말씀하십니다.

성령을 받기 전까지 베드로는 아가페의 사랑을 깨닫지 못했습니다. 그는 예수님을 단지 필리아로 사랑하고 있었습니다. 예수님께서 "네가 나를 사랑하느냐?"라고 물었을 때 베드로는 "예 제가 주님을 사랑합니다."라고 답변합니다.

예수님께서는 아가페의 사랑으로 질문하셨는데 베드로는 필리아의 사랑으로 대답을 했습니다. 그는 아직까지도 예수님을 메시아로 확신하지 못하고 있었던 것입니다.

베드로는 예수님을 세 번이나 부인했지만 부활하신 예수님은 베드로를 특별히 사랑하셔서 다른 제자들보다 그에게 먼저 나타나신 것입니다. 이것이 J의 사랑입니다.

5) 도마를 제외한 제자들에게 나타나심(막 16:14, 눅 24:36)

마가복음 16장 14절에서 "그 후에 열한 제자가 음식 먹을 때에 예수께서 그들에게 나타나사 그들의 믿음 없는 것과 마음이 완악한 것을 꾸짖으시니 이는 자기가 살아난 것을 본 자들의 말을 믿지 아니함일러라."고 말씀하십니다.

누가복음 24장 36절에서는 "이 말을 할 때에 예수께서 친히 그들 가운데 서서 이르시되 너희에게 평강이 있을지어다 하시니."라고 말씀하십니다.

예수님이 부활했다는 소식을 들었으나 제자들은 그 기쁜 소식을 믿지 못했습니다. 제자들의 마음이 평안할 수는 없었을 것입니다. 그런데 근심에 싸여서 실망하고 있는 제자들에게 나타나신 예수님은 "너희에게 평강이 있을 지어다."라고 말씀하십니다. 이것이 J의 사랑입니다.

6) 도마를 포함한 제자들에게 나타나심(요 20:26-29)

도마는 예수님이 부활하셨다는 말을 듣고도 도무지 그 사실을 믿지 못했습니다. 다른 제자들이 도마에게 "우리가 주를 보았노라." 하니 도마가 "내가 그의 손의 못 자국을 보며 내 손가락을 그 못 자국에 넣으며, 내 손을 그 옆구리에 넣어 보지 않고는 믿지 아니하겠노라."고 말합니다. 그는 부활하신 예수님을 직접 보고 확인하지 않고는 도대체 믿을 수가 없다는 것이었습니다(요 20:25).

요한복음 20장 26절부터 29절에서 "여드레를 지나서 제자들이 다시 집안에 있을 때에 도마도 함께 있고 문들이 닫혔는데 예수께서 오사 가운데 서서 이르시되 '너희에게 평강이 있을지어다.' 하시고, 도마에게 이르시되 '네 손가락을 이리 내밀어 내 손을 보고 네 손을 내밀어 내 옆구리에 넣어보라. 그리하여 믿음 없는 자가 되지 말고 믿는 자가 되라.' 도마가 대답하여 이르되 '나의 주님이시오 나의 하나님이시니이다.' 예수께서 이르시되 '너는 나를 본 고로 믿느냐 보지 못하고 믿는 자들은 복되도다.' 하시니라."고 말씀하십니다. 의심 많은 도마를 보고 예수님은 그에게 원하는 것을 확인시켜서 부활하신 주님을 믿게 하고 "보지 못하고 믿는 자들은 복되도다."고 말씀하십니다. 이것이 J의 사랑입니다.

7) 갈릴리 호수에서 고기 잡던 일곱 제자에게 나타나심(요 21:1-14)

요한복음 21장 1절부터 14절 말씀은 예수님께서 부활하신 후에 갈릴리 호수(디베랴 호수)에서 일곱 제자들에게 나타나신 사건을 보여 줍니다. 이 말씀은 부활하신 예수님께서 지속적으로 제자들을 돌보고 그들의 사역에 관심이 있음을 드러내는 대목이라고 할 수 있습니다.

부활하신 예수님은 부활하기 전과 동일한 연민과 사랑으로 제자들에게 용기를 주셨습니다. 부활하신 예수님께서는 베드로와 함께 고기잡이를 하고 있던 갈릴리 바닷가에 나타나셔서 고기를 잡았느냐고 물으십니다. 밤새 고생을 했지만 고기를 잡지 못한 베드로에게 오른쪽에 그물을 내리라고 하십니다. 그는 순종하여 오른쪽에 그물을 내렸습니다. 그런데 물고기가 많아 그물을 들 수 없을 정도로 많이 잡았습니다. 육지에 올라보니 이미 예수님께서 숯불에 생선과 고기를 굽고 계셨습니다. 밤새 고기잡이를 해서 배가 고픈 제자들을 위해 예수님께서는 미리 식사를 준비해 놓고 기다리신 것입니다. 이것이 J의 사랑입니다.

8) 갈릴리 산에서 제자들에게 나타나심(마 28:16-20, 막 16:15-18)

마태복음 28장 16절부터 20절에서 "열한 제자가 갈릴리에 가서 예수께서 지시하신 산에 이르러 예수님을 뵈옵고 경배하나 아직도 의심하는 사람들이 있더라. 예수께서 나아와 말씀하여 이르시되 하늘과 땅의 모든 권세를 내게 주셨으니 그러므로 너희는 가서 모든 민족을 제자로 삼아 아버지와 아들과 성령의 이름으로 세례를 베풀고 내가 너희에게 분부한 모든 것을 가르쳐 지키게 하라. 볼지어다. 내가 세상 끝날까지 너희와 항상 함께 있으리라 하시니라."고 말씀하십니다.

여기서는 부활하신 예수님께서 제자들에게 너희는 가서 모든 민족을 제자로 삼으라고 말씀하십니다. 그리고 하늘과 땅의 모든 권세를 가지신 그리스도께서 세상 끝 날까지 너희와 항상 함께 있을 것이라고 약속하고 제자들을 위로하십니다. 이것이 J의 사랑입니다.

9) 오백 명의 형제들에게 나타나심(고전 15:6)

고린도전서 15장 6절에서는 "그 후에 오백여 형제에게 일시에 보이셨나니 그 중에 지금까지 대다수는 살아있고 어떤 사람은 잠들었으며."라고 말씀하십니다.

부활하신 예수님께서는 제자들에게 먼저 보이시고 그 후에 오백 명의 형제들에게 일시에 보이셨습니다. 오백 명이 부활의 증인들이 된 것입니다. 부활하신 예수님께서 제자들에게만 나타나셨다면 부활을 증거하는 데 어려움이 있었을 것입니다. 그러나 오백 명에게 일시에 부활하신 예수님께서 나타나신 것은 그 부활을 확실하게 증거합니다. 부활하신 예수님은 그들에게도 나타나셔서 제자들뿐만 아니라 오백 명의 형제들도 사랑하셨습니다. 이것이 J의 사랑입니다.

10) 야고보(알패오의 아들)에게 나타나심(고전 15:7)

고린도전서 15장 7절은 "그 후에 야고보에게 보이셨으며."라고 말씀합니다.

야고보는 알패오와 마리아(예수님의 어머니 동생) 사이에 태어난 아들이며 예수의 열두 제자 중 한 명이었습니다. 야고보는 예수의 이종 사촌 동생이었습니다.

야고보는 어린 시절부터 예수님과 매우 가깝게 생활하였고 70인 제자 중에 한 제자로 부름을 받았습니다. 성령강림 이후, 야고보는 예루살렘 교회를 위탁받아 예루살렘의 첫 번째 주교로 선출되어 교회를 다스리며 포교활동을 열심히 하였습니다.

또한 그는 그리스도인들에게 수많은 서한을 작성하기도 하였는데, 그 중의 하나가 신약성경 야고보서의 저자이기도 합니다. 야고보는 특별히 예수님을 따르고 그의 관심과 사랑을 받았습니다. 부활하신 예수님은 야고보에게도 친히 나타나셔서 그의 사랑을 보여 주셨습니다. 이것이 J의 사랑입니다.

11) 부활 후 40일 만에 감람산에서 승천하시면서 나타나심(막 16:19-20, 눅 24:44-53, 행 1:1-11)

예수님께서 부활 후 제자들과 예수님을 못 잊어하는 연인들과 오백 명의 형제들과 40일 동안 나타나셔서 만나고 승천해야 할 시간이 임박합니다.

사도행전 1장 8절에서는 "오직 성령이 너희에게 임하시면 너희가 권능을 받고 예루살렘과 온 유대와 사마리아와 땅 끝까지 이르러 내 증인이 되리라."고 말씀하십니다.

예수님은 승천하시기 전에 앞으로 제자들이 감당해야 할 사명이 무엇인지를 다시 가르쳐 주셨습니다. 그것은 온 천하에 다니며 만민에게 복음을 전하라는 것이었습니다. 가서 모든 족속으로 제자를 삼아 아버지와 아들과 성령의 이름으로 세례를 주고 분부한 모든 것을 가르쳐 지키게 하라는 것입니다(마 28:19-20, 막 16:15). 또한 그 사명을 감당하기 위해서 반드시 예루살렘을 떠나지 말고 약속하신 성령을 받으라고 당부하셨습니다(행 1:4-5, 요 20:22, 눅 24:49).

그리고 승천하실 때의 모습 그대로 다시 오실 것을 약속하십니다. 이것이 J의 사랑입니다.

부활하신 예수님께서 40일 동안 하신 일을 요약해보면 다음과 같습니다.

첫째, 부활을 확인시켜 주셨습니다.

예수님은 평소에 부활을 말씀하셨고, 마지막 십자가를 지러 예루살렘으로 올라 가시면서까지 장사한 지 3일 만에 살아나실 것을 말씀하셨습니다(마 16:21, 17:23, 20:19). 그런데도 믿지 못하는 제자들 앞에 예수님께서는 직접 나타나 자신을 보여 주시면서 영혼육의 완전 부활을 증명하기 위해 음식을 잡수시기도 하셨습니다(눅 24:38-39, 막 16:14, 마 28:17). 그리고 못 박힌 손과 창에 찔린 옆구리를 만져 보라고 하시면서 보지 못하고 믿는 자가 더 복되다고 말씀하셨습니다(요 20:27-29).

둘째, 말씀을 가르치셨습니다.

예수님은 실의에 빠져 엠마오로 내려가는 제자들을 찾아가 말씀을 가르치셨습니다. 예수님의 오심과 사심 그리고 가심이 결국 성경에 말씀한 대로 이루어진 것임을 자세히 풀어 가르치실 때 그들의 눈이 밝아 예수님을 알아보게 되었습니다. 그리고 그들은 절망의 발걸음을 돌이켜 예루살렘으로 거슬러 올라가 부활의 참된 증거자가 되었습니다(눅 24:13-35).

셋째, 평강을 주셨습니다.

예수님이 부활하신 후 한결같이 축복하신 것이 있는데 그것은 바로 '평강'이었습니다(눅 24:36, 요 20:19-29). 예수님께서 주신 평강은 세상이 줄 수 없는 평강이며 (요 14:27), 최고의 축복입니다. 사도 바울도 그것을 믿었기 때문에 성도들에게 편지를 보낼 때마다 항상 평강을 축원했던 것입니다. 우리도 하나님의 평강을 받을 때 두려움을 이기고, 의심의 마음을 이길 수 있습니다.

넷째, 사명을 감당하도록 성령을 받으라고 하셨습니다.

예수님은 앞으로 제자들이 감당해야 할 사명이 무엇인지를 다시 가르쳐 주셨습니다. 그것은 온 천하에 다니며 만민에게 복음을 전하는 것이었습니다. 가서 모든 족속으로 제자를 삼아 아버지와 아들과 성령의 이름으로 세례를 주고 분부한 모든 것을 가르쳐 지키라는 것입니다(마 28:19-20, 막 16:15) 또한 그 사명을 감당하기 위해서 반드시 예루살렘을 떠나지 말고 약속하신 성령을 받으라고 당부하셨습니다(행 1:4-5, 요 20:22, 눅 24:49).

예수님은 부활하셔서 40일 동안 이 땅에 더 머물러 계시면서 하나님 나라를 위하여 쉼 없이 일하셨습니다. 부활하신 예수님은 실의에 빠져 있는 제자들을 말씀으로 위로하시고, 부활을 확인시켜 주셨습니다. 식사를 제공하시 고, 평강을 주셨으며, 마지막 사랑을 그들에게 베풀어 주셨습니다. 그리고 승천하시면서 보혜사 성령을 약속하십니다. 부활하신 예수님은 이제 하늘에 오르사 하나님 우편에 앉으셔서 우리를 위해 중보하시고 우리의 대변인이 되어 주실 것이며 이 땅에는 예수님의 영인 보혜사 성령을 보내 주신다고 하십니다. 부활하신 예수님은 제자들을 끝까지 사랑하신 것입니다. 이것이 J의 사랑입니다.

보혜사 성령을
약속하심 (요 14:16-18)

요한복음 14장 16절부터 18에서 "내가 아버지께 구하겠으니 그가 또 다른 보혜사를 너희에게 주사 영원토록 너희와 함께 있게 하시리니 그는 진리의 영이라 세상은 능히 그를 보지 못하나니 이는 그를 보지도 못하고 알지도 못함이라. 그러나 너희는 그를 아나니 그는 너희와 함께 거하심이요 또 너희 속에 계시겠음이라. 내가 너희를 고아와 같이 버려두지 아니하고 너희에게로 오리라."고 말씀하십니다.

예수님은 아버지께 구하여 다른 보혜사 곧 성령을 보내시겠다고 합니다.

보혜사(파라클레토스)는 '돕기 위하여 부름을 받은 자'라는 의미입니다. 보혜사는 '협조자', '위로 자', '돕는 자', '상담자'의 뜻이 함께 있습니다.

예수님은 제자들에게 보혜사 성령을 보내 주사 영원토록 함께하신다고 합니다.

예수님은 떠나가시지만(승천) 제자들을 고아와 같이 버려두지 아니하시고 보혜사 성령으로 다시 오시겠다는 약속을 하고 있는 것입니다. 예수님께서는 제자들을 위해서 예수님이 떠난 후에 제자들에게 임하도록 보혜사 성령을 하나님 아버지께 간구하셨습니다. 하나님 아버지께 구하시겠다고 하신 말씀을 볼 때 보혜사 성령님은 하나님 아버지께서 보내 주시는 인격적인 삼위일체의 하나님이심을 알 수 있습니다. 이것이 J의 사랑입니다.

1) 신약성경에 나타나신 성령님

신약성경에 나타나신 성령님을 알아보겠습니다.

예수님께서는 아버지께서 보내신 다른 보혜사라고 성령님을 소개하셨습니다.

요한복음 14장 16절부터 18절 말씀은 예수님이 세상을 떠나실 때 마지막으로 남긴 말씀입니다. 예수님께서 떠나시므로 근심이 가득 찼을 때 예수님께서 그 위로의 말씀으로 하신 말씀 중에 내가 아버지께 구하겠으니 또 다른 보혜사를 보내 주겠다고 말씀하십니다. 그 말씀의 뜻은 나는 처음 보혜사인데 또 다른 보혜사를 너에게 보내 주겠다는 뜻입니다. 절대로 너희를 고아와 같이 버려두지 않고 내가 다른 보혜사를 통해서 너에게 다시 오겠다는 약속 입니다. 그리고 그 다른 보혜사는 너희와 함께 거하시고 너희 속에 계실 것이라고 말씀하십니다.

예수님께서 다른 보혜사라고 말할 때 헬라어로는 다르다는 뜻을 지닌 두 개의 다른 단어가 쓰입니다. 하나는 '알로스'라는 말이고 하나는 '헤테로스'라는 말인데 예수님께서 다른 보혜사라고 말씀하실 때 '알로스 파라클레토스'라고 하셨습니다. 둘 중에 하나를 '알로스'라고 말합니다. 우리는 다른 보혜사인 영, 다른 보혜사를 보내므로 잘 모릅니다. 하지만 알로스 파라클레토스를 보내셨으니 알로스는 "나와 똑같은 분이다."라는 뜻입니다. 그러므로 예수님은 보혜사 성령을 통해서 나타나시는 것입니다. 보혜사라는 말은 영어로는 카운슬러(상담자)이고 헬라어로는 파라클레토스인데 그 의미는 하나님께로부터 보내심을 받아 우리를 돕기 위해서 항상 함께 계신다는 뜻입니다.

보혜사 성령님의 역할은 제일 먼저 돕는 사역이고, 우리를 도와주셔서 봉사와 전도의 능력을 갖게 하시는 것입니다. 그 다음이 교사, 즉 가르치는 역사를 하시고, 깨닫게 하시며, 위로자로서 기쁨, 평안, 용기를 주고 위로해 주시는 역사를 하십니다. 그 다음에는 대언자, 우리를 대신해서 하나님께 간절히 기도해 주는 중보자로 일하시고, 상담자, 문제 해결을 위한 지혜를 주시기도 합니다. 그러므로 보혜사가 오셔서 우리가 보혜사에게 의지하면 도와주시고 가르쳐 주시며 위로해 주십니다. 그리고 기도해 주시고 우리에게 상담해 주시는 것입니다. 이 보혜사 성령님은 인격적인 하나님인 것입니다. 보혜사 성령님은 지식과 감정과 의지를 가지고 있는 분입니다.

성경에는 보혜사 성령께서는 지식을 가지고 있다는 것을 고린도전서 2장 10절에서 "성령은 모든 것 곧 하나님의 깊은 것까지도 통달하시느니라."고 말씀하십니다. 에베소서 4장 30절에서는 "하나님의 성령을 근심하게 하지 말라."고 말씀하십니다. 감정이 있으니까 희로애락이 있는 것입니다. 근심하는 것은 감정이 있기 때문에 가능합니다. 그리고 의지가 있는 것에 대해서는 고린도전서 12장 11절에 "이 모든 일은 같은 한 성령이 행하사 그의 뜻대로 각 사람에게 나누어 주시는 것이니라.”고 말씀하십니다. 우리의 뜻대로가 아니라 성령님 뜻대로 하시는 것입니다.

신약성경에서는 보혜사 성령님을 여러 가지 비유로 말씀하십니다.

보혜사 성령님을 바람 같다고 표현했습니다.

요한복음 3장 8절에서 “바람이 임의로 불매 네가 그 소리는 들어도 어디서 와서 어디로 가는지 알지 못하나니 성령으로 난 사람도 다 그러하니라.”고 말씀하십니다. 성령을 헬라어로 ‘푸뉴마’라고 하는데 이는 바람을 뜻합니다.

또한 성령을 생수로 표현했습니다.

요한복음 7장 38절부터 39절에서 “나를 믿는 자는 성경에 이름과 같이 그 배에서 생수의 강이 흘러나오리라 하시니 이는 그를 믿는 자들이 받을 성령을 가리켜 말씀하신 것이라.”고 말씀하십니다.

성령은 우리에게 오셔서 우리의 답답한 마음, 복잡한 마음, 어두운 마음을 시원하게 만들어 주시는 역할을 하기 때문에 생수로 비유한 것입니다.

성령을 또 비둘기 같다고 표현했습니다.

요한복음 1장 32절에서 “요한이 또 증언하여 이르되 내가 보매 성령이 비둘기 같이 하늘로부터 내려와서 그의 위에 머물렀더라.”고 말씀하십니다.

비둘기의 이미지는 부드럽고 온유합니다. 성령이 오시면 마음속에 부드러움을 갖다 주는 것입니다. 이해와 동정과 사랑을 갖다 주는 것입니다. 그렇기 때문에 성령을 비둘기로 표시한 것입니다.

또 마태복음 3장 11절에는 불로 표현했습니다. “그는 성령과 불로 너희에게 침례를 베푸실 것이요."라고 말씀하십니다.

성령의 불은 죄와 마귀와 세상을 태워서 깨끗하게 만듭니다. 불로 태워서 우리 마음을 정결하게 하시고 성령의 불이 와서 우리를 새사람으로 만들어 주는 것입니다. 누구든지 그리스도 안에 있으면 새로운 피조물이라 이전 것은 지나갔으니 보라 새것이 되었도다. 성령의 불이 와서 우리를 새롭게 만들어 주는 것입니다.

그 다음에는 성령을 기름 부으심으로 표현했습니다.

요한일서 2장 27절에 "너희는 주께 받은바 기름 부음이 너희 안에 거하나니 아무도 너희를 가르칠 필요가 없고 오직 그의 기름 부음이 모든 것을 너희에게 가르치며."라고 말씀하십니다.

하나님께서는 중요한 선택을 하실 때 기름을 부어서 선택을 하십니다. 보통 사람에게도 기름 부어서 왕으로 만드시고 또 기름 부어서 선지자로 만드시고 하나님이 특별히 사용하는 사람은 기름을 부어서 선택하는 것입니다. 성령이 기름 부으셨다는 것은 하나님의 택하심을 말하는 것입니다.

그러므로 성령이 인격이심으로 거역하지 말고 소멸하지 말며, 슬프게 하지 말며, 훼방하지 말아야 합니다. 성령을 거역하고, 성령의 음성이 들리는데 이를 반대하면 성령이 소멸하는 것입니다.

마태복음 12장 31절부터 32절에서 "내가 너희에게 이르노니 사람에 대한 모든 죄와 모독은 사하심을 얻되 성령을 모독하는 것은 사하심을 얻지 못하겠고 또 누구든지 말로 인자를 거역하면 사하심을 얻되 누구든지 말로 성령을 거역하면 이 세상과 오는 세상에서도 사하심을 얻지 못하리라."고 강하게 말씀하십니다.

여기서 예수님께서 부탁하신 것이 성령을 모독하지 말라, 그리고 성령을 거역하지 말라, 이 세상에 사함을 받지 못하면 영원히 사함 못 받는 고통을 당할 수도 있다는 것입니다. 그렇기 때문에 우리는 성령님과 좋은 관계를 맺도록 노력을 해야 되는 것입니다.

2) 성령님이 하시는 일

우리는 성령님이 하시는 일이 무엇인지 알아야 합니다.

첫째, 성령이 하시는 가장 주된 일은 회개시키는 일입니다.

우리가 아무리 회개하려고 해도 마음이 움직이지 아니하면 회개가 안 됩니다. 그러나 마음이 성령으로 역사하면 회개가 됩니다.

요한복음 16장 8절부터 11절에서 "그가 와서 죄에 대하여, 의에 대하여, 심판에 대하여 세상을 책망하시리라. 죄에 대하여라 함은 그들이 나를 믿지 아니함이요 의에 대하여라 함은 내가 아버지께로 가니 너희가 다시 나를 보지 못함이요 심판에 대하여라 함은 이 세상 임금이 심판을 받았음이라."고 말씀하십니다.

성령이 오시면 회개를 시키고 깨닫게 하는데 죄에 대하여, 의에 대하여, 심판에 대하여 성령께서 꾸짖을 것이라는 것입니다.

둘째, 성령이 우리에게 깨닫게 하는 것은 이 세상 임금이 심판받았다는 것입니다. 마귀가 이미 심판을 받았습니다. 마귀는 예수님이 죽으셨다 부활하심으로 말미암아 모든 마귀의 능력을 빼앗겼습니다. 죄를 짓게 하는 능력, 우리에게 더러운 생활을 하는 나쁜 습관을 묶는 능력, 병들게 하는 능력, 저주와 가난에 허덕이게 하는 능력, 사망과 음부로 끌고 내려가는 그 능력을 마귀는 다 잃어 버렸습니다. 예수님이 십자가에서 빼앗아 버린 것입니다. 그래서 우리의 모든 저주는 예수님이 이미 다 청산해 버린 것입니다.

셋째, 가장 위대한 성령의 역사는 예수님에 대한 증거입니다.

예수님과 성령님은 다른 보혜사이지만 똑같은 예수님이기 때문에 오셔서 예수님을 드러냅니다. 성령님은 "내가 성령이다." 그렇게 말씀하지 아니하시고 항상 예수님을 깨닫게 하시고 나타나게 하시는 것입니다.

요한복음 15장 26절에서 "내가 아버지께로부터 너희에게 보낼 보혜사 곧 아버지께로부터 나오시는 진리의 성령이 오실 때에 그가 나를 증언하실 것이요."라고 예수님께서 말씀하셨습니다.

성령은 우리를 증거하는 것이 아니라 예수님을 증거하는 것입니다.

넷째, 성령께서는 우리에게 하나님이 우리를 위해서 예비해 놓은 것을 깨닫게 해주시는 것입니다.

고린도전서 2장 9절부터 10절에서 "하나님이 자기를 사랑하는 자들을 위하여 예비하신 모든 것은 눈으로 보지 못하고 귀로 듣지 못하고 사람의 마음으로 생각하지도 못하였다 함과 같으니라. 오직 하나님이 성령으로 이것을 우리에게 보이셨으니 성령은 모든 것 곧 하나님의 깊은 것까지도 통달하시느니라."고 말씀하십니다.

여러분 하나님은 우리를 위해서 예비한 것이 얼마나 많습니까? 예수 그리스도 안에서 십자가를 통해서 예비해 놓은 것이 용서와 성결과 치료와 축복과 영생복락도 예비해 놓은 것입니다. 거기에 더해서 주님께서 성경에 창세기부터 계시록까지 얼마나 많은 은혜를 예비해 놓으셨습니까? 그러나 읽어도 무슨 말인지 알지 못하면 소용이 없습니다. 성령님이 오시면 하나님이 예비하신 진리를 깨닫게 만들어 주시는 것입니다.

다섯째, 성령님이 우리에게 오시면 하나님의 은사를 주십니다.

성령님은 우리에게 각양의 은사를 주시는데 가장 처음 주시는 것은 아홉 가지 성령의 은사입니다. 지혜의 말씀의 은사, 지식의 말씀의 은사, 영분별의 은사, 방언 은사, 방언 통역, 예언의 은사, 능력의 은사, 신유의 은사, 기적의 은사를 주셔서 우리 가운데 그때그때 필요할 때마다 그 사람을 통해서 말씀이 임하여서 역사가 일어나는 것입니다.

그러므로 하나님의 성령의 은사를 주어서 하늘나라 역사가 일어나게 해달라고 우리가 늘 간구해야 될 것입니다. 그리고 성령의 열매는 사랑과 희락과 화평과 오래 참음과 자비와 양선과 충성과 온유와 절제입니다. 이 은사는 우리 사람 힘으로 흉내 내지 못합니다. 성령이 오셔서 우리 마음속에 열매를 맺게 해주셔야 되는 것입니다. 그러므로 성령께서 오셔서 우리와 같이 계시면 우리에게 이러한 인격적인 변화가 일어납니다.

3) 성령님의 체험

성령님의 체험에 대해서 알아보겠습니다.

첫째, 성령은 중생의 영으로서 우리에게 와서 우리가 체험하는 것입니다.

밤에 어두운데 니고데모라는 바리새인 선생이 예수님을 찾아왔습니다. 니고데모가 "예수님, 하나님이 계시지 아니하시면 당신이 하는 일을 아무도 할 수가 없습니다." 이렇게 말을 하니까 예수님이 두말하지 아니하시고 "사람이 거듭나지 아니하면 하늘나라를 볼 수 없느니라." 고 말씀하십니다. 니고데모가 깜짝 놀랐습니다. "아니 어떻게 사람이 거듭날 수 있습니까? 나같이 늙은 사람이 어머니 뱃속에 들어갔다 다시 나올 수 있습니까?"라고 묻습니다.

예수님께서는 사람이 물과 성령으로 거듭나지 아니하면 하늘나라를 볼 수 없으며, 물이란 회개를 말하고 회개하면 성령이 와서 역사해서 새로 변화된다는 것입니다. 그래서 예수님을 구주로 모신다는 것입니다.

성령께서 우리에게 그것을 깨닫게 해주셨으며 그것을 믿음으로 말미암아 성령이 우리 속에 들어오셨습니다. 이제는 성령이 우리를 성전삼고 들어와 계신 것입니다. 이것을 중생의 체험이라고 말합니다. 거듭남의 체험인 것입니다.

둘째, 성령님의 체험은 성령 세례의 체험, 성령 충만의 체험입니다.

제자들이 마가의 다락방에서 합심으로 기도할 때 오순절 날이 이르매 성령이 임하시므로 각 사람 머리에 불의 혀같이 갈라지는 것 같더니 성령의 충만함을 받았습니다. 제자들은 성령이 말하게 하심을 따라 다른 방언으로 말하기 시작하였습니다. 성령이 충만해지면 그 증거로 다른 방언을 말하기 시작하는 것입니다. 바람같이 와 계시지만 성령이 충만한 것은 그 표적으로 방언을 말하게 되는 것입니다.

구약시대는 성부 하나님 시대요, 신약 33년은 성자 예수님의 시대요, 그 다음 오순절 이후에 교회 시대는 성령님의 시대입니다. 구약시대 동안은 아버지가 정면에 나서고 예수님과 성령은 뒤에서 역사하셨습니다. 신약 33년 성자 예수님이 정면에 나오고 성부와 성령은 예수님을 도와서 역사하셨습니다.

오순절 이후에는 성령님이 우리 가운데 와서 역사하시고 성부와 성자는 성령 배후에서 역사하고 계십니다. 그렇기 때문에 성령을 모르고는 교회시대에 올바른 신앙을 할 수가 없습니다. 성부도 성자도 우리는 성령을 통해서 알 수 있는 것입니다. 성령을 통해서 예배하고 믿을 수 있습니다. 그렇기 때문에 성령을 인정하고 환영하고 모셔드리고 의지하고 충만해야 합니다.

이것이 삼위일체 하나님의 사랑이요, 이것이 J의 사랑입니다.

하나님 우편에서
지금도 우리를 위해서 중보하심(딤 2:5)

중보자란 "대립관계에 있는 사이에서 화해와 일치를 얻게 하는 자"라는 뜻입니다.

거듭나지 않은 인간이 영이신 하나님께 나아가 그분과 교제하는 것은 불가능합니다. 왜냐하면 죄성을 지닌 인간과 완전하신 하나님 사이에는 어떠한 연결 고리도 존재하지 않기 때문입니다. 그렇기에 인간이 하나님과 관계를 맺고 그분과 교제하기 위해서는 둘 사이를 연결해 주는 중보자가 필요한데, 바로 하나님의 아들이신 예수 그리스도이십니다. 디모데전서 2장 5절에서 "하나님은 한 분이시요, 하나님과 사람 사이에 중보자도 한 분이시니, 곧 사람이신 그리스도 예수시라."고 말씀하십니다. 하나님과 사람 사이를 연결해 주시는 중보자이신 예수 그리스도께서는 완전한 하나님과 완전한 사람으로서 중보자의 역할을 담당하고 계십니다.

우리를 위해 중보하시는 예수 그리스도께서는 우리와 동일한 시험을 받으셨기에 우리의 연약함을 동정하실 수 있습니다. 히브리서 4장

15절에서 "이는 우리의 대제사장은 우리의 연약함을 동정할 수 없는 분이 아니요, 모든 점에서 우리와 마찬가지로 시험을 받으셨지만 죄는 없으신 분이기 때문이라."고 말씀하십니다. 예수님은 지금 하나님의 보좌 우편에 앉으셔서 연약한 우리를 위해 중보하십니다(롬 8:34). 우리가 육신을 입고 있어 약하고 부족하다는 것을 아시기에 우리의 기도가 아버지 하나님께 잘 상달되도록 친히 돕고 계시는 것입니다. 그러므로 우리는 중보자이신 예수 그리스도를 의지하여 은혜의 보좌로 담대히 나아가 하나님의 은혜를 충만히 받을 수 있는 것입니다. 우리가 누릴 수 있는 기도의 특권을 중보자이신 예수 그리스도를 의지해 충만히 누릴 수 있습니다. 히브리서 4장 16절에 "그러므로 우리가 은혜의 보좌로 담대히 나아가자. 이는 우리가 자비를 얻고 필요한 때에 도우시는 은혜를 발견하기 위함이라."고 말씀하십니다.

지금도 우리를 위하여 하나님의 보좌 오른편에 앉으셔서 연약한 우리를 위해 중보하시는 예수님의 사랑, 이것이 J의 사랑입니다.

◆ 대언자 되신 예수 그리스도

우리와 같은 인간이 되셔서 우리와 같은 환경에 처하셨으며, 우리와 같이 유혹과 시험을 받으신 예수 그리스도야말로 하나님과 우리 사이에 서서 우리를 위하여 중보하실 수 있는 분이시며, 우리를 돕는 방법을 아시는 분이십니다. 요한일서 2장 1절에서 "나의 자녀들아 내가 이것을 너희에게 씀은 너희로 죄를 범치 않게 하려 함이라. 만일 누가 죄를 범하면 아버지 앞에서 우리에게 대언자가 있으니 곧 의로우신 예수 그리스도시라."고 말씀하십니다.

대언자라는 뜻은 대신하여 간구하고 말해 주는 사람이라는 뜻입니다. 이 말씀은 예수 그리스도의 피를 가지고 하나님의 보좌 앞에 나아가 우리의 죄를 위하여 탄원하고 계신 그리스도의 모습을 묘사하고 있습니다. 예수님께서는 지금도 우리를 위하여 하나님 우편에서 우리를 중보하고 계시는 것입니다. 이것이 J의 사랑입니다.

◆ 조력자 예수 그리스도

성경은 예수님께서 우리를 돕는 분이시라고 말하고 있습니다.

히브리서 2장 18절에서 "자기가 시험을 받아 고난을 당하셨은즉 시험 받는 자들을 능히 도우시느니라."고 말씀하십니다.

예수님께서는 이 세상에 계실 때 인성을 갖고 생활하셨으므로, 인간의 연약성과 인간의 어려움과 슬픔과 시험과 유혹을 너무나 잘 이해하십니다. 예수님께서는 인간이 당하셨던 모든 시험과 고난을 당하셨으므로 우리 인간들을 어떻게 도와주실지를 잘 알고 계십니다. 죄를 지으려는 유혹을 받을 때, 사탄의 공격을 받아 곤경에 처할 때, 우리는 즉시 하늘에서 우리에게 능력을 주시기 위해 기다리고 계시는 예수님께 기도해야 합니다. 히브리서 4장 16절에서 "그러므로 우리가 긍휼하심을 받고 때를 따라 돕는 은혜를 얻기 위하여 은혜의 보좌 앞에 담대히 나아갈 것이니라."고 말씀하십니다.

예수님은 우리를 돕는 조력자이십니다. 그분은 우리의 확실한 상담자이십니다. 우리가 무지함으로 실족할 때 예수님께서는 우리를 버리지 않으십니다. 우리는 홀로 있다고 결코 생각할 필요가 없습니다. 우리는 스스로 낙심하고 실망할 필요가 없습니다. 그리스도 안에서라면 우리에게는 희망이 있습니다. 인성을 취하신, 중보자 되신 예수님께서는 인간의 고통을 어떻게 조력하실지 알고 계시기 때문입니다. 이것이 J의 사랑입니다.

◆ 기도의 필요성

중보자 되신 예수께서는 쉬지 않고 하나님의 보좌 앞에서 우리를 위하여 간구하고 계십니다. 예수께서는 내 이름으로 무엇이든지 아버지께 구하라고 말씀하셨습니다. 그러나 우리는 우리의 죄의 용서와 때를 따라 얻는 은혜를 얻기 위하여 매 순간 예수님께 나가지 않으면 도움을 얻을 수 없습니다. 우리는 기도를 등한시 할 때가 있습니다. 예수님께서는 지상에 계실 때 땀방울이 핏방울이 되도록 하나님께 기도하셨고, 사람들 사이에 거하실 때에도 자주 기도하셨습니다. 예수님의 인성은 그에게 기도가 필요하게 하고 기도가 특권이 되게 하였습니다.

예수님은 당신의 아버지와 교통하는 가운데서 위안과 기쁨을 얻었습니다. 인류의 구주이시고 하나님의 아들이신 예수님도 기도의 필요성을 느끼셨다면 우리들도 더욱 열심히 기도할 필요가 있는 것입니다. 하나님의 아들이시며, 신성을 겸하여 가지셨던 예수님께서 이 땅에 계셨을 때, '새벽 미명'에 기도하셨다면, 우리도 새벽에 열심히 기도해야 하는 것입니다.

기도를 방해하는 것은 사탄의 가장 성공적인 계책이 되는 것입니다. 기도는 지혜의 샘이요, 능력의 원천이요, 하나님과의 교제의 수단입니다. 하나님께서는 그의 풍성한 축복을 우리에게 부어 주시려고 기다리십니다.

끊임없는 기도와 늘 깨어 있음이 없이는, 우리는 죄의 길로 들어갈 위험성이 있게 됩니다. 사탄 마귀는 우리가 간구와 기도로 시험을 이길 만한 능력을 얻지 못하도록 하기 위하여 은혜의 보좌로 가는 길을 막으려고 끊임없이 애를 쓰고 있습니다.

우리는 끊임없는 기도로 우리의 마음이 하나님의 보좌에 상달되도록 해야 하며, 그리하여 예수님께서 우리의 기도를 하나님께 중보하실 수 있도록 해야 합니다. 우리는 매 순간 기도하며, 주님을 내 안에 모시고 살면 시험을 당할지라도 이길 수 있으며, 예수님께서 은혜의 보좌로부터 능력을 받아 모든 시험을 이기도록 해주십니다. 우리를 위해 간구하고 계시는 중보자 예수 그리스도의 은혜입니다. 이것이 J 의 사랑입니다.

다시 오실 것을
약속하심

우리는 예수님의 승천의 의미를 알아야 합니다. 그리고 천사들이 전하여 준 주님이 다시 오신다는 약속의 말씀을 믿고 주님 만날 준비를 하여야 할 것입니다. 여기서는 승천하신 주님은 지금 무슨 일을 하고 계시며 언제 다시 오시며 주님 다시 오실 때 까지 우리는 무엇을 해야 하는지 알아보도록 하겠습니다.

1) 승천하신 예수님

예수님은 "아버지의 약속하신 것을 기다리라."(행 1:4)고 하셨고, "땅 끝까지 이르러 내 증인이 되리라."(행 1:8)고 말씀하시고 승천하셨습니다. 그리고 요한복음 14장 18절에서 "내가 너희를 고아와 같이 버려두지 아니하고 너희에게로 오리라."고 말씀하십니다. 예수님은 승천하셔서 하늘에 계시지만 동시에 성령으로 다시 오셔서 우리 안에 계시겠다는 것입니다.

승천하실 때 구름이 예수님을 가렸습니다. 이 구름은 물리적인 구름을 의미할 수도 있지만 성경에서는 하나님의 임재의 구름을 의미합니다 (대하 5:13-14, 단 7:13). 예수님이 나타나시는 곳에는 항상 영광과 권능과 위엄이 임하기 때문에 영광의 구름이 나타나게 되는 것입니다.

이제 예수님은 원래 계셨던 곳으로 올라가십니다(요 1:1-3).

요한복음 16장 28절에서 "내가 아버지께로 나와서 세상에 왔고 다시 세상을 떠나 아버지께로 가노라 하시니."라고 말씀하십니다. 예수님은 하늘 영광을 다 버리시고 이 세상에 오셨으며 이제 다시 그 원래의 자리로 올라가신 것입니다.

예수님께서 승천하신 것은 속죄의 완성을 위해서입니다. 십자가에서 죽으심으로 모든 인간들의 죄가 사해졌으나 성소의 원리에 의하여 예수님은 하늘 성소에 들어가서 아버지께 피를 보임으로써 인간의 죄 사함의 효력이 확실하게 발생하도록 하신 것입니다(히 6:19-20).

성경에는 휴거의 모형적인 사건이 여러 번 기록되어 있습니다(창 5:24, 왕하 2:11, 살전 4:16-17). 우리도 주님 다시 오시는 그날에 홀연히 부활하고 휴거하여 주님을 만나게 되고 주님의 형상으로 변화될 것입니다.

예수님은 지상의 일을 다 마치셨기에 승천하셨고(막 10:45, 행 10:38), 하나님 보좌 우편에 앉으셨습니다(히 7:25). 그리고 지금도 우리를 위하여 중보기도를 하고 계십니다(롬 8:34). 예수님의 중보기도가 요한복음 17장에 기록되어 있습니다.

예수님은 지금도 교회를 순찰하고 계시며(계 1:13, 2:1-3), 우리를 위하여 처소를 예비하고 계십니다(요 14:1-3). 그 처소는 새 하늘이요, 새 땅이요, 새 예루살렘입니다.

예수님은 승천하셔서 예수님은 회개하는 자들에게 성령을 부어 주시며(요 14:16, 눅 3:16-17), 인생을 감찰하시고(시 139:1-3, 막 2:8), 인류역사를 주관하고 계시며(계 6:1-3), 지금 하늘에 계시지만 성령을 통하여 우리 안에 계십니다. 그러므로 예수님은 이미 이 세상에 와 계시는 것입니다(갈 2:20, 살전 5:10).

예수님의 승천의 의미를 우리는 정확하게 알고 있어야 합니다. 예수님이 지금 어디 계신지 알아야 합니다. 내 안에 계시고 주님을 사모하는 모든 자들과 함께 하고 계십니다. 예수님의 승천은 오신 곳으로 다시 가신 것이요, 속죄의 완성이요, 하늘 보좌에 계시지만 동시에 교회를 순찰하시며, 성령으로 오셔서 우리와 함께 계심을 알 수 있습니다. 이것이 J의 사랑입니다.

2) 다시 오실 것을 약속하신 예수님

예수님께서 승천하실 때 제자들은 하늘을 자세히 쳐다보고 있었습니다. 제자들은 슬픔과 안타까움으로 주님을 붙들고 싶었을 것입니다. 제자들이 주님의 승천하시는 모습을 자세히 바라보았듯이 이제 우리는 주님이 다시 오시는 그 영광의 모습을 그리며 바라보아야 할 것입니다(계 1:7, 살전 4:16-17).

예수님은 올라가신 그대로 다시 오신다고 천사들이 증거하였습니다. 천사들이 증거하였다는 것은 반드시 예수님은 다시 오신다는 뜻입니다. 예수님의 재림은 무려 300번 이상 성경에 기록되어 있습니다(마 24:44, 계 22:7, 22:12, 22:20).

예수님은 언제 다시 오시는지 그날과 그 시는 아무도 알 수 없다고 하셨습니다(행 1:6-7, 막 13:32). 그러나 주님은 동시에 여러 가지 나타나는 일을 보고 그때를 분별하라고 하셨습니다(눅 17:26-30, 21:24-25, 마 24:32-33, 24:14).

종말의 징조입니다. 여러 가지로 나타나는 징조들이 인류의 종말을 예고하고 있습니다. 성경 말씀은 분명히 종말시대에 큰 전쟁들이 일어날 것을 예언하고 있습니다. 이상 기후와 배도와 온역 기근이 횡행한다고 말씀하고 있습니다(살전 5:1-10, 살후 2:1-4, 벧후 3:3-4, 3:8-13).

그러면 예수님은 왜 다시 오실까요?

첫째, 심판을 위함이요(마 13:36-43, 계 18:1-3, 16:1)

둘째, 구원을 위함이요(요 14:1-3, 계 7:14-17)

셋째, 우리가 신부이기 때문입니다(계 19:7-9).

예수님께서 재림하는 모습은 이렇습니다.

오시기 전에 여러 가지 징조들이 일어나고, 천군 천사와 함께 호령을 하시면서 천지개벽과 함께 오십니다. 백말을 타고 마지막 나팔 소리와 함께 큰 영광과 능력으로 오십니다.

마태복음 24장 29절부터 31절에서 "그날 환난 후에 즉시 해가 어두워지며 달이 빛을 내지 아니하며 별들이 하늘에서 떨어지며 하늘의 권능들이 흔들리리라. 그때에 인자의 징조가 하늘에서 보이겠고 그때에 땅의 모든 족속들이 통곡하며 그들이 인자가 구름을 타고 능력과 큰 영광으로 오는 것을 보리라. 저가 큰 나팔 소리와 함께 천사들을 보내리니 저희가 그 택하신 자들을 하늘 이 끝에서 저 끝까지 사방에서 모으리라."고 말씀하십니다(고전 15:51-52, 계 19:11-16).

예수님께서 다시 오시면 우리는 어떻게 될까요?

먼저 우리는 휴거되어 공중에서 예수님을 만나게 되며(살전 4:16-17), 세상은 심판을 받게 되고(계 19:15-16), 적그리스도와 거짓선지자는 지옥 불에 던져지게 됩니다.(계 19:19-20) 마귀는 천년 동안 무저갱에 갇히게 되고(계 20:1-3), 예수님께서는 이 세상에 천년왕국을 세우고(계 20:4-5, 합 2:14, 사 35:5), 새 예루살렘에서 왕이 되십니다(슥 14:16-17, 사 2:2-4, 25:6-8).

우리는 주님과 함께 천년 동안 세상을 다스리게 되고(계 20:4), 마귀는 천년 후에 잠시 풀려나 세상을 미혹하여 주님을 대적하지만 영원히 심판을 받아 지옥 불에 던져집니다(계 20:7-10). 천년왕국 후에 최후의 심판이 있습니다(계 20:11-15). 그래서 새 하늘과 새 땅이 창조됩니다(사 65:17-18, 계 21:1-4).

예수님은 반드시 다시 오십니다. 예수님이 천사를 통하여 약속하신 말씀입니다. 그러므로 우리는 깨어서 기도하며 다시 오시는 예수님 만날 준비를 해야 합니다. 예수님께서 다시 오셔서 세상에는 심판을 내리시고, 믿는 우리에게는 승리와 큰 기쁨을 주실 것입니다. 이것이 J의 사랑입니다.

Chapter 05

사랑의 사도
요한이 증거하는
J의 사랑

사도 요한의 이름의 뜻은 '여호와께서 사랑하시는 자'이며 그의 별명은 우뢰의 아들이었습니다. 그는 갈릴리 바닷가에서 고기를 잡을 때 예수님의 제자로 부르심을 받았습니다(마 4:21-22). 초기에는 예수님의 사역에 대해 오해하여 예수님이 왕으로 오르실 때 높은 자리를 달라고 간청하기도 했습니다(막 10:35-37).

사도 요한은 예수님의 사랑을 가장 많이 받은 제자로(요 13:23) 예수님이 가시는 중요한 자리에는 항상 동행했으며 십자가 밑에까지 가서 예수님의 죽으심을 목격한 유일한 제자였습니다(요 19:26). 그는 예수님의 어머니 마리아를 모시라는 예수님의 유언대로 마리아를 자기 어머니로 모셨습니다(요19:26-27). 그는 예수님의 부활을 목격한 후 베드로와 함께 복음을 전하였습니다. 베드로와 함께 기도하러 성전에 올라가다가 앉은뱅이를 예수의 이름으로 고쳐 주기도 했으며(행 3:1-10) 산헤드린에서 심문받을 때도 담대하게 복음을 변호하였습니다(행 4:5-22). 초대교회에서 중요한 사도의 역할을 수행했으며(행 8:14) 교회가 핍박받을 때 예루살렘에 머물러 있었습니다.

요한은 '우뢰의 아들'이란 별명을 들을 만큼 성격이 급한 사람이었지만(눅 9:54), 그의 이름처럼 '사랑'을 강조하며(요일 4:7) 살아간 사랑의 사도였습니다. 처음에는 세례 요한의 제자였으나, 어느 날 "세상 죄를 지고 가는 하나님의 어린 양을 보라."(요 1:29) 하는 세례 요한의 증거를 듣고 비로소 예수를 믿고 따르게 되었습니다. '하나님의 어린 양'이라는 말씀은 참으로 그가 가장 사랑하고 사모하는 이름이 되었습니다.

그러므로 그의 저서 요한계시록에는 이 이름을 20여 회나 쓰였습니다.

한때 자기를 대접하지 않는 사람들에게 멸망이 임하기를 원했던 요한은, 이제 오순절에 임하신 보혜사 성령을 받아 변화되어 사랑의 사도가 되었습니다. 오순절에 임한 성령의 불세례로 진정한 그리스도인이 된 후, 그의 심령은 성결하여졌습니다. 후에 증거하기를 "이 세상이나 세상에 있는 것들을 사랑치 말라."(요일 2:15)고 하였습니다. 그는 분명히 '육신의 정욕, 안목의 정욕, 이생의 자랑' 등을 다 십자가에 못 박아 버렸고, 그의 마음에는 오직 주를 사랑하는 거룩한 사랑 이외에 아무것도 없었습니다. 그의 저서 요한일서를 보면 그 주제가 사랑인 것을 알 수 있습니다. 요한일서에는 사랑을 60여 회나 기록하고 있습니다. 그의 말이 사랑이요, 마음이 사랑이요, 행동이 사랑인 것을 알 수 있습니다. 그의 전 인격이 사랑으로 변화된 것입니다.

그는 요한일서 4장 7절부터 8절에서 "사랑하는 자들아 우리가 서로 사랑하자 사랑은 하나님께 속한 것이니 사랑하는 자마다 하나님께로 나서 하나님을 알고 사랑하지 아니하는 자는 하나님을 알지 못하나니 이는 하나님은 사랑이심이라."고 말씀하십니다. 그는 그리스도 안에서 발견한 사랑을 확실히 체험하였습니다(요 13:34). 그는 또 요한복음 3장 16절에서 "하나님이 세상을 이처럼 사랑하사 독생자를 주셨으니 이는 저를 믿는 자마다 멸망치 않고 영생을 얻게 하려 하심이라."고 말씀하십니다. 요한복음 3장 16절은 참으로 많은 사람들을 구원으로 인도한 말씀입니다.

제5장에서는 사랑의 사도 요한이 쓴 저서들, 요한복음, 요한일서, 요한계시록에서 예수님에 대한 그의 사랑이 어떻게 나타나고 있으며, 예수님께서는 그의 사랑을 어떻게 실행하셨는지 알아보겠습니다.

요한복음

요한복음은 일명 사랑의 전도서라 불릴 만큼 하나님의 사랑과 그의 독생자 예수의 인류에 대한 사랑으로 가득 차 있습니다. 성경전체의 핵심은 요한복음 3장 16절입니다. "하나님이 세상을 이처럼 사랑하사 독생자를 주셨으니 이는 저를 믿는 자마다 멸망치 않고 영생을 얻게 하려 하심이라."고 말씀하십니다.

요한복음은 하나님의 아들로 오신 예수님의 신성을 중점적으로 설명하고 있습니다. 하나님을 아버지로 소개하면서 예수님이 하나님의 아들이심을 보여 줍니다.

요한복음 1장 18절에서 "본래 하나님을 본 사람이 없으되 아버지 품 속에 있는 독생하신 하나님이 나타내셨느니라."고 말씀하십니다. 예수님께서는 여러 차례 하나님을 '아바 아버지'라고 부르십니다. '아바'는 아람어로 '아빠'라는 뜻입니다. 동시에 예수님은 우리에게 하나님이 우리 아버지이심을 소개하십니다.

요한복음 14장 6절에서 "예수께서 이르시되 내가 곧 길이요 진리요 생명이니 나로 말미암지 않고는 아버지께로 올 자가 없느니라."라고 말씀하십니다. 이 말씀은 '하나님은 나의 아버지이시며 동시에 너희의 아버지이시다. 나는 너희 모두가 내 아버지요 너희의 아버지이신 그분을 깊이 만나기를 원한다. 내가 바로 그 아버지를 만나는 길이다.'라는 뜻입니다.

요한복음은 하나님을 무서운 심판자나 왕으로 소개하기보다는 우리를 가장 잘 이해하시고, 우리의 모든 필요를 돌보시고, 우리를 아끼시며, 도우시고, 지지하시는 사랑의 아버지로 소개합니다. 그리고 독생자이신 예수님은 그 사랑을 실행하기 위해서 이 땅에 내려오신 것입니다. 이것이 J의 사랑입니다.

요한복음에서 예수님은 어떤 사랑을 실행하셨는지 살펴보도록 하겠습니다.

1) 하나님의 보내심을 받으심

요한복음에는 "보내심을 받았다."라는 뜻의 단어가 40번 이상 언급됩니다. 성부 하나님은 땅의 일을 위하여 성자를 보내기로, 성자는 이 제안에 응하기로, 성령은 그의 오심을 예비하기로 협의하셨습니다. 이렇게 예수님은 하나님의 사랑을 실행하시기 위해서 삼위일체 하나님의 협의로 이 땅에 보내심을 받은 것입니다.

예수님은 요한복음 5장 30절에서 "내가 아무것도 스스로 할 수 없노라. 듣는 대로 심판하노니 나는 나의 뜻대로 하려 하지 않고 나를 보내신 이의 뜻대로 하려 하므로 내 심판은 의로우니라."라고 말씀하십니다.

예수님은 하나님께서 보내셔서 이 땅에 오셨고, 오직 하나님이 보내신 그 일만 행하셨습니다. 그분의 모든 행동과 말씀은 스스로 결정한 게 아니라 먼저 아버지의 뜻을 듣고 순종하신 것입니다. 이는 하나님 아버지께서 사명을 주시고, 예수님을 이 세상에 보내셨기 때문입니다. 요한복음 8장 28절부터 29절에서 "내가 스스로 아무것도 하지 아니하고 오직 아버지께서 가르치신 대로 이런 것을 말하는 줄도 알리라. 나는 보내신 이가 나와 함께하시도다. 나는 항상 그가 기뻐하시는 일을 행하므로 나를 혼자 두지 아니하셨느니라."라고 말씀하셨습니다.

요한복음 17장 4절의 말씀은 이 모든 것의 결론입니다. "아버지께서 내게 하라고 주신 일을 내가 이루어 아버지를 이 세상에서 영화롭게 하였사오니."라고 하십니다. 예수님의 삶의 목표는 아버지를 이 세상에서 영화롭게 하는 것입니다. 또한 모든 사역의 초점은 '이 땅에 나를 보내신 아버지의 뜻을 이루는 것'입니다.

이와 같이 예수님은 하나님아버지의 사명을 받고 이 땅에 보내심을 받아 구원사역을 통하여 하나님 아버지의 사랑을 우리에게 실행해 보여 주셨습니다. 이것이 J의 사랑입니다.

2) 일곱 개의 표적을 보여 주심

요한복음에서는 예수께서 행하신 기적들을 설명할 때 '표적'이라고 표현합니다. 이 표적들은 예수님의 사랑의 표현으로 나타나는 구체적인 사건들을 말합니다. 요한복음에서 예수님이 행하신 대표적인 일곱 개의 표적을 살펴보겠습니다.

◆ 물로 포도주를 만드심(요 2:6-11)

　요한복음 2장 6절부터 11절에서 "거기 유대인의 결례를 따라 두세 통 드는 돌 항아리 여섯이 놓였는지라 예수께서 저희에게 이르시되 항아리에 물을 채우라 하신 즉 아구까지 채우니, 이제는 떠서 연회장에게 갖다 주라 하시매 갖다 주었더니, 연회장은 물로 된 포도주를 맛보고 어디서 났는지 알지 못하되 물 떠온 하인들은 알더라. 연회장이 신랑을 불러 말하되 사람마다 먼저 좋은 포도주를 내고 취한 후에 낮은 것을 내거늘 그대는 지금까지 좋은 포도주를 두었도다 하니라."고 말씀하십니다.

　예수님은 가장 기뻐해야 할 결혼식 잔치가 망가지는 것을 원치 않으셨습니다. 그래서 예수님은 다른 사람들이 모르게(제자들만 알 수 있도록) 은밀하게 포도주를 만들어 주셨습니다. 마침 그 곳에는 유대인의 정결 예식을 위해서 물을 두세 통 담을 수 있는 돌 항아리 여섯 개가 있었습니다. 예수님은 종들에게 그 항아리들에 물을 가득 채우라고 지시하셨습니다. 그리고 그 종들은 예수님의 지시대로 항아리에 물을 가득 채웠습니다. 물이 가득 찬 후에 예수님은 그 종들에게 다시 그 항아리에 있는 물을 떠서 연회장에게 갖다 주라고 하셨습니다. 연회장은 종들이 가져온 포도주가 어떤지 먼저 맛을 보았습니다. 그리고 그는 그 포도주가 매우 질이 좋은 포도주라는 것을 알았습니다. 예수님께서 만드신 포도주는 좋은 포도주였습니다.

　물로 포도주를 만드신 것은 예수님의 신성을 나타내신 첫 번째 표적이었습니다. 예수님은 이 표적을 통해서 자신이 하나님의 아들이신 메시아라는 사실을 제자들에게 알려 주셨습니다. 사도 요한은 자신이 이 책을 기록한 목적은 "예수님께서 하나님의 아들이심을 믿게 하기 위한 것"이라고 말했습니다(요 20:31).

요한복음 1장 14절에서 "말씀이 육신이 되어 우리 가운데 거하시매, 우리가 그 영광을 보니 아버지의 독생자의 영광이요 은혜와 진리가 충만하더라."고 말씀하십니다. 제자들은 예수님 곁에서 예수님께서 행하신 일들을 직접 목격했습니다. 그리고 그들은 그 표적을 통해서 예수님께서 하나님의 아들이라는 것을 알 수 있었습니다.

예수님께서는 하나님께서 보내 주시는 성령의 능력으로 표적을 실행하신 것입니다. 이것이 J의 사랑입니다.

◆ 왕의 신하의 아들을 고치심(요 4:46-54)

왕의 신하가 예수님께서 가나에 머무신다는 소식을 듣고 그를 찾아왔습니다. 갈릴리 지방을 다스리는 분봉왕의 신하로서 그에게 어느 정도 권세가 있었지만 아들이 병들어 거의 죽게 되매 예수님을 찾아온 것입니다.

요한복음 4장 46부터 47절에서 "예수께서 다시 갈릴리 가나에 이르시니 전에 물로 포도주를 만드신 곳이라. 왕의 신하가 있어 그 아들이 가버나움에서 병들었더니 그가 예수께서 유대로부터 갈릴리에 오심을 듣고 가서 청하되 내려오셔서 내 아들의 병을 고쳐 주소서 하니 저가 거의 죽게 되었음이라."고 말씀하십니다.

예수님께서 너희는 표적과 기사를 보지 못하면 도무지 믿지 아니하리라고 말씀하십니다. 이렇게 말씀하신 것은 그에게 나아와 병든 아들을 위하여 와주실 것을 청하는 왕의 신하를 향하여 하신 말씀이라기보다는 믿지 않는 사람들을 향하신 말씀으로 볼 수 있습니다.

요한복음 4장 48절에서 "예수께서 가라사대 너희는 표적과 기사를 보지 못하면 도무지 믿지 아니하리라."고 말씀하십니다.

왕의 신하는 아들의 병이 너무나도 급한데 그와 함께 가실 생각은 안 하시고 사람들의 믿음 없음에 대하여 책망하시는 예수님이 답답하기만 했을 것입니다. 그래서 급박하게 호소합니다.

요한복음 4장 49절에서 "신하가 가로되 주여 내 아이가 죽기 전에 내려오소서."라고 말씀하십니다.

예수님은 왕의 신하에게 말씀하십니다. "가라. 네 아들이 살았다."

예수님께서 왕의 신하의 아들을 고치시기 위하여 그와 동행하지 않으시고 그저 말씀으로 선포하셔서 왕의 신하의 아들을 고쳐 주셨습니다.

예수님께서 말씀하시매 왕의 신하는 주저함이 없이 "예수의 하신 말씀을 믿고 가더니."라고 기록하고 있습니다. 예수님 말씀을 믿으면 그대로 이루어집니다.

요한복음 4장 50절에서 "예수께서 가라사대 가라 네 아들이 살았다 하신대 그 사람이 예수의 하신 말씀을 믿고 가더니."라고 말씀하십니다.

왕의 신하는 그가 온 길을 돌아갑니다. 서둘러 돌아가는데 도중에서 그의 집종들을 만납니다. 신하가 하인에게 그의 아들이 낫기 시작한 때가 언제인가 물으니 "어제 제칠 시"에 열이 떨어졌다고 대답합니다. 신하는 종들이 말하는 그 "제칠 시"가 예수님께서 "네 아들이 살았다."고 말씀하신 그 시간인 것을 알았습니다. 신하는 집으로 돌아와서 자기의 집안 식구들과 함께 다 믿는 자가 되었습니다.

요한복음 4장 51절부터 54절에서 "내려가는 길에서 그 종들이 오다가 만나서 아이가 살았다 하거늘 그 낫기 시작한 때를 물은즉 어제 제 칠 시에 열기가 떨어졌나이다 하는지라. 아비가 예수께서 네 아들이 살았다 말씀하신 그때인 줄 알고 자기와 그 온 집이 다 믿으니라. 이 것은 예수께서 유대에서 갈릴리로 오신 후 행하신 두 번째 표적이니라."고 말씀하십니다.

예수님께서 이와 같이 표적을 행하신 이유는 하나님의 사명을 받고 이 땅에 내려오신 예수님께서 하나님의 아들이심을 믿게 하고, 그 이름을 힘입어 생명을 얻게 하기 위함입니다.

요한복음 20장 30절부터 31절에서 "예수께서 제자들 앞에서 이 책에 기록되지 아니한 다른 표적도 많이 행하셨으나 오직 이것을 기록함은 너희로 예수께서 하나님의 아들 그리스도이심을 믿게 하려 함이요 또 너희로 믿고 그 이름을 힘입어 생명을 얻게 하려 함이니라."고 말씀하십니다. 이것이 J의 사랑입니다.

◆ 38년 된 병자를 고치심(요 5:1-18)

요한복음 5장에 나오는 38년 된 병자는 낫고자 하는 소망조차 상실한 소망이 없는 자였습니다. 예수님은 그를 찾아오셔서 낫고자 하는 거룩한 소원을 심어 주시고 말씀으로 고쳐 주셨습니다. 여기서 우리는 그리스도의 사랑과 긍휼을 배웁니다.

요한복음 5장 6절에서 "예수께서 그 누운 것을 보시고 병이 벌써 오래된 줄 아시고 이르시되 네가 낫고자 하느냐?"라고 말씀하십니다.

예수님은 베데스다 연못가에 찾아오셔서 38년 된 병자를 만나시고 질문하셨습니다. "네가 낫고자 하느냐?" 여기서 우리는 예수님이 어떤 분이신가를 배울 수 있습니다.

첫째, 예수님은 은혜가 충만하신 분이십니다.

예수님은 깊은 동정심을 가지고 그에게 질문하셨습니다. "네가 낫고자 하느냐?"

이 예수님은 실로 은혜가 충만하신 분이십니다.

요한복음 1장 14절에서 "말씀이 육신이 되어 우리 가운데 거하시매 우리가 그의 영광을 보니 아버지의 독생자의 영광이요 은혜와 진리가 충만하더라."고 말씀하십니다. 예수님의 사랑과 은혜는 높고, 깊습니다.

둘째, 예수님은 거룩한 소원을 주시는 분입니다.

우리가 고질병에서 고침을 받으려면 낫고자 하는 소원이 있어야 합니다. 예수님은 그의 마음에 낫고자 하는 소원을 심으셨습니다.

예수님은 이렇게 소원이 없는 자를 치료하시고자 "네가 낫고자 하느냐?"라고 질문하셨습니다. 이 말씀은 예수님에 대한 믿음을 심는 말씀입니다.

예수님 안에는 절망이 없습니다. 예수님은 그를 어떻게든 도와주고자 하셨습니다. 예수님은 그를 어떻게 도와주셨습니까?

요한복음 5장 8절에서 "예수께서 이르시되 일어나 네 자리를 들고 걸어가라 하시니."라고 말씀하십니다.

예수님께서 진리의 말씀으로 38년 된 병자를 고치셨습니다. 예수님은 그가 주님의 음성을 듣고 자립적으로 일어나 걸어가기를 원하셨습니다.

요한복음 5장 14절에서 "그 후에 예수께서 성전에서 예수님을 만나 이르시되 보라 네가 나았으니 더 심한 것이 생기지 않게 다시는 죄를 범하지 말라 하시니."라고 말씀하십니다.

이 말씀은 정말 비참한 상태에서 구원받았으니 구원의 은혜를 기억하라는 말씀입니다. 이 말씀은 은혜를 감당하기 위해서는 적극적으로 죄와 싸우는 생활을 해야 함을 가르쳐 줍니다.

예수님께서 하늘영광을 버리고 하나님의 사랑을 실행하기 위해서 이 땅에 오셨듯이 하나님의 사랑을 받은 우리도 하나님의 영광을 위해서 힘써 사명을 감당해야 할 것입니다. 베데스다 연못가에 찾아오셔서 38년 된 병자를 고쳐 주신 예수님은 은혜가 충만하시고 진리가 충만하시고 사랑이 충만하신 하나님의 아들 그리스도이십니다. 이것이 J의 사랑입니다.

◆ 오병이어(요 6:1-15)

요한복음 6장에 나오는 오병이어 기적은 예수님의 7대 표적 중 네 번째 것입니다.

예수님의 소문을 듣고 많은 사람들이 몰려왔습니다. 예수님은 아주 간단히 기적을 행하심으로 그들을 배불리 먹이셨습니다. 보리떡 5개와 물고기 2마리를 손에 들고 축사(감사기도)하신 후 나눠 주셨습니다. 그때 기적이 일어났습니다. 많은 무리가 배가 부르도록 먹었습니다. 그때 모인 사람의 수효가 남자만 5천 명(요 6:10)이라고 했습니다. 그 많은 사람이 배불리 먹은 것도 대단한데, 열두 광주리나 남았습니다(요 6:13). 정말 놀라운 일이 아닐 수 없습니다.

예수님의 오병이어 표적의 동기는 긍휼입니다. 긍휼은 하나님의 사랑입니다.

예수님은 기적을 행하실 때 당신이 하나님의 아들이심을 나타내기 위해, 하나님의 영광을 나타내기 위해 꼭 필요할 때만 표적을 행하십니다. 그런데 한 가지 중요한 동기가 있습니다. 그것은 예수님 마음속에 긍휼이 발동할 때입니다. 예수님은 우리 인간이 죄로 인해 죽을 수밖에 없고, 갖가지 고통을 받는 것을 불쌍히 여기십니다. 예수님은 마음에 그런 느낌이 가득 찰 때 표적을 행해서라도 우리를 도우십니다.

요한복음 6장 5절에서 "예수께서 눈을 들어 큰 무리가 자기에게로 오는 것을 보시고 빌립에게 이르시되 우리가 어디서 떡을 사서 이 사람들을 먹이겠느냐 하시니."라고 말씀하십니다. 여기서 무리를 보시는 예수님의 감정은 연민의 정이요, 긍휼입니다. 반면에 제자들의 마음은 어떠했을까요? 그들은 귀찮고 지루했는지도 모릅니다. 하지만 예수님의 마음은 달랐습니다. 그들을 사랑의 눈으로 쳐다보셨고 심히 불쌍히 여기셨습니다. 그래서 오병이어의 표적을 행하신 것입니다.

사랑의 예수님은 무리들을 긍휼히 여기셔서 배불리 먹여 주셨습니다. 그 한 가지만 위해서라면 당장 표적을 행하시면 됩니다. 그런데 예수님은 그런 상황을 제자들을 위한 신앙 훈련의 기회로 삼고 싶으셨습니다. 그래서 먼저 제자들에게 질문을 던지심으로 그들의 신앙을 시험하시고, 믿음을 키워 주셨습니다.

첫째, 빌립의 신앙입니다.

요한복음 6장 5절에서 "예수께서 눈을 들어 큰 무리가 자기에게로 오는 것을 보시고 빌립에게 이르시되 우리가 어디서 떡을 사서 이 사람들을 먹이겠느냐."라고 말씀하십니다. 이것은 예수님께서 빌립의 신앙을 테스트한 것입니다. 요한복음 6장 6절에서 "이렇게 말씀하심은 친히 어떻게 하실 것을 아시고 빌립을 시험코자 하심이라."고 말씀하십니다. 예수님은 마음속에 이미 표적을 행하시려고 작정하셨지만, 제자들에게 믿음을 주기 위해서 신앙을 훈련을 하고 있는 것입니다.

빌립은 이성적이고 합리적이지만 믿음은 없었습니다. 빌립은 믿음의 방식으로 문제에 접근하지 않습니다. 그는 합리적인 판단으로 접근하였습니다. 이런 사람에게는 하나님의 표적이 나타나지 않습니다. 믿음은 인간의 이성과 합리를 초월하는 것입니다.

둘째로, 안드레의 신앙입니다.

예수님은 다음으로 안드레에게 질문을 던집니다. 그러자 안드레도 역시 자기 이성적 판단으로 불가능하다고 생각한 것 같습니다. 그러나 그는 좀 달랐습니다. 불가능하지만 예수님의 말씀대로 순종해 보려고 애를 씁니다.

요한복음 6장 9절에서 "여기 한 아이가 있어 보리떡 다섯 개와 물고기 두 마리를 가졌나이다. 그러나 그것이 이 많은 사람에게 얼마나 되겠삽나이까?"라고 말씀하십니다. 안드레는 일단 예수님이 하신 말씀을 존중합니다. 한 소년이 오병이어 도시락을 갖고 있었습니다. 그것을 주님께 가져옵니다. 불가능할 것 같았지만 예수님께 무슨 방법이 있나 여쭈어 봅니다. 그것은 정말 적은 믿음입니다. 비유하자면 '겨자씨 같은 믿음'입니다. 그러나 겨자씨 같은 믿음도 주님은 기뻐하십니다.

마태복음 17장 20절에서 "진실로 너희에게 이르노니 너희가 만일 믿음이 한 겨자씨만큼만 있으면 이 산을 명하여 여기서 저기로 옮기라 하여도 옮길 것이요 또 너희가 못할 것이 없으리라."고 말씀하십니다.

그래서 예수님은 안드레를 귀하게 보십니다. 아주 적은 믿음이지만 그것을 기뻐하셨습니다. 오병이어를 손에 들고 감사함으로 축사하십니다. 그때 기적이 일어났습니다. 예수님의 사랑과 표적은 작은 믿음에서 출발합니다.

"예수께서 떡 다섯 개와 물고기 두 마리를 가지사 하늘을 우러러 축사하시고 떡을 떼어 제자들에게 주어 사람들에게 나누어 주게 하시고 또 물고기 두 마리도 모든 사람에게 나누시매."

이 기록이 오병이어의 영적 의미는 떡을 떼며 나누는 데 있습니다. 마지막 만찬에서도 떡을 떼며 나누셨고, 엠마오로 가는 제자 두 사람과도 떡을 떼며 나누셨으며, 부활하신 후에도 제자들과 떡을 떼며 나누셨습니다.

예수님께서 떡을 떼며 나누는 것은 영적 의미가 있습니다.

요한복음 6장 26절에서 "예수께서 대답하여 이르시되 내가 진실로 진실로 너희에게 이르노니 너희가 나를 찾는 것은 표적을 본 까닭이 아니요 떡을 먹고 배부른 까닭이로다. 썩을 양식을 위하여 일하지 말고 영생하도록 있는 양식을 위하여 하라. 이 양식은 인자가 너희에게 주리니 인자는 아버지 하나님께서 인 치신 자니라."고 말씀하십니다. 오병이어의 기적을 마친 후 무리들에게 떡을 먹고 배부른 것으로만 생각하지 말라고 가르치십니다. 영생하는 양식을 생각하라고 영적 비밀을 말씀하시면서 '내가 곧 생명의 떡'이라고 말씀하십니다(요 6:48).

그들이 먹은 떡은 그리스도를 상징하는 떡입니다. 따라서 요한복음 6장 54절부터 55절에서 "내 살을 먹고 내 피를 마시는 자는 영생을 가졌고 마지막 날에 내가 그를 다시 살리리니 내 살은 참된 양식이요 내 피는 참된 음료로다."라고 말씀하십니다.

열두 광주리 남은 풍성한 떡은 영생을 주는 예수님의 몸이었습니다. 오병이어의 기적은 자기 몸을 찢으시고 우리를 구원하시는 예수님의 풍성한 사랑을 보여준 표적입니다. 이것이 J의 사랑입니다.

◆ 바다 위로 걸어오심(요 6:16-21)

오병이어의 기적을 행하신 후 군중들은 예수님을 왕으로 삼으려 했습니다. 그러나 예수님은 그들의 요구를 거부하셨습니다. 예수님은 군중들이 바라는 '정치적 메시아'가 아니라, 인류를 죄와 사망에서 구원하실 '영적 메시아'이기 때문입니다. 그래서 예수님은 그들을 피해 홀로 기도하러 산에 가십니다. 한편 제자들은 배를 타고 갈릴리 바다 건너편으로 갑니다. 제자들이 예수님과 따로 떨어져 한참 항해하는데 큰 풍랑이 닥쳐옵니다. 바로 그때 예수님이 바다 위로 걸어오셨습니다. 제자들은 미처 알아보지 못하고 두려워합니다. 예수님이 다가오셔서 "내니 두려워 말라."고 말씀하심으로 그들을 안심시켰고, 결국 제자들이 탄 배는 목적지에 안전하게 도착할 수 있었습니다. 예수님은 이 사건을 통해서 역시 하나님의 아들이심을 증거하셨습니다. 이것이 곧 예수님의 7대 표적 중 다섯 번째 '바다 위로 걸어오신'표적입니다.

요한복음 6장 16절부터 18절에서 "저물매 제자들이 바다에 내려가서 배를 타고 바다를 건너 가버나움으로 가는데 이미 어두웠고 예수는 아직 그들에게 오시지 아니하셨더니 큰 바람이 불어 파도가 일어나더라."고 말씀하십니다.

고난은 누구에게나 닥쳐올 수 있습니다. 기술이 있고 경험이 많은 노련한 어부 출신인 제자들에게도 풍랑이 닥쳐왔습니다. 인생의 바다를 항해할 때 누구나 고난의 풍파를 만날 수 있습니다.

고난은 모르는 사이에 닥쳐올 수 있습니다. 어부 출신 제자들은 나름대로 항해에 문제가 없다고 판단하고 출발했을 겁니다. 그런데 갑자기 바람이 불어 닥친 겁니다. 이와 같이 우리 인생에도 고난은 예고 없이 어느 날 갑자기 생각지도 못한 때에 찾아옵니다.

제자들이 한참 괴로움을 당할 때 예수님이 바다 위로 걸어오셨습니다. 그들을 도와주려고 오신 겁니다. 그런데 요한복음 6장 19절을 보면 "제자들이 노를 저어 십여 리 쯤 가다가 예수께서 바다 위로 걸어 배에 가까이 오심을 보고 두려워하거늘."이라고 말씀하십니다. 제자들은 예수님을 잘 알아보지 못하고 두려워 떨었습니다. 풍랑보다 더 큰 문제는 제자들의 불신앙인 것입니다.

인생의 풍랑을 이기는 길은 예수님을 바로 알고 의지하는 믿음에 있습니다. 믿음은 예수님을 바로 알고 의지하는 것입니다. 신앙이 좋다는 것은 여러 가지 의미가 있겠지만 무엇보다 예수님을 깊이 아는 것이 중요합니다. 예수님이 물 위로 걸으실 수 있는 게 당연한데도 그걸 모르고 제자들은 두려워한 것입니다.

요한복음 6장 20절에서 "내니 두려워 말라."하신 말씀을 통해 우리는 예수님은 전능하신 하나님이시며, 예수님은 사랑의 하나님이시며, 예수님은 우리 삶의 현장에 임재하시는 하나님이심을 알 수 있습니다.

풍랑 가운데 물 위로 걸어오셔서 하신 예수님의 "내니 두려워 말라." 이 말씀은 두려워하는 제자들을 안심시켰습니다. 고난 중에도 우리와 함께하시며, 항상 하나님의 사랑을 우리에게 실행하시는 전능하신 하나님의 아들 그리스도의 말씀이십니다. 이것이 J의 사랑입니다.

◆ 날 때부터 소경 된 자를 고치심(9:1-41)

요한복음에 나타난 예수님이 행하신 일곱 기적 가운데 여섯 번째 기적인 날 때부터 소경인 자를 고치신 표적에 대하여 알아보겠습니다.

사도 요한은 소경에게 붙어있는 어두움의 세력을 쫓아내신 예수님의 권능과 소경의 변화된 모습에 기록의 초점을 맞추고 있습니다. 세상의 빛이신 예수님을 소경은 부모와 바리세인들의 위협에도 불구하고 자기가 체험한 구원사건을 증거합니다. 소경의 메시아관도 점점 분명해짐을 알 수 있습니다. 구원은 지식과 행동에까지 변화를 요구하는 것입니다.

요한복음 9장 "날 때부터 소경인 자를 고치심"에서 핵심내용은 다음과 같습니다.

첫째, 날 때부터 소경인 자의 소경이 된 원인은 무엇인가?

요한복음 9장 1절부터 3절에서 "예수께서 길 가실 때에 날 때부터 소경된 사람을 보신지라. 제자들이 물어 가로되 랍비여 이 사람이 소경으로 난 것이 뉘 죄로 인함이오니이까. 자기오니이까 그 부모오니이까. 예수께서 대답하시되 이 사람이나 그 부모가 죄를 범한 것이 아니라 그에게서 하나님의 하시는 일을 나타내고자 하심이라."고 말씀하십니다.

오늘 본문에 나오는 소경은 날 때부터 소경이었습니다. 그리고 그 사람이 예수님을 만나기 전까지 귀에 못이 박히도록 왜 날 때부터 소경이 되었는가에 대하여 질문을 받고 또 여러 가지 비난과 정죄를 받앗을 것입니다. 유대주의적 생각으로는 죄 때문이라고 생각했습니다. 그것은 비단 유대인들만이 아니라 종교성을 지닌 보편적 인간의 생각일 것입니다. 예수님은 그들이 제시한 두 가지 보기 중 하나를 고르시지 않았습니다. 전혀 예상치 못했던 대답을 하셨습니다. 그 사람은 죄 때문에 소경으로 난 것이 아니라고 보셨습니다. 그는 하나님의 하시는 일을 나타내고자 그렇게 소경으로 나게 되었다 고 하셨습니다. 이 말씀은 유대인인 제자들에게는 전혀 듣도 보도 못한 말씀이며 전혀 과거에 학습했던 교훈이 아닙니다. 그래서 이 말씀은 그들에게는 매우 경이로운 말씀이 된 것입니다.

둘째로 날 때부터 소경된 자에게서 나타나는 하나님의 일이 무엇인가입니다.

그가 날 때부터 소경이 되었고 모진 고난을 겪었으며 괴로움 중에 살게 된 바로 그 궁극적인 이유인 하나님의 일이란 과연 무엇인지 살펴봐야 합니다. 그것은 하나님의 행하시는 일에 대하여 우리가 바르게 이해하는 것입니다. 하나님께서는 날 때부터 소경이 된 자를 보셨습니다. 아니 이미 아시고 계셨습니다. 그리고 정죄하신 것이 아니라 불쌍히 여기시고 고쳐 주시기로 작정하십니다. 이것이 그 소경에게 나타난 하나님의 일이었습니다. 여기서 우리가 확신해야 할 것은 하나님은 사랑의 하나님이라는 것입니다. 그래서 하나님은 독생자 예수님을 이 땅에 보내셨고 그리고 바로 정확한 시간에 날 때부터 소경이 된 자를 만나게 하신 것입니다. 그리고 예수님은 하나님의 일을 하셨습니다.

셋째로 하나님께서 날 때부터 소경이 된 자에게 행하신 일은 비단 눈을 뜨게 해주시는 기적뿐만 아니라 그로 하여금 예수를 믿고 증거하게 하셨다는 것입니다.

날 때부터 소경이었던 이 사람이 예수님께서 베푸신 기적으로 눈이 떠졌을 때 더 놀라운 일이 벌어졌습니다. 예수님께서 소경을 고치시고 소경이 나았을 때 바리새인들 사이에는 커다란 논쟁이 일었습니다. 그들은 이 날 때부터 소경이 된 자가 예수께 고침을 받고 눈을 떴다는 사실을 믿기 어려웠고 또 믿고 싶지도 않았습니다. 그래서 이 사람이 그 사람이다 아니다 비슷한 사람이다 하고 설왕설래하였던 것입니다. 그때 이 소경이 담대하게 말합니다.

요한복음 9장 11절에서 "대답하되 예수라 하는 그 사람이 진흙을 이겨 내 눈에 바르고 나더러 실로암에 가서 씻으라 하기에 가서 씻었더니 보게 되었노라."고 말씀하십니다. 이것은 사실이기 때문에 조금도 가감할 필요가 없었습니다. 그럼에도 그때 당시의 상황으로는 대담한 간증이요 증거였습니다.

그렇습니다. 하나님께서는 이 날 때부터 소경된 자의 육신의 눈을 뜨게 하시는 기적뿐 아니라 영적인 눈도 띄게 하시는 일을 하셨던 것입니다. 그는 육신의 눈을 뜨는 순간 기적을 베푸신 예수님이 누구신지 알게 되었던 것입니다. 그는 모든 사람들이 예수님을 알아보지 못했을 때 예수님을 알아보았습니다. 그는 예수님이 어떤 분이며 어떻게 믿어야 하는지를 알게 되었던 것입니다. 바로 그것이 진정으로 하나님께서 나타내시고자 하시는 하나님의 일이었습니다.

결론적으로 오늘 본문의 말씀은 날 때부터의 소경된 자를 고치신 표적은 그의 죄 때문이 아니요 하나님의 영광을 나타내기 위한 것이었으며, 예수님께서 이 땅에 오신 목적이 눈 먼 자를 보게 하셔서 육신의 눈을 뜨게 하는 것은 물론이며, 영적인 눈을 뜨게 하셔서 하나님의 영광을 나타내게 하기 위함이라는 것입니다. 이것이 J의 사랑입니다.

◆ 죽은 나사로를 살리심(요 11:1-44)

죽은 나사로를 살리신 표적의 참된 의미는 "나는 부활이요 생명"(요 11:25)이라는 말씀에서 드러납니다. 이를 계기로 유대인들은 예수님을 죽이려고 공적으로 모의하게 됩니다. 한편 나사로의 부활은 말세에 그리스도에 연합된 자들이 새 생명을 입을 것임을 예표하는 것입니다. 예수님은 오직 자신의 결정에 따라 하나님의 뜻을 하나님이 정하신 때에 이루시기를 위해서 일하셨습니다.

요한복음 11장 35절에서 "예수께서 눈물을 흘리시더라."고 말씀하십니다.

예수님께서 눈물을 흘리신 이유는 사랑하는 나사로가 죽었기 때문입니다. 그리고 예수님께서는 사랑하는 마리아와 유대인들이 우는 것을 보고 심령에 비통히 여기시고 불쌍히 여기사 사랑하는 마음에서 눈물을 흘리십니다.

또한 예수님께서는 우리를 사랑하시기 때문에 눈물을 흘리시고, 예수님은 하나님이시고 동시에 인간이시기 때문에 우리와 같은 인성을 가지신 분이라 눈물을 흘리시며, 예수님께서도 감정이 있기 때문에 눈물을 흘리십니다. 참된 구원에는 구원하시는 분의 눈물이 있고, 구원받는 자의 눈물이 있습니다. 하나님께서 인간을 구원하실 때 눈물을 흘리시고, 구원받는 우리도 눈물을 흘립니다. 이것이 J의 사랑입니다.

예수님께서 유대인들의 생각을 아시고 38절에서 이렇게 말씀하셨습니다.

요한복음 11장 38절에서 "이에 예수께서 다시 속으로 통분히 여기시며 무덤에 가시니 무덤이 굴이라 돌로 막았거늘."이라고 말씀하십니다.

예수님께서 나사로의 죽음을 통분히 여기셨습니다. 예수님께서 마리아가 우는 것과 또 함께 온 유대인들이 우는 것을 보시고 통분히 여기시고 민망히 여기시며 나사로의 무덤으로 가십니다.

예수님께서 무덤 앞에 도착하시니 무겁고 큰 돌이 무덤의 문을 막고 있었습니다.

요한복음 11장 39절에서 "예수께서 가라사대 돌을 옮겨 놓으라 하시니 그 죽은 자의 누이 마르다가 가로되 주여 죽은 지가 나흘이 되었으매 벌써 냄새가 나나이다."라고 말씀하십니다.

예수님께서 무덤의 돌문을 옮겨 놓으라고 명령하시자 마르다는 시체가 나흘이 지나서 냄새가 난다고 하였습니다. 이렇게 마르다는 인간적인 믿음을 가졌던 사람이었는데 예수님을 만난 후로 부활의 믿음, 생명의 믿음으로 바뀌었습니다.

이때 예수님께서 아주 중요한 말씀을 하십니다.

요한복음 11장 40절에서 "예수께서 가라사대 내 말이 네가 믿으면 하나님의 영광을 보리라(요11:4) 하지 아니하였느냐 하신대."라고 말씀하십니다.

우리는 하나님의 영광을 보여 주면 믿겠다고 말을 합니다. 그러나 예수님께서는 믿으면 하나님의 영광을 보게 된다고 말씀하십니다.

마르다는 예수님의 말씀을 듣고 자신의 생각을 버리고 무덤의 돌문을 옮깁니다.

요한복음 11장 41절에서 "돌을 옮겨 놓으니 예수께서 눈을 들어 우러러 보시고 가라사대 아버지여 내 말을 들으신 것을 감사하나이다."라고 말씀하십니다.

사람들이 무덤의 돌문을 옮겨 놓자 42절에서 예수님께서 중보기도를 하십니다.

요한복음 11장 42절에서 "항상 내 말을 들으시는 줄을 내가 알았나이다. 그러나 이 말씀 하옵는 것은 둘러선 무리를 위함이니 곧 아버지께서 나를 보내신 것을 저희로 믿게 하려 함이니이다."라고 말씀하십니다.

예수님께서는 오직 말씀으로 나사로를 살리십니다.

요한복음 11장 43절부터 44절에서 "이 말씀을 하시고 큰 소리로 나사로야 나오라 부르시니 죽은 자가 수족을 베로 동인 채로 나오는데 그 얼굴은 수건에 싸였더라. 예수께서 가라사대 풀어 놓아 다니게 하라 하시니라."고 말씀하십니다.

예수님께서 나사로의 무덤 앞에서 세 가지를 명령하십니다. "돌을 옮겨 놓아라, 나사로야 나오너라, 수건을 풀어 놓아 다니게 하라."입니다. 무덤의 돌문을 옮기는 일은 사람들의 몫입니다. 나사로를 살리는 일은 예수님께서 하십니다. 여기에 구원의 놀라운 그림이 있습니다. 우리가 무덤의 돌문을 옮겨 놓으면, 예수님께서 죽은 자를 살리십니다.

나사로는 다시 살아났습니다. 예수님께서도 십자가에 죽으시고 부활하십니다. 우리도 죽었다가 예수님 다시 오실 때 부활합니다.

요한복음 11장 25절에서 "예수께서 이르시되 나는 부활이요 생명이니 나를 믿는 자는 죽어도 살겠고."라고 말씀하십니다.

이것이 J의 사랑입니다.

◆ 요한복음의 표적을 마무리하면서

요한복음 20장 30절부터 31절에서 "예수께서 제자들 앞에서 이 책에 기록되지 아니한 다른 표적도 많이 행하셨으나 오직 이것을 기록함은 너희로 예수께서 하나님의 아들 그리스도이심을 믿게 하려 함이요 또 너희로 믿고 그 이름을 힘입어 생명을 얻게 하려 함이니라."고 말씀하십니다.

요한복음에 나타난 놀라운 표적들은 예수님이 하나님의 아들이시고, 그분을 보내신 이가 하나님이심을 증거합니다. 이러한 표적을 행하신 후에 예수님은 긴 설교를 하십니다. 오병이어의 표적을 보이신 후에 예수님이 '생명의 떡'이라는 말씀을 하셨고(6장), 소경을 치유하신 후에 예수님은 '세상의 빛'이라고 말씀하셨으며(9장), 나사로의 부활은 예수님이 '부활이요 생명'이시라는 것을 보여 줍니다(11장).

그러므로 요한복음에 나타난 예수님의 표적의 사건은 놀라운 일을 넘어서는 것입니다. 히브리서 13장 8절의 "예수 그리스도는 어제나 오늘이나 영원토록 동일하시니라." 하심같이 예수 그리스도는 시간과 공간을 넘어서서 항상 우리와 함께 계시고 하나님의 사랑을 우리에게 실행해 보여 주시는 것입니다. 이것이 J의 사랑입니다.

3) 요한복음에 나타난 예수님에 대한 일곱 개의 증거

사도 요한은 요한복음에서 예수님이 하나님의 아들이시고, 사랑의 하나님이 온 세상의 구원을 위해 보내셨다는 것을 증거하고 있습니다. 예수님에 대한 증거가 일곱 번 나오는데 하나씩 살펴보도록 하겠습니다.

◆ 세례 요한이 증거한 예수님(요 1:7, 8, 15, 29-34, 5:33)

요한복음 1장 7절부터 8절에서 "그(세례 요한)가 증언하러 왔으니 곧 빛에 대하여 증언하고 모든 사람이 자기로 말미암아 믿게 하려 함이라 그는 빛이 아니요 이 빛에 대하여 증언하러 온 자라."고 말씀하십니다.

요한복음 5장 33절에서는 "너희가 요한에게 사람을 보내매 요한이 진리에 대하여 증언하였느니라."고 말씀하십니다. 이렇게 세례 요한은 빛과 진리로 오신 예수님을 증거하고 있습니다.

◆ 모세가 증거한 예수님(요 5:46)

요한복음 5장 46절에서 "모세를 믿었더라면 또 나를 믿었으리니 이는 그가 내게 대하여 기록하였음이라."고 말씀하십니다.

모세는 출애굽에서 유월절을 통하여 예수님을 증거하였고, 성막을 통하여 예수님을 증거합니다. 그리고 이스라엘 백성들이 죄를 지어 불뱀에 물렸을 때 장대 위에 놋뱀을 달고 쳐다보면 산다고 했는데 그 장대 위의 놋뱀이 십자가상의 예수님을 예표하고 증거한 것입니다.

◆ 제자들이 증거한 예수님(요 15:27)

요한복음 15장 27절에서 "너희도 처음부터 나와 함께 있었으므로 증언하느니라."고 말씀하십니다.

제자들은 예수님이 하시는 모든 일과 표적들을 그들의 눈으로 보았습니다. 제자들은 부활하신 예수님도 생생하게 목격하였습니다. 승천하시면서 다시 오신다는 약속도 받았습니다. 오순절에 보혜사 성령님도 약속하신 대로 충만하게 받았습니다. 이 모든 것에 대하여 제자들은 죽음을 두려워하지 않고 담대히 증언하였습니다.

◆ 하나님께서 친히 증거하신 예수님(요 5:37, 8:18)

요한복음 5장 37절에서 "또한 나를 보내신 아버지께서 친히 나를 위하여 증언하셨느니라. 너희는 아무 때에도 그 음성을 듣지 못하였고 그 형상을 보지 못하였으며."라고 말씀하십니다.

요한복음 8장 18절에서는 "내가 나를 증언하는 자가 되고 나를 보내신 아버지도 나를 위하여 증언하시느니라."고 말씀하십니다.

하나님께서는 땅의 일을 위하여 예수님을 보내시기로, 예수님은 이 제안에 응하시기로, 성령님은 그의 오심을 예비하시기로 협의하셨습니다. 이와 같이 삼위일체 하나님께서는 예수님이 이 땅에서 우리를 위해서 하나님의 사랑을 실행하고 하나님 나라를 이루시게 하시려고 태초부터 협의하셨으며, 상호 증언하고 계시는 것입니다.

◆ 성령님께서 증거하신 예수님(요 15:26)

요한복음 15장 26절에서 "내가 아버지께로부터 너희에게 보낼 보혜사 곧 아버지께로부터 나오시는 진리의 성령이 오실 때 그가 나를 증언하실 것이요."라고 말씀하십니다.

성령님은 태초부터 성부와 함께 계셨으며 성자와도 함께 계셨습니다. 이제 예수님께서 지상의 사역을 마치고 승천하시면서 제자들에게 보혜사 성령님을 약속하셨고, 약속하신 대로 오순절에 성령님께서 오셔서 오늘날 우리에게 예수님을 증거하고 계시는 것입니다.

◆ 성경이 증거하는 예수님(요 5:39)

요한복음 5장 39절에서 "너희가 성경에서 영생을 얻는 줄 생각하고 성경을 연구하거니와 이 성경이 곧 내게 대하여 증언하는 것이니라."고 말씀하십니다.

성경은 이 땅에 오신 예수님을 증거하고, 또 오실 예수님을 증거합니다. 따라서 우리는 성경을 볼 때마다 예수 그리스도를 발견하게 됩니다. 예를 들면 창세기 1장 1절, "빛이 있으라."라는 말씀에서 빛이신 예수님을, 22장의 희생하는 이삭의 모습에서 십자가에서 죽으시는 아들 예수님을, 24장에서 신부 리브가를 취하는 이삭에서 신랑이신 예수님을 봅니다. 광야의 만나는 생명의 떡이신 예수님을, 사막의 반석에서 나오는 물에서는 생수이신 예수님을 발견합니다. 이처럼 성경 전체가 예수님을 증거합니다.

◆ 예수님의 역사가 증거하는 예수님(요 5:36)

요한복음 5장 36절에서 "내게는 요한의 증거보다 더 큰 증거가 있으니 아버지께서 내게 주사 이루게 하시는 역사 곧 내가 하는 그 역사가 아버지께서 나를 보내신 것을 나를 위하여 증언하는 것이요."라고 말씀하십니다.

그러므로 예수님은 "나는 사람에게서 증언을 취하지 아니하노라."라고 하셨습니다(요 5:34). 예수님은 삼위 하나님의 협의로 이 땅에 오셨으며, 성령님의 역사하심으로 하나님의 능력을 받아 모든 역사를 이루셨습니다. 그러므로 예수님의 모든 역사하심 그 자체가 예수님을 증언하는 것입니다.

4) 예수님을 표현하는 일곱 개의 "나는 ~이다."

요한복음에는 예수님을 표현하는 일곱 개의 "나는 ~이다."가 있습니다.

예수님께서는 이 표현을 자신의 인격과 사역의 중요한 면을 강조하실 때에 사용하셨습니다. 예수님께서 비유로 말씀하신 이 표현에는 깊은 영적 의미가 있으며 우리에게 죄에서 자유를, 불신에서 믿음을, 사망에서 영원한 생명을 주시는 말씀입니다.

다음은 "예수님, 당신은 누구십니까?"라는 질문에 대한 일곱 가지 대답입니다.

◆ 나는 생명의 떡이다(요 6:22-59)

예수님의 말씀을 들은 유대인들은 "영원히 죽지 아니하고 또 주리지 아니하는 그 떡을 우리에게 주십시오."라고 합니다. 이렇게 유대인들이 요청했을 때 예수님께서 대답하십니다.

요한복음 6장 35절을 보면 "예수께서 이르시되 나는 생명의 떡이니 내게 오는 자는 결코 주리지 아니할 터이요 나를 믿는 자는 영원히 목마르지 아니하리라."고 말씀하십니다.

첫째, 예수님은 하늘에서 내려온 떡입니다(요 6:50).

예수님께서 생명의 떡이 자신이라고 말씀하시고 이 떡은 "하늘에서 내려온 떡이다."라고 말씀하셨습니다. 이 말은 곧 하나님께서 준비하시고 하나님께서 사람들에게 주시는 하나님의 떡이라는(33절) 말씀입니다.

둘째, 하늘에서 내려온 떡을 먹으면 영생합니다(요 6:51).

요한복음 6장 49절부터 51절에서 "너희 조상들은 광야에서 만나를 먹었어도 죽었거니와 이는 하늘에서 내려오는 떡이니 사람으로 하여금 먹고 죽지 아니하게 하는 것이니라. 나는 하늘에서 내려온 살아있는 떡이니 사람이 이 떡을 먹으면 영생하리라. 내가 줄 떡은 곧 세상의 생명을 위한 내 살이니라."고 말씀하십니다.

셋째, 생명의 떡을 먹는다는 것은 믿는 것을 말합니다(요 6:47).

예수님이 생명의 떡이십니다. 예수님은 "이 떡을 먹으면 영생하리라."고 말씀하셨으며 또한 "믿는 자는 영생을 가졌나니."(47절)라고 말씀하셨습니다. 그러므로 생명의 떡을 먹는다는 것은 곧 예수님을 믿는 것을 말합니다.

광야에서는 만나를 주셨으며, 오병이어의 기적으로 오천 명을 먹이신 예수님께서는 이제 우리에게 영원히 죽지 않는 생명의 떡을 주시겠다고 약속하십니다. 이것이 J의 사랑입니다.

◆ 나는 세상의 빛이다(요 8:12-20)

사도 요한은 요한복음 서두에서 "말씀이 곧 참 빛이었다. 그 빛이 이 세상에 와서 모든 사람을 비추고 있었다. 말씀이 세상에 계셨고 세상이 이 말씀을 통하여 생겨났는데도 세상은 그분을 알아보지 못하였다."(요 1, 9-10)고 말씀하고 있습니다.

예수님 스스로 세상의 빛이시라는 이 계시의 말씀은 유대인들의 적대적인 불신앙과 대조를 이룬다고 할 수 있습니다. 예수님은 이미 요한복음 4장에서 당신을 영원히 목마르지 않을 '생명수'로 계시하셨습니다. 그리고 6장에서 영원히 배고프지 않게 할 '생명의 떡'으로 계시하셨습니다. 그리고 여기에서 또 하나의 계시의 말씀을 들려주십니다. 예수님은 어두운 세상을 밝게 비추시는 '세상의 빛'이심을 선포하십니다.

요한복음 8장 12절에서 "예수께서는 사람들에게 또 말씀하여 이르시되 나는 세상의 빛이니 나를 따르는 자는 어둠에 다니지 아니하고 생명의 빛을 얻으리라."고 말씀하십니다.

당시 예루살렘 성전에는 금으로 된 네 개의 커다란 등대가 성전 마당을 둘러싼 담보다 더 높게 우뚝 세워져 있었다고 합니다. 축제 때 켜진 이 등불 은 온 예루살렘 시가지도 환하게 내리비출 수 있었습니다. 이때 예수는 당신 자신을 '세상의 빛'으로 선포하십니다.

이 말씀은 당신 자신을 온 예루살렘 시가지를 밝게 내리비추는 그 등불보다 더 밝은 '세상의 빛', 곧 온 세상을 밝게 비추는 '빛'으로 계시한 것입니다. 예수는 온 인류에게 빛과 생명을 주기 위해 '빛'으로서 이 세상에 오신 것입니다. 예수님은 세상에 '빛'을 줄 뿐만 아니라 예수 자신이 바로 '빛'이라고 말씀하십니다.

예수는 자기 자신을 '세상의 빛'으로 계시하시고, 이제 자기를 따라오도록 초대하고 또한 따라오는 자는 '생명의 빛'을 얻게 될 것이라고 약속까지 하십니다. 예수의 이 말씀에는 세상이 '어둠'의 공간으로, 이 세상에 있는 인간은 길을 잃고 '어둠' 속에 방황하는 자들로 전제되어 있습니다. 즉 예수님은 사람들로 하여금 자신들이 처한 상황을 판단하도록 용기를 주고 동시에 '세상의 빛'인 자기를 믿고 따르도록 초대한 것입니다.

이것이 J의 사랑입니다.

◆ 나는 양의 문이다(요 10:1-10)

요한복음 10장 7절에서 예수님은 자신을 나는 양의 문이라고 말씀하셨습니다.

요한복음 10장 1절에서는 문으로 들어가지 않는 자들은 다 절도요 강도라고 하셨습니다.

강도와 절도는 누구입니까?

첫째, 바리새인들입니다.

마태복음에서 "서기관들과 바리새인들이 모세의 자리에 앉았으니 무엇이든지 저희의 말하는 바는 행하고 지키되 저희의 하는 행위는 본받지 말라 저희는 말만 하고 행치 아니하며(마 23:2-3)"라고 말씀하십니다.

바리새인들은 그 당신의 거짓 선지자며 거짓 교사들이었습니다. 예수님을 반대하고 결국 십자가에 못 박은 자들이었습니다.

둘째, 거짓 선지자와 적그리스도입니다.

오늘날 적그리스도의 출현이 많은데 그들은 모두 강도와 절도인 것입니다. 거짓 선지자와 적그리스도가 나타나는 것은 말세의 징조입니다(마 24:5, 11).

셋째, 마귀입니다.

사실 영적으로 보면 마귀가 바로 강도요 절도입니다.

창세기 3장에 마귀가 나타나 인간의 모든 축복을 도적질하여 갔습니다(창 3:1-3).

인간의 모든 고통과 허무함과 슬픔이 그때부터 시작되었습니다.

마귀가 지배하고 있는 이 고통의 세상에 하나님은 그 아들을 보내셔서 십자가와 부활로 마귀의 권세를 깨뜨려 버리시고 성령을 보내시고 교회를 세우셔서 하나님 나라를 건설하고 계신 것입니다(요일 3:8, 골 2:15, 엡 6:10-20, 벧전 5:7-9).

예수님은 양의 문이십니다(요 10:7).

예수님은 자신을 양의 문이라고 하셨습니다.

문은 여러 가지 의미를 가지고 있습니다. 예수님은 어떤 문일까요?

첫째, 예수님은 구원의 문입니다.

예수님은 자신이 십자가에 피를 흘리고 죽으시고 부활하심으로 우리에게 구원을 얻게 하셨습니다(히 10:19-20, 엡 1:7, 벧전 1:18-19).

둘째, 예수님은 축복의 문입니다(골 1:27, 2:3, 엡 1:17-19, 빌 4:13).

9절에서 예수님은 "내가 문이니 누구든지 나로 말미암아 들어가면 구원을 얻고 또는 들어가며 나오며 꼴을 얻으리라."고 말씀하십니다.

셋째, 예수님은 좁은 문입니다.

마태복음 7장 13절부터 14절에서 "좁은 문으로 들어가라. 멸망으로 인도하는 문은 크고 그 길이 넓어 그리로 들어가는 자가 많고 생명으로 인도하는 문은 좁고 길이 협착하여 찾는 자가 적음이라."고 말씀하십니다.

예수님은 양의 문인데 양의 문으로 들어가면 무엇을 얻을 수 있을까요?

요한복음 10장 9절부터 10절에서 "내가 문이니 누구든지 나로 말미암아 들어가면 구원을 얻고 또는 들어가며 나오며 꼴을 얻으리라 도적이 오는 것은 도적질하고 죽이고 멸망시키려는 것뿐이요 내가 온 것은 양으로 생명을 얻게 하고 더 풍성히 얻게 하려는 것이라."고 말씀하십니다.

첫째, 구원을 얻을 수 있습니다.

둘째, 들어가고 나가며 꼴을 얻습니다.

셋째, 생명을 풍성하게 얻습니다.

예수님의 양의 문으로 들어가면 구원과 꼴(양식)과 생명을 풍성히 주십니다. 이것이 J의 사랑입니다.

◆ 나는 선한 목자다 (요 10:11-18)

요한복음 10장 11절부터 18절에서 "나는 선한 목자라. 선한 목자는 양들을 위하여 목숨을 버리거니와 삯꾼은 목자도 아니요 양도 제 양이 아니라 이리가 오는 것을 보면 양을 버리고 달아나나니 이리가 양을 늑탈하고 또 헤치느니라. 달아나는 것은 저가 삯꾼인 까닭에 양을 돌아보지 아니함이나 나는 선한 목자라. 내가 내 양을 알고 양도 나를 아는 것이 아버지께서 나를 아시고 내가 아버지를 아는 것 같으니 나는 양을 위하여 목숨을 버리노라. 또 이 우리에 들지 아니한 다른 양들이 내게 있어 내가 인도하여야 할 터이니 저희도 내 음성을 듣고 한 무리가 되어 한 목자에게 있으리라. 아버지께서 나를 사랑하시는 것은 내가 다시 목숨을 얻기 위하여 목숨을 버림이라. 이를 내게서 빼앗는 자가 있는 것이 아니라 내가 스스로 버리노라. 나는 버릴 권세도 있고 다시 얻을 권세도 있으니 이 계명은 내 아버지에게서 받았노라 하시니라."고 말씀하십니다.

예수님은 본문을 통하여 선한 목자와 삯꾼 목자를 강하게 대조하여 말씀하셨고 또 목자와 양의 관계도 말씀하십니다. 목자와 양의 관계는 예수님과 우리와의 관계를 상징적으로 말씀하신 것입니다.

다윗은 소년시절에 양을 치는 목자였습니다.

그는 시편 23편에서 이렇게 노래합니다. "여호와는 나의 목자시니 내게 부족함이 없으리로다. 그가 나를 푸른 풀밭에 누이시며 쉴 만한 물가로 인도하시는도다."

다윗은 여호와 하나님을 자신의 목자로 자신을 양으로 고백하고 있습니다.

첫째, 선한 목자는 양을 압니다. 양도 그 목자를 압니다(14절).

예수님께서 우리를 아신다는 것은 신비하고 놀라운 일이며, 또한 감사한 일입니다.

선하신 목자 예수님께서 우리를 아신다는 사실에 우리는 소망을 가질 수 있고 기쁨을 누릴 수 있습니다.

예수님은 우리를 아시는 목자이십니다. 또한 예수님이 우리를 아신다는 사실을 깨달은 자들은 그 예수님을 알고 살아갑니다. 예수님께서 우리를 아시는 고로 주님과 우리와의 관계는 서로 친밀한 교제를 나누는 사이가 되었습니다. 예수님은 우리의 선한 목자이시며 우리를 아시는 분이시고, 우리는 그의 양이며 그분의 음성을 아는 자들이 되었습니다.

둘째, 선한 목자 예수님은 우리를 돌보십니다(12-13절).

삯꾼 목자는 양을 돌보지 않고 이리가 오면 달아난다고 하셨습니다. 그러나 선한 목자는 자기 양을 돌보며 이리가 와도 달아나지 않고 자기 양을 위해 목숨을 버린다고 하셨습니다.

우리는 위험이 닥쳐와도 해를 당해도 오직 선하신 목자 예수 그리스도께서 나를 돌보신다는 확신을 가지고 주신 사명을 잘 감당하며 살아가야 합니다. 지금은 당장 이해가 되지 않더라도 선한 목자께서 날 돌보신다는 믿음을 가지고 나아가면 반드시 선한 길로 인도하시며 돌보실 것입니다.

셋째, 선한 목자는 양을 위해 자기 생명을 버립니다(11절).

본문 11절에서는 "나는 선한 목자라. 선한 목자는 양들을 위하여 목숨을 버리거니와.", 14부터 15절은 "나는 선한 목자라. 나는 내 양을 알고 양도 나를 아는 것이 아버지께서 나를 아시고 내가 아버지를 아는 것 같으니 나는 양을 위하여 목숨을 버리노라."고 말씀하십니다.

선하신 목자 예수님은 우리를 위해 십자가에서 자기 목숨을 내어주셨습니다. 죄와 사망의 권세에서 우리를 살리시려고 자신을 버리셨습니다. 하나님의 사랑을 실행한 그리스도의 사랑입니다. 예수님은 우리의 참 목자이십니다.

선한 목자는 참된 목자입니다. 반대로 삯꾼 목자는 거짓 목자입니다. 선한 목자, 참된 목자는 자기 양을 자기 생명과 같이 여기며 양을 위해 목숨을 버립니다.

이것이 J의 사랑입니다.

◆ 나는 부활이요 생명이다(요 11:17-27)

요한복음 11장 25절에서 "예수께서 이르시되 나는 부활이요 생명이니 나를 믿는 자는 죽어도 살겠고."라고 말씀하십니다.

오늘 본문의 요한복음 11장 17절을 보면 예수님께서는 나사로가 죽은 후 나흘이 지나서 도착하셨습니다. 마르다는 예수님이 늦게 오셔서 오라버니 나사로가 죽었다고 생각을 하며 예수님께 서운함을 표현합니다. 그러나 예수님은 마르다의 연약한 믿음을 책망하시기보다는 하나님의 큰 능력을 보여 주심으로 그의 믿음을 돕기를 원하셨습니다. 예수님은 23절에서 "네 오라비가 다시 살아나리라."라고 말씀하셨습니다. 마르다를 안심시키고 위로하신 것입니다.

이처럼 예수님이 죽은 사람을 살리신 적이 두 번이나 있었음에도 불구하고 죽은 나사로를 살리시겠다는 예수님의 말씀을 마르다는 이번에도 믿기가 힘들었습니다. 그러나 예수님은 이번에도 마르다의 연약한 믿음을 책망하시기 보다는 다시 한 번 마르다의 믿음을 돕기 위하여 놀라운 말씀을 하십니다.

요한복음 11장 25절부터 26절에서 "예수께서 이르시되 나는 부활이요 생명이니 나를 믿는 자는 죽어도 살겠고 무릇 살아서 나를 믿는 자는 영원히 죽지 아니하리니."라고 말씀하십니다.

첫째, 예수님은 나를 믿는 사람은 죽어도 산다고 말씀하십니다.

사람이 죽으면 육체가 썩어버리기 때문에 죽으면 모든 것이 끝이라고 생각하게 됩니다. 그러나 주님은 죽음이 결코 끝이 아니라는 진리를 깨우쳐 주시려고 죽어 냄새나는 나사로를 살리시기로 결정하신 것입니다. 예수님께서 특별히 나사로를 살리신 것은 지금 당장 하나님의 능력이 나타나지 않는다고 해서 하나님의 능력 자체를 의심해서는 안 된다는 것을 가르쳐 주시기 위함이었습니다.

둘째, 예수님은 살아서 나를 믿는 자는 영원히 죽지 않는다고 말씀하십니다.

이 말씀의 의미는 육체의 죽음을 더 이상 죽음으로 생각하지 말라는 것입니다. 육체의 죽음은 영원한 생명으로 들어가는 문이요 통로일 뿐이라는 것입니다.

예수님께서 죽은 나사로를 다시 살리셨는데 그럼 그 이후에 나사로가 다시 죽었겠습니까 아니면 영원히 살았겠습니까? 비록 나사로가 다시 살아났지만 결국 그도 나이가 들고 노인이 되어서 그의 육체는 죽었습니다. 그러나 그의 가족들은 나사로가 첫 번째 죽었을 때처럼 그렇게 슬퍼하며 통곡하지는 않았을 것입니다. 왜냐하면 그들은 육신의 죽음이 결코 끝이 아니며 죽음은 영원한 생명으로 들어가는 문이라는 사실을 깊이 깨달았기 때문이었습니다.

그런데 주님은 우리에게 놀라운 약속을 해주셨습니다. 26절에서 "나를 믿는 자는 죽어도 살겠고 살아서 나를 믿는 자는 영원히 죽지 아니하리라."라고 약속하셨습니다. 예수님은 죽은 나사로를 살리심으로 증명하셨으며 자신이 죽은 자 가운데서 다시 부활하심으로써 우리에게 그 약속이 반드시 이루어질 것임을 보여 주셨습니다.

요한복음 11장 26절 끝을 보면 예수께서 "이것을 네가 믿느냐?"라고 질문하십니다. 이 질문에 마르다가 어떻게 대답했는지 확인해 보겠습니다. 요한복음 11장 27에서 "이르되, 주여 그러하외다 주는 그리스도시요 세상에 오시는 하나님의 아들이신 줄 내가 믿나이다."라고 말씀하십니다. 즉 주님의 이 놀라운 약속은 예수님이 하나님의 아들이심을 믿는 자에게만 주어진다는 것입니다.

부활이요 생명이신 예수님께서는 힘들고 어려운 상황에서도 우리에게 소망을 잃지 않게 하고 날마다 감사와 기쁨과 평안과 사랑이 넘치게 하십니다.

이것이 J의 사랑입니다.

◆ 나는 길이요 진리요 생명이다(요 14:1-15)

요한복음 14장 전반부에서 예수님께서는 유다의 배반과 베드로의 부인, 예수님 자신의 죽음 등에 관한 예고를 접하고서 불안과 공포에 떠는 제자들을 위로하십니다.

1절에서 "너희는 마음에 근심하지 말라. 하나님을 믿으니 또 나를 믿으라."고 말씀하십니다. 예수님께서 제자들에게 마음에 근심하지 말라고 말씀하신 것은 그가 제자들을 떠나서 그들이 따라올 수 없는 곳으로 간다(요 13:36)고 말씀하셨기 때문입니다. 그들의 마음에 동요가 일어나 근심하는 것이 당연한 일이었습니다. 이는 그들은 예수님께서 이 세상에서 그들의 왕이 되실 것이라고 기대했기 때문입니다.

2절에서 "내 아버지 집에 거할 곳이 많도다. 그렇지 않으면 너희에게 일렀으리라. 내가 너희를 위하여 처소를 예비하러 가노니." 하고 말씀하십니다.

하나님께서는 보다 더 많은 사람의 찬송과 경배를 받기를 원하시되 심령에서 진정으로 우러나오는 기쁜 찬송과 경배를 받기를 원하십니다. 예수님께서 제자들에 앞서서 먼저 하나님 나라로 가심은 가서 처소를 꾸미시기 위한 것입니다.

3절에서 "가서 너희를 위하여 처소를 예비하면 내가 다시 와서 너희를 내게로 영접하여 나 있는 곳에 너희도 있게 하리라."고 말씀하십니다.

사도신경을 통한 신앙고백에서 우리는 예수 그리스도께서 "전능하신 하나님 우편에 앉아 계시다가 저리로서 산 자와 죽은 자를 심판하러 오시리라."고 고백합니다.

그리스도는 하나님 우편에 앉아 계실 뿐만 아니라 성도들을 맞이하실 준비를 하십니다. 그리고 다시 하나님의 정하신 때에 심판하시기 위해서 오실 것입니다.

4절에서 "내가 가는 곳에 그 길을 너희가 알리라."고 말씀하십니다.

"주님이 가시는 곳"은 하나님 나라인데, 하나님 나라로 난 그 길을 예수 그리스도께서 모든 제자들과 성도들에게 본을 보이시며 먼저 가셨습니다. 뿐만 아니라, 그리스도께서 그 길이 되시고, 그 길을 가기를 원하는 성도들과 영으로 동행하여 주십니다.

5절에서 "도마가 가로되 주여 어디로 가시는지 우리가 알지 못하거늘 그 길을 알지 못하거늘 그 길을 어찌 알겠사나이까."라고 말씀하십니다.

도마를 비롯한 제자들이 삼 년여 예수님을 따라다니면서 예수님의 말씀을 수 없이 들었지만 그들의 관심은 늘 세상사에 머물고 있었기에 예수님의 고난과 죽음이 임박한 이 순간까지 예수님의 말씀의 뜻을 바로 깨달을 수가 없었습니다.

6절에서 "예수께서 가라사대 내가 곧 길이요 진리요 생명이니 나로 말미암지 않고는 아버지께로 올 자가 없느니라."고 말씀하십니다.

예수님께서 길이라는 것은 예수님 외에 구원에 이르는 길이 없다는 뜻이며, 예수님께서 진리라는 것은 예수님이 곧 하나님의 말씀이라는 뜻이며, 예수님이 생명이라는 것은 부활하신 예수님이 영원한 생명이라는 뜻인 것입니다.

7절부터 8절에서 "너희가 나를 알았더면 내 아버지도 알았으리로다. 이제부터는 너희가 그를 알았고 또 보았느니라. 빌립이 가로되 주여 아버지를 우리에게 보여 주옵소서. 그리하면 족하겠나이다."라고 말씀하십니다.

예수님이 하나님 아버지 안에 계시고, 하나님 아버지가 예수님 안에 계십니다. 따라서 그리스도를 알면 하나님을 알 수 있고, 또 그리스도를 본 사람은 하나님을 본 것입니다. 빌립이 하나님 아버지를 보기를 원하는 이유는 그분이 어떤 분이신가 알기 위함이었는데 예수님께서는 예수님을 알았더라면 아버지도 알았으리라고 말씀하셨습니다. 즉, 빌립은 예수님을 알지 못하고 예수님께서 말씀하시는 것도 잘 알지 못하고 있는 것입니다.

9절부터 11절에서 "예수께서 가라사대 빌립아 내가 이렇게 오래 너희와 함께 있으되 네가 나를 알지 못하느냐? 나를 본 자는 아버지를 보았거늘 어찌하여 아버지를 보이라 하느냐?" 하십니다.

예수님께서는 이 땅에 아버지의 뜻을 이루려 내려오시기도 있지만, 한편으로는 아버지가 누구이신지 우리에게 알려 주시기 위함입니다.

12절부터 15절에서 "내가 진실로 진실로 너희에게 이르노니 나를 믿는 자는 나의 하는 일을 저도 할 것이요 또한 이보다 큰 것도 하리니 이는 내가 아버지께로 감이니라. 너희가 내 이름으로 무엇을 구하든지 내가 시행하리니 이는 아버지로 하여금 아들을 인하여 영광을 얻으시게 하려 함이라. 내 이름으로 무엇이든지 내게 구하면 내가 시행하리라. 너희가 나를 사랑하면 나의 계명을 지키리라."고 말씀하십니다.

사람의 아들로 오신 예수님은 시간적으로 공간적으로 제한적인 삶을 사셨지만 예수님을 대신하여 사람에게 내려오신 성령님은 모든 사람들 속에 거하시고 그들로 하여금 하나님의 일을 감당하게 하실 것이기에 "이보다 큰 것도 하리니."라고 주님께서 말씀하시는 것입니다.

길이요 진리요 생명이신 예수님께서 우리의 처소를 예비해 놓으시고 다시 오셔서 우리를 영접해서 예수님 계신 곳에 우리도 있게 하시겠다고 약속하셨습니다. 이것이 J의 사랑입니다.

◆ 나는 참 포도나무라(요 15:1-27)

예수님께서 요한복음 15장 1절에서 "나는 참 포도나무이다."라고 말씀하십니다. 요한복음에서 7번 나오는 "나는 ~이다."라고 하신 말씀 중 마지막 말씀입니다.

예수님은 자신을 참 포도나무로 우리를 그 가지에 비유하심으로써 서로간의 연합을 교훈하셨습니다. 신령한 연합으로 우리는 많은 열매를 맺을 수 있으며 예수님과 사랑의 교제를 지속적으로 할 수 있는 것입니다. 요한복음 15장을 통해서 우리에게 주시는 예수님의 사랑의 메시지를 몇 가지로 살펴보겠습니다.

첫째, 예수님 안에 거하여야 합니다(요 15:4-7).

하나님께서 원하는 포도의 열매를 맺기 위해서 예수님은 "내 안에 거하라."고 말씀하십니다. 예수님은 "내 안에 거하라. 나도 너희 안에 거하리라. 가지가 포도나무에 붙어 있지 아니하면 절로 과실을 맺을 수 없음 같이 너희도 내 안에 있지 아니하면 그러하리라."고 말씀하십니다.

여기서 예수님 안에 거한다는 말씀은 항상 예수님과 친밀한 사랑의 관계를 유지하는 것을 말합니다.

예수님 안에 거하여야 열매를 맺습니다(5절).

하나님께서 원하시는 영적인 열매는 예수님과 친밀한 사랑의 관계 속에서만 가능합니다. "나는 포도나무요 너희는 가지니 저가 내 안에, 내가 저 안에 있으면 이 사람은 과실을 많이 맺나니 나를 떠나서는 너희가 아무 것도 할 수 없음이라." 우리가 예수님을 믿을 때 예수님은 성령님을 통해서 우리 안에 계시지만 예수님과 친밀한 사랑의 관계를 가지기 위해서는 예수님을 우리 마음 중심에 주인으로 모셔야 합니다.

예수님 안에 거하지 아니하면 메마르게 됩니다(6절).

예수님을 믿고 예수님과 친밀한 관계 즉 "예수님이 내 안에 내가 예수님 안에 거하는" 관계가 이루어져야 과실을 맺게 됩니다. 예수님은 "사람이 내 안에 머물러 있지 아니하면, 그는 쓸모없는 가지처럼 버림을 받아서 말라 버린다. 사람들은 그것을 모아다가, 불에 던져서 태워

버린다."라고 말씀하셨습니다.

둘째, 예수님의 사랑 안에 거하여야 합니다(요 15:9-12).

요한복음 15장에서 예수님께서 말씀하시는 과실은 성령의 열매라고도 말할 수 있습니다. 또한 전도의 열매라고도 말할 수 있습니다. 인격의 변화라고도 말할 수 있습니다. 그러나 직접적으로 말씀하신 과실은 "사랑"(아가페)을 가리키신 것입니다. 이는 과실이 맺을 것을 말씀하시고 9절부터 17절까지 사랑에 관하여 말씀하시는 것을 보면 알 수 있습니다.

예수님은 우리를 많이 사랑하셨습니다. 예수님은 "아버지께서 나를 사랑하신 것 같이 나도 너희를 사랑하였으니 나의 사랑 안에 거하라."라고 말씀하셨습니다. 성부 하나님께서 독생자 아들 예수님을 지극히 사랑하신 것을 성경은 "아버지께서 아들을 사랑하사 만물을 다 그 손에 주셨다."(요3:35)라고 말씀하셨습니다. 그와 똑같이 예수님도 우리를 사랑하셨다고 말씀하셨습니다.

예수님의 계명을 지키면 예수님의 사랑 안에 거합니다(10, 12절).

예수님은 어떻게 하면 예수님의 사랑 안에 거하게 되는가를 말씀해 주셨습니다. "내가 아버지의 계명을 지켜 그의 사랑 안에 거하는 것같이 너희도 내 계명을 지키면 내 사랑 안에 거하리라."(10절)

예수님의 사랑 안에 거하면 기뻐집니다(11절).

하늘과 땅의 모든 권세를 다 가지신 예수님께서 큰 사랑으로 우리를 사랑하신다는 것을 깨닫게 되면 우리의 마음은 기쁨으로 충만하게 됩니다. 그러므로 우리가 서로 사랑하면 주님의 사랑 안에 거하게 되어 기쁨이 충만하게 됩니다.

셋째, 예수님의 이름으로 기도하여야 합니다(요 15:7, 16).

기도는 약속의 말씀을 가지고 하여야 합니다(7절).

예수님께서 "너희가 내 안에 있고 내 말이 너희 안에 있으면 무엇이든지 원하는 대로 구하라 그리하면 이루리라." 하신 말씀은 예수님께서 약속하신 말씀을 가지고 기도하라는 뜻입니다.

기도는 예수님의 이름으로 구하여야 합니다(16절).

예수님께서는 "내 이름으로 아버지께 구하라."고 하셨습니다. 이 말씀은 예수님이 하나님의 아들이요 나의 주인 것을 믿고 또 십자가에서 나의 죄를 담당하셨다는 것과 몸으로 부활하시고 하늘에 가서서 나를 위하여 완전한 제사를 지내셨다는 것을 믿고 주님을 사랑하는 마음을 가지고 기도하라는 말씀입니다(요 16:27).

예수님의 이름으로 기도하므로 열매를 맺게 됩니다(7, 16절).

예수님의 약속의 말씀을 가지고 예수님의 이름으로 기도하면 "이루리라."(7절), "다 받게 되리라."(16절) 하셨습니다. 그러므로 기도하면 다른 사람을 사랑하게 될 것이요 사랑하면 많은 열매를 맺게 됩니다. 많은 열매를 맺으면 하나님께서 영광을 받으시고(8절) 기도의 응답은 더 확실하여져서(16절) 더 많이 사랑하게 되므로 더 많은 열매를 맺게 됩니다.

참 포도나무 되시는 예수님께서 우리는 포도나무 가지라고 말씀하셨습니다. 포도나무 가지에 열매가 없으면 제하여 버리고 맺는 가지는 더 맺게 하기 위하여 손질하십니다. 우리는 반드시 열매를 맺어야 합니다. 그런데 예수님 안에 있어야 열매를 맺을 수가 있습니다. 예수님 안에 있기 위하여 우리는 서로 사랑하고 기도해야 합니다. 예수님 안에서 서로 사랑하고 기도하면 예수님은 우리에게 풍성한 열매를 주십니다. 이것이 J의 사랑입니다.

5) 새 계명을 주신 J의 사랑

새 계명은 구약에도 이미 기록되어 있는 것으로(레 19:18), 예수님께서 직접 강조하신 바처럼 하나님을 사랑하라는 계명과 더불어 율법의 핵심이었습니다. 그런데 이 계명을 새 계명이라고 말씀하신 이유는 이 사랑의 동기와 표준이 이제 예수님 자신이기 때문입니다.

요한복음 13장 34절에서 "새 계명을 너희에게 주노니 서로 사랑하라. 내가 너희를 사랑한 것 같이 너희도 서로 사랑하라."고 말씀하십니다.

예수님께서 주신 새 계명은 서로 사랑하라는 것이었습니다. 예수님께서 주신 이 계명의 중요성은 같은 날 밤, 두 번이나 같은 내용을 반복하셨다는 데서 찾을 수 있습니다.

요한복음 15장 12절부터 17절에서 "내 계명은 곧 내가 너희를 사랑한 것 같이 너희도 서로 사랑하라 하는 이것이니라. 사람이 친구를 위하여 자기 목숨을 버리면 이보다 더 큰 사랑이 없나니 너희는 내가 명하는 대로 행하면 곧 나의 친구라. 이제부터는 너희를 종이라 하지 아니하리니 종은 주인이 하는 것을 알지 못함이라. 너희를 친구라 하였노니 내가 내 아버지께 들은 것을 다 너희에게 알게 하였음이라. 너희가 나를 택한 것이 아니요 내가 너희를 택하여 세웠나니 이는 너희로 가서 열매를 맺게 하고 또 너희 열매가 항상 있게 하여 내 이름으로 아버지께 무엇을 구하든지 다 받게 하려 함이라. 내가 이것을 너희에게

명함은 너희로 서로 사랑하게 하려 함이라."고 말씀하십니다.

예수 그리스도께서는 우리에게 서로 사랑하라고, 실제로 그분께서 우리를 사랑하셨던 만큼 서로 사랑하라고 명하셨습니다. 그리고 예수님께서 우리를 얼마나 사랑하셨는가는 에베소서 5장 2절에 잘 나타나 있습니다.

에베소서 5장 2절에서 "그리스도께서 너희를 사랑하신 것 같이 너희도 사랑 가운데서 행하라. 그는 우리를 위하여 자신을 버리사 향기로운 제물과 희생 제물로 하나님께 드리셨느니라."고 말씀하십니다.

예수 그리스도께서는 우리를 위해 그분을 버리실 만큼 우리를 사랑하셨습니다. 예수님께서 우리에게 서로 사랑하라고 명하신 것도 그런 사랑을 의미하신 것입니다. 예수님은 "내가 니희를 사랑한 것 같이 서로 사랑하라." 하고 말씀하셨습니다. 예수님께서는 서로 사랑하는 것을 계명, 즉 꼭 해야 할 일로 규정하셨습니다.

베드로전서 1장 22절에서 "너희가 진리를 순종함으로 너희 영혼을 깨끗하게 하여 거짓이 없이 형제를 사랑하기에 이르렀으니 마음으로 뜨겁게 서로 사랑하라."고 말씀하고 있으며, 베드로전서 4장 8절에서도 "무엇보다도 뜨겁게 서로 사랑할지니 사랑은 허다한 죄를 덮느니라."고 말씀하십니다.

우리는 무엇보다도 예수님께서 우리를 사랑하셨던 것만큼 뜨겁게 서로 사랑해야 합니다. 결론적으로 예수님께서 우리에게 주신 새 계명은 서로 사랑하되 뜨겁게 사랑하라는 것입니다. "사랑은 율법의 완성이라."는 글을 통해, 구약에 비슷한 계명이 있음에도 불구하고 왜 예수님께서 새 계명으로 서로 사랑하라고 말씀하셨는지 알 수 있는 것입니다. 우리는 예수님께서 우리를 사랑한 것같이 우리도 서로 사랑해야 합니다. 이것이 J의 사랑입니다.

◆ 요한복음에 나타난 J의 사랑 정리

이와 같이 요한복음은 사랑의 전도서라 불릴 만큼 하나님의 사랑과 그의 독생자 예수님의 사랑으로 가득 차 있습니다. 사도 요한이 요한복음을 기록한 목적은 예수 그리스도가 하나님의 아들이라는 것과 그 아들 예수 그리스도가 우리를 구원해 주시는 구세주임을 믿게 하는 것입니다. 구원은 죄에서 떠난 우리가 하나님의 사랑 안에 거하는 것입니다. 예수님은 죄에서 떠나 하나님의 사랑 안에 있으므로 우리가 예수님을 믿으면 구원을 얻게 되는 것입니다. 요한복음에서는 여러 가지 표적들과 증거들과 비유들을 통하여 예수님이 하나님의 아들이심을 말씀하고 있으며, 예수님은 하나님의 사랑으로 그 표적과 증거와 비유들을 실행하심으로 우리로 하여금 예수님이 하나님의 아들이심을 믿게 하신 것입니다.

요한복음에 나타난 J의 사랑을 정리해보면 다음과 같습니다.

첫째, 요한복음 20장 30절-31절에서 "예수께서 제자들 앞에서 이 책에 기록되지 아니한 다른 표적도 많이 행하셨으나 오직 이것을 기록함은 너희로 예수님께서 하나님의 아들 그리스도이심을 믿게 하려 함이요 또 너희로 믿고 그 이름을 힘입어 생명을 얻게 하려 함이니라." 고 말씀하십니다.

그러므로 요한복음에 나타난 예수님의 표적의 사건은 놀라운 일을 넘어서는 것입니다. 히브리서 13장 8절의 "예수 그리스도는 어제나 오늘이나 영원토록 동일하시니라." 하심같이 예수 그리스도는 시간과 공간을 넘어서서 항상 우리와 함께 계시고 하나님의 사랑을 우리에게 실행해 보여 주시는 것입니다. 이것이 J의 사랑입니다.

둘째, 사도 요한은 요한복음에서 예수님이 하나님의 아들이시고, 사랑의 하나님이 온 세상의 구원을 위해 보내셨다는 것을 증거하고 있습니다. 세례 요한이 빛으로 오신 예수님을 증거하였고, 모세가 출애굽 과정에서 예수님을 증거했으며, 제자들도 생생한 증인으로 예수님을 증거했습니다. 하나님께서 내 사랑하는 아들이라고 증거하셨고, 성령님께서도 그의 권능으로 예수님을 증거하셨으며, 예수님이 여러 가지 역사하심으로 자신을 증거하셨습니다.

셋째, 요한복음에는 예수님을 표현하는 일곱 개의 "나는 ～이다."가 있습니다.

이 표현은 예수님께서 자신의 인격과 사역의 중요한 면을 강조하실 때에 사용하셨습니다. 예수님께서 비유로 말씀하신 이 표현에는 깊은 영적 의미가 있으며 우리에게 죄에서 자유를, 불신에서 믿음을, 사망에서 영원한 생명을 주시는 말씀입니다. 오병이어의 표적을 보이신 후에 예수님은 스스로를 '생명의 떡'이라고 말씀하셨고(6장), 소경을 치유하신 후에 예수님은 스스로를 '세상의 빛'이라고 하셨습니다(9장). 그리고 나사로의 부활은 예수님이 '부활이요 생명'이시라는 것을 보여 줍니다(11장).

사랑의 사도 요한은 요한복음에서 예수 그리스도가 하나님의 아들이라는 것과 그 아들 예수 그리스도가 우리를 구원해 주시는 구세주임을 믿게 합니다. 구원은 죄에서 떠난 우리가 하나님의 사랑 안에 거하는 것입니다. 예수님은 죄에서 떠나 하나님의 사랑 안에 있으므로 우리가 예수님을 믿으면 구원을 얻게 됩니다. 예수님은 그 사랑의 징표로 우리에게 표적을 보여 주시고, 예수님 자신을 증거해 보이시고, 비유로 예수님이 어떤 분이신지 우리에게 알려 주셨습니다. 이것이 J의 사랑입니다.

요한일서

요한일서의 저자는 사랑의 사도 요한입니다.

사도 요한은 자신을 예수님의 목격자로 소개합니다(요일 1:1). 사도 요한은 선재하시고 실제로 역사상에서 성육신하신 예수님을 전파하고 그분과의 사랑의 교제를 증진하기 위하여 요한일서를 기록하였습니다.

특별히 요한일서에는 말씀, 빛, 영생, 사랑, 새 계명 등 요한복음과 매우 비슷한 단어들이 많이 나옵니다. 요한일서의 특징적 주제는 형제 사랑입니다. 이와 더불어 사도 요한은 우리가 미혹의 영(영지주의와 적그리스도)을 분별할 것과 중생(거듭남)한 자가 의를 행하고 형제 사랑을 실천해야 할 것을 교훈하고 있습니다.

1) 요한일서 제1장 "우리의 삶은 빛의 삶"

◆ 생명의 말씀(요일 1:1-4)

사도 요한의 사역은 예수 그리스도를 전파하는 것이었습니다. "태초부터 있었던 생명의 말씀"은 하나님의 아들 예수 그리스도를 가리킵니다. "태초부터 계셨던 말씀" 즉 예수님은 하나님과 구별되면서도 그 본질과 본체에 있어서 한 하나님이십니다. 여기에 삼위일체 하나님의 사랑이 드러나 있습니다.

사도 요한은 2절에서 그를 '영원한 생명'이라고 표현하였고 또 "이 생명이 나타내신바 되었다."라고 표현하였습니다. 태초부터 아버지 하나님과 함께 계셨고, 모든 생명의 근원이 되시고, 참 사랑이 되시는 그는 바로 "말씀이 육신이 되신"(요 1:14) 우리 주 예수 그리스도이십니다. 그는 우리에게 영원한 생명이 되십니다.

사도 요한이 예수 그리스도를 전파한 목적은 전하는 자들과 전함을 받는 자들이 서로 사랑의 교제를 하기 위함이었습니다. 우리의 교제는 단순히 인간들의 교제가 아니라 하나님 아버지와 그의 아들 예수 그리스도와의 사랑의 교제입니다. 사도 요한은 그가 이 편지를 쓰는 목적은 피차간에 기쁨이 충만하기 위함이라고 말합니다.

◆ 하나님은 빛이시다(요일 1:5-10)

사도들이 예수 그리스도께 듣고 사람들에게 전하는 소식은 하나님께서 빛이시라는 사실입니다. 하나님께는 어두움이 조금도 없으십니다. 빛은 하나님의 모든 속성을 나타냅니다. 무지와 죄악과 거짓은 어두움입니다. 그러나 빛이신 하나님께서는 지식과 의와 선과 진실이 충만하십니다.

만일 우리가 하나님께서 빛 가운데 계신 것같이 빛 가운데 행하면 우리는 하나님과 사랑의 교제를 나누게 될 것입니다. 뿐만 아니라, 이렇게 우리에게 진실함이 있을 때 하나님의 아들 예수 그리스도의 피가 우리를 모든 죄에서 깨끗하게 하십니다.

모든 인간은 다 죄인이며 구원받은 성도 속에도 죄악성이 있기 때문에, 만일 누가 자신이 죄가 없다고 말한다면, 그는 자신을 속이는 자요 진리가 그 속에 있지 않는 것입니다. 만일 우리가 우리의 죄를 자백한다면, 그는 그의 약속에 대해 신실하시고 의로우시기 때문에 우리의 죄를 사하시고 모든 불의에서 우리를 깨끗하게 하실 것입니다. 그러나 만일 우리가 범죄한 적이 없다고 한다면, 우리는 하나님을 거짓말하는 자로 만들 것입니다. 왜냐하면 하나님께서는 성경에서 모든 사람이 죄인이라고 이미 선언하셨기 때문입니다.

결론적으로 하나님께서는 빛이시라는 것입니다. 하나님께서 빛이시기 때문에 하나님의 자녀 된 우리는 빛 가운데 행해야 합니다. 하나님과의 교제는 빛의 교제이며, 사랑의 교제인 것인 것입니다. 그리고 우리는 우리의 죄를 하나님 앞에서 항상 인정하고 자백하는 자들이 되어야 합니다. 우리 죄를 자백할 때 비로소 하나님과의 사랑의 교제가 시작되는 것입니다.

2) 요한일서 제2장 형제 사랑은 빛 안에 사는 증거

본장에서는 사도 요한은 우리의 대언자가 되시는 예수 그리스도와 적그리스도에 대해서 언급합니다. 하나님과 교제하는 자들은 빛이신 하나님 안에 거하면서 그의 계명과 말씀을 준수하고 사랑을 실천합니다. 이렇게 볼 때 우리의 생활은 바른 교리와 실천적 삶이 조화되어야 함을 알 수 있습니다.

◆ 대언자이신 예수 그리스도(요일 2:1-6)

사도 요한은 본 서신을 쓰는 목적에 대해 "너희로 죄를 범치 않게 하려 함이라."고 말했습니다. 죄 짓지 않는 삶, 죄 없는 삶, 그것이 하나님께서 우리에게 원하시는 삶입니다. 사도 요한은 "만일 누가 죄를 범하면 우리는 아버지와의 관계에서 대언자가 있다."고 말합니다. 예수님께서는 죄에 대하여 우리의 대언자가 되십니다.

예수 그리스도께서 우리를 위해 계속 변호하시는 것은 그의 십자가 대속사역에 근거한 것입니다. 주의 계명들을 지키는 자가 주를 아는 자요, 주를 안다고 말하면서 주의 계명들을 지키지 않는 자는 거짓말하는 자요 진리가 그 속에 있지 않은 자입니다. 주의 계명들은 예수님께서 우리에게 주신 새 계명을 말하며 그 핵심은 하나님을 사랑하고 형제끼리 서로 사랑하라는 것입니다.

결론적으로 우리는 죄 짓지 않는 생활을 해야 하며, 우리가 죄를 지을 때는 우리의 구주 되신 예수 그리스도를 의지하여 변호를 요청해야 합니다. 그리고 우리가 주의 계명들을 지키는 자가 될 때 우리는 주를 아는 자요, 주를 사랑하는 자요, 주 안에 거하는 자임이 증거 되는 것입니다.

◆ 옛 계명과 새 계명(요일 2:7-17)

3절에서 사도 요한은 "우리가 그의 계명을 지키면 이로써 우리가 저를 아는 줄로 알 것이요."라고 말씀하고 있습니다. 그는 이제 본 절에서 그가 말한 계명은 어떤 새 계명을 가리키는 것이 아니고 그들이 처음부터 들었던 말씀을 가리킨다고 설명합니다. 그것은 십계명을 의미할 수도 있고 혹은 본 절의 옛 계명이 서로 사랑하라는 예수님의 계명을 가리키는 것일 수도 있습니다.

사도 요한은 그들에게 새 계명에 대해서도 말씀합니다. 그것은 분명히 예수님께서 제자들에게 남겨 두신 계명, 즉 서로 사랑하라는 것을 가리킨다고 볼 수 있습니다.

비록 우리가 자신이 빛 가운데 있다고 말할지라도, 만일 그가 자기 형제를 미워하고 있다면 그는 어두운 가운데 있는 자입니다. 우리의 구원의 확신은 그의 실제적인 삶, 특히 형제를 사랑하는 삶을 통해 확증되어야 합니다. 형제 사랑은 빛의 증거요 구원의 증거가 되는 것입니다.

사도 요한은 앞에서 언급한 믿음의 기본에 근거하여 성도들에게 세상이나 세상에 있는 것들을 사랑하지 말라고 교훈하였습니다. 세상을 사랑하는 자는 하나님께 대한 사랑이 없는 자입니다. 세상을 사랑하는 것은 육신의 정욕과 안목의 정욕과 이생의 자랑에 속하는 것들이며, 다 아버지께로부터 나온 것이 아니고 세상으로부터 나온 것이기 때문입니다. 이 세상의 것들은 반드시 지나갑니다. 또 세상과 함께 우리의 육신의 정욕과 안목의 정욕과 이생의 자랑도 다 지나갑니다. 그래서 전도서는 세상의 모든 것들이 다 헛됨을 반복적으로 증거하고 있습니다(전 1:2).

◆ 적그리스도와 하나님의 자녀(요일 2:18-23)

사도 요한은 이 편지를 쓰던 당시를 마지막 때 곧 말세라고 보았습니다. 그 까닭은 예언된 대로 많은 적그리스도들이 일어났기 때문이었습니다. '적그리스도'는 그리스도를 부정하고 대적하는 이단들을 가리킵니다. 이단자들은 처음에 교회에 속해 있었으나 어느 날 교회를 떠나갔습니다. 교회 역사상 이단의 초기 형태는 분파적이었습니다. 그들은 교회에서 나간 자들이었습니다. 그러나 그들은 실상 처음부터 참된 교회에 속한 자들이 아니었습니다. 만일 그들이 참으로 교회에 속한 자들이었다면 그들은 교회를 떠나지 않고 참된 성도들과 함께 거하였을 것입니다.

구원받은 성도는 거룩하신 자 곧 하나님께로부터 기름 부음 곧 성령을 받았습니다. 성령은 전능하신 하나님의 영이시므로 우리에게 모든 진리를 가르쳐 주시고 깨닫게 해주십니다. 사도 요한은 성도들이 진리를 알지 못하기 때문에 편지하는 것이 아니고 진리를 알기 때문에 한다고 말합니다. 성령은 진리의 영이시며 그가 우리에게 모든 진리를 깨닫고 믿게 하셨으므로 우리는 이단에 대해 논하며 이단을 배격해야 함을 말할 수 있는 것입니다.

우리가 적그리스도들 혹은 이단들을 분별할 수 있는 기준은 교리적인 면과 윤리적인 면이 있습니다. 교리적으로 이단은 기독교의 기본적 교리들을 부정합니다. 윤리적으로 이단은 음란하고 탐욕적입니다. 본문은 그들을 거짓말하는 자라고 표현합니다. 그들은 예수님께서 그리스도이심을 부인하는 자들입니다.

◆ 주 안에 거하라(요일 2:24-29)

'처음부터 들은 것'은 교회가 사도들을 통해 들은 복음 진리를 가리킵니다. 그것은 예수님께서 하나님의 아들 그리스도시라는 내용이요 그의 죽음이 우리의 죄를 대속하는 일이 되고 저를 믿음으로 우리가 영생을 얻고 하나님의 자녀가 되고 구원을 얻는다는 것입니다. 사도 요한은 이 내용이 "너희 안에 거하게 하라."고 말했습니다. 이 말은 그것을 믿고 지키라는 것입니다.

사도 요한은 이렇게 할 때, 우리가 "아들의 안과 아버지의 안에 거할" 것이라고 말했습니다. 즉 하나님과의 영적 신비적 연합을 누리게 된다는 말씀입니다. 성도는 하나님의 아들과의 연합으로 대속의 은택들을 누리게 되며, 하나님 아버지와의 연합으로 하나님의 사랑과 은혜 안에 거하게 되는 것입니다.

사도 요한은 우리가 주 안에 거해야 함을 강조합니다. 우리가 이렇게 주 안에 거하게 되면, 주님이 재림하실 때 담대함을 얻고 그 앞에서 부끄럽지 않게 될 것이라고 말했습니다. 사도 요한은 덧붙여 우리가 주의 의로우심을 안다면 의를 행하는 자마다 그에게서 난 줄도 알 것이라고 말했습니다.

3) 제3장 형제 사랑은 생명에 들어간 증거

◆ 죄를 짓지 말라(요일 3:1-6)

우리는 전에 죄인이요 사망 아래 있던 사람이었고 마귀에게 속한 자들이었습니다. 그러나 하나님 아버지께서 지극한 사랑으로 사랑하심으로써 구원을 받아 의롭다 하심을 얻었고 영원한 생명을 얻었고 하나님의 자녀들이 되었습니다.

그러나 세상은 우리가 얻은 의도, 영생도, 하나님의 자녀 됨도 알지 못합니다. 그것은 그들이 하나님에 대해 바로 알지 못하기 때문입니다.

하나님의 자녀들의 장래의 영광의 모습은 아직 나타나지 않았습니다. 그것은 예수님께서 나타내심이 될 때 즉 다시 오실 때 나타날 것입니다. 우리는 그때 그와 같이 영광스런 모습으로 변화될 것입니다. 구원받은 성도들은 주의 재림과 그때 이루어질 영광스런 변화에 대한 소망을 가지고 있습니다. 사도 요한은 우리가 이런 소망을 가지고 있기 때문에 주의 깨끗하심과 같이 자신을 깨끗하게 한다고 말합니다.

사도요한은 죄는 불법이라고 말합니다. 불법은 하나님의 법, 하나님의 계명, 하나님의 뜻을 반대하고 어기는 것을 말합니다. 하나님의 아들 예수님께서 사람이 되어 이 세상에 오신 이유는 바로 우리의 죄를 없이 하시기 위해서였습니다. 그가 우리의 죄를 없이 하기 위해 오셨고 그 일을 이루심으로 우리가 구원을 받았다면, 우리는 더 이상 죄를 짓지 말아야 합니다. 그러므로 우리가 주 안에 거한다면 우리는 범죄하지 않게 됩니다.

◆ 하나님의 자녀와 마귀의 자녀(요일 3:7-12)

성도는 누구에게든지 미혹을 받지 말아야 합니다. 교회 안팎에는 성도를 속이고 잘못 인도하는 자들이 있습니다. 그들은 잘못된 교훈을 하고 잘못된 행동의 본을 보입니다. 그들은 죄를 짓는 자들이며 죄 짓는 일을 대수롭지 않은 일로 허용하는 자들이었던 것 같습니다. 그러나 요한은 의를 행하는 자는 의롭지만 죄를 짓는 자는 마귀에게 속한다고 말합니다. 하나님의 아들이 나타나신 것은 마귀의 일을 멸하려 하심이었다고 말합니다.

하나님께로서 났다는 말씀은 중생 곧 거듭남을 말합니다. 그것은 물과 성령으로 거듭나는 것이며(요 3:3, 5) 그 표는 예수 그리스도를 영접하는 것 곧 그를 믿는 것입니다(요 1:12, 13). 사도 요한은 하나님께로서 난 자 곧 중생한 자는 죄를 짓지 않는다고 말합니다. 사도 요한은 중생한 자가 죄를 짓지 아니하는 이유에 대해 "이는 하나님의 씨가 그의 속에 거함이요."라고 했습니다. '하나님의 씨'는 새 생명의 원리를 말합니다. 계속적으로 죄 가운데 사느냐 아니면 즉시 회개하고 죄를 버리고 의를 행하려고 결심하고 노력하느냐 하는 점에서 하나님의 자녀와 마귀의 자녀의 차이가 드러납니다. 사도 요한은 다시 말하기를, 누구든지 의를 행치 않거나 그 형제를 사랑하지 않는 자는 하나님께로서 난 자가 아니고 하나님께 속한 자가 아니라고 말합니다.

사도 요한은 옛날 가인의 예를 들면서 우리가 가인같이 형제를 미워하고 죽이는 악을 행치 말고 서로 사랑해야 할 것을 강조합니다. 서로 사랑하는 것이야말로 우리가 하나님께로부터 난 자요 하나님께 속한 자라는 것을 잘 증거하는 표가 됩니다.

◆ 사랑은 생명에 들어온 표임(요일 13-18)

사도 요한은 세상이 우리를 미워할 때 이상히 여기지 말라고 말합니다. 왜냐하면 미움은 사망의 표이기 때문입니다. 세상은 죄와 사망 가운데 있기 때문에 하나님을 미워하고 하나님의 백성이 된 우리들을 미워하고 또 서로 미워합니다. 그러나 구원받은 우리는 서로 사랑합니다. 사랑은 생명의 표입니다. 그러므로 요한은 우리가 형제를 사랑하기 때문에 사망에서 옮겨 생명으로 들어간 줄을 안다고 증거합니다.

사도 요한은 형제를 미워하는 것이 곧 살인이라고 말합니다. 살인은 사람의 생명을 빼앗는 것이지만 이런 것들뿐 아니라 형제를 미워하는 것도 똑같이 살인에 해당한다고 합니다. 살인한 자는 영생이 그 속에 거하지 않습니다. 그러므로 우리는 살인의 죄를 다 회개하고 서로 사랑하는 자가 되어야 합니다.

형제 사랑의 방법은 예수님의 모범을 따라 형제를 위하여 우리의 목숨을 버리는 것이 마땅하다고 말합니다. 즉 참된 사랑은 자기 목숨까지 버리는 것이라는 말씀입니다. 요한복음 15장 13절에서 예수님께서는 "사람이 친구를 위하여 자기 목숨을 버리면 이에서 더 큰 사랑이 없나니."라고 말씀하셨습니다. 예수님께서는 우리를 위해 자기 목숨을 십자가에 내어 주셨습니다. 그가 십자가에 못 박혀 돌아가신 것은 우리를 사랑하신 확증이었습니다. 그것은 참으로 가장 큰 사랑이었습니다. 우리가 이렇게 큰 사랑을 받았으니 우리도 형제들을 위해 목숨을 버리는 것이 마땅합니다.

사도 요한은 또한 세상 재물을 가지고 궁핍한 형제를 돕는 것이 참된 사랑이라고 말합니다. 하나님의 크신 사랑을 우리가 받은 자들이라면 우리는 참 사랑을 실천해야 할 것입니다. 우리가 우리의 목숨까지 형제를 위해 버리기를 원한다면 우리의 재물로 궁핍한 형제를 구제하는 것이 어려운 일이 아닐 것입니다. 목숨은 물질보다 더 귀중합니다. 그러므로 희생적으로 사랑하기로 결심한 우리라면 우리는 우리의 물질로 구제하기를 힘써야 할 것입니다. 야고보서 2:15-17, "만일 형제나 자매가 헐벗고 일용할 양식이 없는데 너희 중에 누구든지 그에게 이르되 평안히 가라, 더웁게 하라, 배부르게 하라 하며 그 몸에 쓸 것을 주지 아니하면 무슨 이익이 있으리요 이와 같이 행함이 없는 믿음은 그 자체가 죽은 것이라."고 말씀합니다.

◆ 순종과 담대함(요일 3:19-24)

본문은 우리가 서로 사랑하라는 주의 계명을 순종할 때 우리 자신이 진리에 속한 자임을 알고, 확신과 평안과 담대함을 얻고, 기도의 응답을 받으며, 우리가 주님과 영적으로 연합되었음을 확인하게 된다고 증거합니다.

사도 요한은 우리가 진실하게 형제를 사랑할 때 우리가 진리에 속한 자임을 알게 된다고 증거합니다. 사도 요한은 앞에서도 진리에 대하여 자주 말했습니다. 그가 말한 진리는 예수 그리스도가 그 내용인 하나님의 복음 진리를 말하는 것입니다. 우리는 서로 사랑할 때 진리에 속한 자임을 스스로 알게 됩니다. 진실한 형제 사랑은 진리에 속한 증거입니다. 사도 요한은 또한 우리가 진실하게 형제를 사랑할 때 우리 마음을 주 앞에서 굳세게 할 것이라고 증거합니다. 우리는 서로 사랑할 때 확신과 평안과 담대함을 얻게 됩니다. 그 이유는 우리 마음이 우리를 책망할 일이 있으면 우리 마음보다 크시고 모든 것을 아시는 하나님 앞에서 확신과 평안과 담대함을 얻을 수 없지만, 우리 마음이 우리를 책망할 것이 없으면 하나님 앞에서 담대함을 얻을 수 있기 때문입니다.

사도 요한은 순종의 또 하나의 결과로서 기도의 응답에 대해 증거합니다. 예수께서는 우리에게 기도의 응답에 대해 가르쳐 주셨습니다. "구하라. 그러면 너희에게 주실 것이요, 찾으라. 그러면 찾을 것이요,

문을 두드리라. 그러면 너희에게 열릴 것이니, 구하는 이마다 얻을 것이요 찾는 이가 찾을 것이요 두드리는 이에게 열릴 것이니라."(마 7:7, 8). 예수님께서는 기도의 응답에 대해 가르쳐 주시면서 결론적으로 말씀하시기를, "그러므로 무엇이든지 남에게 대접을 받고자 하는 대로 너희도 남을 대접하라. 이것이 율법이요 선지자니라."고 하셨습니다 (마 7:12). 우리가 기도와 간구에 대해 하나님의 응답하심을 원하고 기대한다면 먼저 하나님 중심으로 살고 하나님을 기쁘시게 하고 하나님의 뜻을 순종하는 자가 되어야 할 것을 가르치신 것입니다. 우리는 하나님의 계명을 순종할 때 하나님께서 우리의 기도를 들어 주실 것을 더욱 확신할 수 있습니다.

사도 요한은 우리가 따라야 할 하나님의 계명을 두 마디로 요약합니다. 첫째는 그의 아들 예수 그리스도의 이름을 믿는 것이요, 둘째는 그의 계명대로 서로 사랑하는 것입니다. 하나님께서 모든 인생에게 선언하신 가장 긴급하고 가장 중요한 내용은 무엇보다 회개하고 예수 그리스도를 믿으라는 것입니다. 하나님께서는 또한 예수님을 믿고 영생의 구원을 받은 자들에게 모든 계명을 요약한 서로 사랑하라는 새 계명을 주셨습니다.

사도 요한은 마지막으로 우리가 계명을 순종할 때, 즉 우리가 예수님을 믿고 그의 계명대로 서로 사랑할 때 우리가 주 안에 거하고 주께서도 우리 안에 거하심을 안다고 증거합니다. 우리가 주 안에 거하고 주께서 우리 안에 거하신다는 것은 주님과의 영적 연합과 사랑의 교제를 의미하는 말입니다.

예수님께서 우리 안에 거하신다는 표는 우리 속에 오신 성령님이십니다. 성령은 하나님의 영이신 동시에 예수 그리스도의 영이시며(롬 8:9, 갈 4:6) 그가 우리 안에 계신 것은 곧 주께서 우리 속에 계신 것과 같습니다. 그런데 이렇게 하나님과 하나 되었고 성령께서 우리 안에 계시다는 사실은 우리가 하나님의 계명을 순종할 때 더욱 확인되고 확증되는 것입니다. 우리가 하나님의 은혜로 오직 예수 그리스도를 믿음으로 얻은 구원은 하나님의 계명을 순종함으로써 확인되고 확증됩니다.

4) 요한일서 제4장 형제 사랑은 하나님의 사랑에 대한 응답

◆ 하나님의 영과 적그리스도의 영(요일 4:1-6)

우리는 사람들의 사상과 가르침들을 다 믿지 말고 그것이 하나님께 속하였나 시험해야 합니다. 즉 어떤 사상, 어떤 교훈이 하나님께로 나온 하나님의 사상, 하나님의 교훈인지 아닌지를 시험하고 분별해야 한다는 뜻입니다. 왜냐하면 많은 거짓 선지자들, 거짓 목사들이 세상에 나왔기 때문입니다.

사도 요한은 우리에게 하나님의 영을 분별하는 기준을 말해 주었습니다. 그 기준은 예수 그리스도께서 육체로 오셨다는 사실을 시인하며 고백하느냐 하지 않느냐 하는 것입니다. 예수 그리스도의 성육신을 고백하는 영은 하나님께 속한 영이지만, 예수 그리스도의 성육신을 고백하지 않는 영은 하나님께 속하지 않는 영이며, 적그리스도의 영 곧 그리스도를 대적하는 영인 것입니다. 성육신의 교리는 기독교의 핵심 교리 중 하나이며 단지 그 교리뿐 아니라 성경의 근본 교리를 부정하는 것은 하나님께로부터 온 영이 아니고 예수 그리스도를 대적하는 적그리스도의 영이며 거짓된 영입니다. 예수님께서 적그리스도의 영 곧 거짓 목사들이 세상에 올 것이라고 예언하신 대로 그들이 사도 요한의 당시에 벌써 세상에 있었습니다.

우리들은 하나님께 속하였고, 중생하였으며, 거짓 선지자들에게 미혹되지 않았고 그들을 배격하고 이겼습니다. 왜냐하면 우리들 안에 계신 하나님께서 세상에 있는 사탄보다 크시기 때문입니다. 우리들은 하나님께로 난 하나님의 자녀들이지만 거짓 선지자들과 적그리스도들은 사탄의 앞잡이들입니다.

저 거짓 교사들은 세상에 속했고 세상에서 나온 고로 세상에 속한 말 혹은 세상에서 나온 말을 하며 세상이 저희 말을 듣습니다. 그러나 하나님의 참된 종들은 하나님께 속하고 하나님께로 난 자들 즉 중생한 자들이므로 하나님을 아는 자들은 우리의 말을 듣습니다. 이로써 진리의 영과 미혹의 영은 구별됩니다. 진리의 영은 주께서 사도들을 통해 주신 바른 복음을 믿고 인정하고 고백하지만, 미혹의 영은 우리의 바른 말과 정통 교리를 듣지 않고 인정하지 않는 것입니다.

◆ 서로 사랑함이 마땅함(요일 4:7-11)

사도 요한은 우리가 서로 사랑해야 함을 계속 강조합니다. 그가 말하는 사랑은 세속적, 육신적 사랑이 아니고 아가페의 거룩한 사랑입니다. 이러한 사랑은 하나님께 속한 것 즉 하나님께로부터 나온 것입니다. 그러므로 요한은 이러한 거룩한 사랑으로 형제를 사랑하는 자마다 하나님께로 나서 하나님을 알지만 형제를 사랑하지 않는 자는 하나님을 알지 못하니 이는 하나님이 사랑이시기 때문이라고 말합니다.

하나님의 사랑은 하나님께서 자기의 독생자를 세상에 보내신 일에서 밝히 나타났습니다. 9절은 하나님께 독생자가 계시다는 사실과, 하나님께서 그를 세상에 보내셨다는 사실과, 그가 그를 세상에 보내신 목적에 대해 증거합니다.

첫째로, 하나님께 독생자가 계시며(요 1:18, 3:16), 둘째로, 하나님께서는 자기의 독생자를 세상에 보내셨으며, 셋째로, 하나님께서 독생자를 세상에 보내신 목적은 우리를 살리시기 위함이었습니다. 10절은 9절의 뜻을 더욱 분명하게 합니다. 하나님께서 독생자를 세상에 보내신 그 사실에서 우리는 참 사랑을 발견합니다. 하나님께서는 우리를 지극히 사랑하셔서 우리 죄를 위해 화목제물로 그 아들을 보내 주셨습니다. 하나님께서 우리 같은 죄인을 이처럼 사랑하셨기 때문에 우리도 서로 사랑하는 것이 마땅합니다.

◆ 하나님이 우리 안에 거하심(요일 4:12-16)

본문은 우리가 서로 사랑할 때 하나님이 우리 안에 거하시고 우리가 하나님 안에 거한다고 증거합니다.

하나님은 영이시기 때문에(요 4:24) 어느 때나 하나님을 본 사람이 없습니다. 그러나 사도 요한은 만일 우리가 서로 사랑하면 하나님이 우리 안에 거하시며 그의 사랑이 우리 안에 온전히 이루어진다고 하였습니다. 이 말씀은 하나님의 사랑이 형식적으로 우리에게 이루어지는 것이 아니고 실제적으로 우리 속에 이루어진다는 뜻입니다. 또한 우리는 하나님께서 주신 성령으로 말미암아 하나님이 우리 안에 거하신다는 사실을 알게 됩니다.

기독교 복음의 핵심 내용은 하나님께서 그 아들을 세상에 구주로 보내셨다는 것입니다. 요한복음 3장 16절에서 "하나님이 세상을 이처럼 사랑하사 독생자를 주셨으니 이는 저를 믿는 자마다 멸망치 않고 영생을 얻게 하려 하심이니라."고 말씀하십니다. 또 기독교 복음의 확실성은 사도들이 하나님의 아들을 직접 보았고 증거하였다는 사실에 있습니다. 누구든지 복음에 나와 있듯 예수님을 하나님의 아들 구주로 시인하고 고백하면 하나님이 저 안에 거하시고 저도 하나님 안에 거한다고 증거합니다. 이것이 구원입니다. 예수님을 믿음으로 구원받는다는 것이 성경의 기본적 진리입니다.

우리가 복음에 증거된 대로 예수님을 하나님의 아들 구주로 믿은 것은 우리가 우리를 사랑하신 하나님의 사랑을 안 것이요 믿은 것입니다. 예수님은 하나님의 사랑의 확증이십니다(요 3:16, 롬 5:8). 사도 요한은 위의 사실에 근거하여 다시 반복하기를 "사랑 안에 거하는 자는 하나님 안에 거하고 하나님도 그 안에 거하신다."고 말합니다. 그러므로 사랑의 실천은 참 신앙고백의 증거일 뿐 아니라, 구원의 증거 즉 하나님과의 영적 일체의 증거가 되는 것입니다.

◆ 하나님을 사랑한다면(요일 4:17-21)

본문은 우리가 서로 사랑할 때 심판 날에 담대함을 가지게 된다는 것을 증거합니다. 본문은 또한 우리가 하나님을 사랑하는 이유가 하나님이 먼저 우리를 사랑하셨기 때문이며, 서로 사랑하는 것이 우리가 하나님을 사랑하는 증거라고 합니다.

우리가 서로 사랑할 때 하나님의 사랑이 우리에게 온전히 이루어지게 됩니다. 그 사랑이 우리에게 온전히 이루어졌다는 말은 법적인 구원인 칭의뿐 아니라 새 생활로 나타나는 구원인 성화를 통해 하나님의 구원 의지가 세상에서 온전히 이루어졌다는 뜻입니다. 이렇게 형제 사랑을 실천함으로써 하나님의 사랑이 온전히 이루어질 때 우리는 담대함을 가지게 되는 것입니다. 이것은 또한 심판 날에 가질 담대함입니다. 우리는 서로 사랑할 때 심판 날에 담대함을 가지게 됩니다.

이런 담대함을 가지게 되는 이유는, "주의 어떠하심과 같이 우리도 세상에서 그러하기 때문이다." 즉 주께서 세상에서 고난을 당하셨듯이 우리도 세상에서 고난을 당하며, 주께서 십자가에 죽기까지 우리를 사랑하셨듯이 우리도 죽기까지 형제를 사랑하면, 주께서 부활하셨듯이 우리도 부활할 것이기 때문입니다.

사랑 안에는 두려움이 없습니다. 온전한 사랑은 두려움을 내어 쫓는다고 했습니다. 왜냐하면 두려움에는 고통이 있기 때문입니다. 두려워하는 자는 하나님의 사랑을 온전히 이루지 못했습니다. 하나님의 사랑을 온전히 받은 자는 그 사랑 안에 거하고 그 사랑을 소유하고 그 사랑을 실천하는 자이며, 거기에는 두려움과 고통이 없습니다.

우리가 서로 사랑하는 것은 하나님이 우리를 먼저 사랑했기 때문입니다.

신명기 6장 5절에서 "너는 마음을 다하고 성품을 다하고 힘을 다하여 네 하나님 여호와를 사랑하라.", 마태복음 22장 37절부터 38절에서는 "예수께서 가라사대 네 마음을 다하고 목숨을 다하고 뜻을 다하여 주 너의 하나님을 사랑하라 하셨으니 이것이 크고 첫째 되는 계명이요."라고 말씀하십니다.

우리는 하나님을 사랑해야 합니다. 그런데 우리가 하나님을 사랑하는 이유는 하나님께서 먼저를 우리를 사랑하셨기 때문입니다. 우리는 하나님을 사랑하는 것이 그 사랑으로 구원받은 자에게 기본적인 일이며 또 우리 자신이 하나님을 사랑하고 있다고 생각하면서도 우리의 형제들을 사랑하지 않고 미워하는 일이 자주 있습니다. 그러나 요한은 하나님을 사랑한다고 말하면서 그 형제를 사랑하지 않고 미워하는 자는 거짓말하는 자라고 말합니다.

이 계명은 요한복음에 기록된 예수님의 말씀에 나타나 있습니다.

요한복음 14장 21절에서 "나의 계명을 가지고 지키는 자라야 나를 사랑하는 자니 나를 사랑하는 자는 내 아버지께 사랑을 받을 것이요 나도 그를 사랑하여 그에게 나를 나타내리라."고 말씀하십니다. 주 안에서 형제를 사랑하는 것은 하나님을 사랑하는 증거가 됩니다.

5) 요한일서 제5장 형제 사랑은 하나님을 사랑하는 표시

◆ 하나님을 사랑하는 표시(요일 5:1-5)

본문은 하나님께로 난 자, 즉 중생한 자마다 하나님을 사랑할 뿐만 아니라 또한 다른 중생한 자들 즉 주 안에서 형제 된 자들을 사랑한다는 것과 이것은 결코 무거운 짐이 아니라는 것을 증거합니다.

요한복음 1장12절부터 13절에서 "영접하는 자 곧 그 이름을 믿는 자들에게는 하나님의 자녀가 되는 권세를 주셨으니 이는 혈통으로나 육정으로나 사람의 뜻으로 나지 아니하고 오직 하나님께로서 난 자들이니라."라고 말씀합니다. 또 예수님께서 중생의 도리를 증거하실 때 요한복음 3장 5절에서 "예수께서 대답하시되 진실로 진실로 네게 이르노니 사람이 물과 성령으로 나지 아니하면 하나님 나라에 들어갈 수 없느니라."고 말씀하십니다. 이 말씀들은 예수님께서 그리스도이심을 믿는 자마다 하나님께로 난 자라고 증거하는 말씀입니다. 우리를 중생시키신 하나님을 사랑하는 자는 누구나 그 형제를 사랑합니다. 형제를 사랑함은 하나님 사랑과 그 계명을 지킬 때 가능하게 됩니다. 하나님의 계명을 지키는 것이 곧 하나님을 사랑하는 것이기 때문입니다.

우리 속에는 하나님께서 계시고 또한 그의 생명의 원리가 거하기 때문에 우리는 죄와 세상을 이길 수 있습니다. 예수 그리스도의 대속은 우리를 죄와 사망과 사탄의 권세로부터 건져내어 주셨습니다. 사도 요한은 덧붙여서 말하기를, 성도가 세상을 이기는 방법은 다른 것이 아니고 바로 믿음이라고 하였습니다. 그것은 예수께서 하나님의 아들이심을 믿는 믿음입니다. 우리는 예수 그리스도를 믿음으로 죄 사함받고 의롭다 하심을 받았고 영생을 얻었고 부활을 소망하고 확신하게 되었습니다.

사도 요한이 본문에서 교훈하는 것은 만일 우리가 중생해서 하나님을 사랑한다면 우리가 또한 중생한 다른 형제들을 사랑할 수 있고 또 그렇게 사랑해야 한다는 것입니다. 우리가 육신의 형제들도 사랑하는데 하물며 하나님께서 낳으신 영적 형제들을 더욱 사랑해야 하며 이것은 결코 무거운 짐이 아니라는 것입니다. 예수님께서 우리에게 주신 새로운 계명은 하나님을 사랑하고 형제를 사랑하라는 계명입니다. 이것이 J의 사랑입니다.

◆ 물과 피와 성령의 증거(요일 5:6-10)

예수 그리스도께서 물과 피로 임하셨다는 뜻은 예수님의 인성을 말하는 것입니다. 예수님께서는 십자가에 못 박히셔서 물과 피를 흘리셨습니다. 하나님의 아들 예수 그리스도는 참된 인간이셨습니다. 태초부터 계셨던 하나님의 아들은 때가 되어 인간의 본질을 취하여 사람이 되셨습니다(요 1:14). 예수님께서 사람으로 오신 까닭은 속죄의 제물이 되시기 위함이었습니다. 예수 그리스도는 영원히 참 하나님이시며 참 사람이십니다.

성령님께서는 예수 그리스도를 증거하십니다. 즉 성령님께서는 예수님께서 하나님의 아들이 그리스도이시며 우리의 죄를 대속하신 구주이심을 증거하시는 것입니다. 요한복음 15장 26절에서 "내가 아버지께로서 너희에게 보낼 보혜사 곧 아버지께로서 나오시는 진리의 성령이 오실 때에 그가 나를 증거하실 것이요."라고 말씀하십니다. 성령님께서는 오직 예수 그리스도를 밝히 증거하시며 사람들로 하여금 예수 그리스도를 믿어 구원을 받게 하십니다. 성령과 물과 피는 모두 예수 그리스도를 증거합니다. 또한 그 셋의 증거는 하나입니다. 그 셋은 공통적으로 예수 그리스도의 구주 되심을 증거 하는 것입니다.

하나님께서도 친히 예수 그리스도를 증거하십니다. 우리가 사람들의 증거들도 믿으며 살아가는데 하나님의 증거는 당연히 믿어야 하는 것입니다. 하나님의 증거는 그 아들 예수 그리스도에 관한 증거입니다. 마태복음 3장 17절에서 "하늘로서 소리가 있어 말씀하시되 이는 내 사랑하는 아들이요 내 기뻐하는 자라 하시니라."고 말씀하십니다. 하나님의 아들을 믿는 자는 자기 안에 그 증거가 있습니다. 우리는 하나님의 증거를 받아들였기 때문에 하나님의 아들을 믿게 되는 것입니다.

◆ 영생을 주심(요일 5:11-13)

본문은 하나님께서 우리에게 영생을 주셨다는 것과 그 영원한 생명이 그의 아들 예수 그리스도 안에 있다는 것과 하나님의 아들 예수 그리스도를 믿는 자에게 영생이 있다는 것을 말씀하고 있습니다.

사도 요한은 하나님의 증거에 대해 좀 더 설명합니다. 하나님의 증거의 내용은 두 가지인데, 하나는 하나님께서 우리에게 영생을 주셨다는 사실이며, 또 하나는 그 생명이 그의 아들 안에 있다는 사실입니다. 영생은 말 그대로 죽지 않고 영원히 사는 것을 의미합니다. 생명의 원천이신 창조주 외에는 아무도 인간에게 영생을 줄 수 없습니다.

하나님께서는 우리에게 영원한 생명 곧 영생을 약속하셨습니다. 이 약속된 생명이 하나님의 아들 예수 그리스도 안에 있다는 것입니다. 그러므로 하나님의 아들 예수 그리스도를 믿는 자에게는 영생이 있습니다. 우리는 이 영생의 가치를 깨달아야 합니다. 그러므로 우리가 예수 그리스도를 하나님의 아들로 믿음으로써 우리는 우리에게 영생이 있음을 확신하고 감사하게 되는 것입니다. 또 이 영생의 기쁜 소식을 믿지 않는 자들에게 증거해야 합니다. 하나님의 아들 예수 그리스도를 믿음이 영생의 길이며, 우리는 예수님께서 주시는 참된 믿음과 참된 사랑을 통하여 하나님을 사랑하고 형제를 사랑함으로써 영생을 얻을 수 있는 것입니다. 이것이 J의 사랑입니다.

◆ 기도의 응답(요일 5:14-17)

사도 요한은 5장 14절부터 17절에서 성도의 특권으로서 기도의 응답에 대해 말씀하고 범죄하는 형제에 대해 기도할 것을 당부합니다.

여기서 사도 요한은 우리의 담대함 즉 확신에 대해 말씀하는데, 그것은 기도의 응답에 관한 것입니다. 우리는 하나님의 뜻대로 무엇을 구하면 하나님께서는 그 기도를 들으실 것이라고 확신해야 합니다. 우리는 회개하며 순종하며 기도할 때 기도의 응답을 받습니다.

우리가 하나님의 뜻대로 기도하는 것도 중요하지만, 하나님께서 우리가 그의 뜻대로 구한 기도를 들으실 것이라는 믿음 또한 중요합니다. 우리가 기도의 약속을 믿는다면, 우리는 또한 간구한 기도의 응답을 믿고 기대할 수 있을 것입니다. 마가복음 11장 24절에서 "그러므로 내가 너희에게 말하노니 무엇이든지 기도하고 구하는 것은 받은 줄로 믿으라. 그리하면 너희에게 그대로 되리라."고 말씀하십니다.

사도 요한은 기도의 응답에 대해 말한 후 범죄하는 형제를 위해 기도할 것에 대해 또한 가르쳤습니다. 이때 그는 죄를 두 가지로 나누었는데 하나는 "사망에 이르지 않는 죄"이며, 다른 하나는 "사망에 이르는 죄"입니다. 그는 말하기를, "모든 불의가 죄로되 사망에 이르지 아니하는 죄도 있도다."라고 하였습니다. 중생한 자가 범죄치 않는다는 말씀은 중생한 자가 계속 죄 가운데서 생활할 수 없다는 뜻이지, 중생한 자가 전혀 죄를 짓지 않는다는 뜻은 아닙니다. 중생한 자도 죄를 지을 수 있습니다. 그러나 그가 진심으로 예수 그리스도를 믿는 자라면 그는 그 죄에 머물러 있을 수 없고 즉시 돌이켜 하나님께로 나아올 것입니다. 그는 그 실수와 연약함 때문에 구원과 영생을 상실하고 영원한 멸망에 떨어질 수 없습니다. 그러므로 우리는 형제가 그런 죄를 범하는 것을 보면 예수님의 이름으로 그를 위해 기도해야 합니다. 그러면 예수님께서는 그를 긍휼히 여기시고 사랑하셔서 죄를 용서해 주실 것입니다. 이것이 J의 사랑입니다.

◆ 바른 지식과 삶(요일 5:18-21)

본문은 중생에 대한 바른 지식과 거기에 합당한 삶에 대하여 말씀하고 있습니다. 본문에는 "우리가 알고 있다."는 말이 세 번 나오는데 그것은 우리가 얻은 중생의 성격과 근원과 방편을 나타냅니다. 중생의 성격은 범죄하지 않는 것이요, 중생의 근원은 하나님께로부터 난 것이며, 중생의 방편은 하나님의 아들 예수 그리스도로 말미암은 것입니다. 또 본문은 우리가 중생에 합당하게 자신을 죄와 우상으로부터 지켜야 할 것을 말씀하고 있습니다.

첫째로, 우리가 아는 것은 하나님께로 난 자마다 범죄하지 않는다는 사실입니다. 이것은 중생의 성격을 보여 줍니다. 중생한 자는 계속 범죄할 수 없습니다. 중생한 자는 그 영혼 속에 새 생명의 원리가 주어졌기 때문에 죄 가운데 머물러 있을 수가 없습니다. 왜냐하면 중생한 자 속에 주어진 새 생명은 하나님만을 향하고 의만을 향하는 성격을 가지고 있기 때문입니다. 그것은 범죄할 수 없는 새 생명의 원리이며 죽거나 없어질 수도 없는 원리입니다. 이것은 전적으로 예수 그리스도의 대속 공로에 근거하여 하나님께서 은혜로 주신 생명인 것입니다.

둘째로, 우리가 아는 것은, 우리가 하나님께로부터 나서 하나님께 속하여 있다는 사실입니다. 우리는 우리가 하나님께로부터 나서 하나님께 속하여 있다는 것을 알아야 합니다. 그러나 우리는 또한 온 세상이 악한 자 안에 처해 있다는 사실도 알아야 합니다. 중생은 우리가 죄와 허물로 죽었던 어두움의 세계에서 우리에게 새 생명을 주어 살려 건져내는 구원 사건입니다. 온 세상은 이 두 세계로 나누어집니다. 하나님의 세계와 죄악 된 세계가 그 두 세계입니다.

셋째로, 우리가 아는 것은 우리가 하나님의 아들로 말미암아 참된 자 곧 하나님의 아들 예수 그리스도를 알고 그 안에 있다는 사실입니다. 이것은 중생의 방편을 나타냅니다. 우리는 예수 그리스도를 통해 중생을 얻습니다. 하나님의 아들을 알고 믿는 것이 곧 중생의 증거요 그를 믿고 그 안에 거하는 것이 곧 구원입니다. 사도 요한은 또 예수 그리스도를 "참 하나님이시요 영생이시라."고 말씀합니다. 여기에 예수님의 신성에 대한 명확한 한 증거가 있는 것입니다. 그는 신적인 존재로 높임을 받는 정도가 아니고 참되신 하나님이십니다. 또 그는 우리에게 영생이 되시고 친히 영생을 주시는 구주이십니다.

사도 요한은 끝으로 중생에 합당한 생활의 한 면으로서 "너희 자신을 지켜 우상에서 멀리하라."고 당부합니다. 이것은 우리의 신앙생활의 근본적 요소입니다. 우리는 하나님을 경외하고 섬기며 순종해야 합니다. 그러나 우상은 하나님이 아니면서 하나님처럼 높임을 받습니다. 우상숭배는 가장 큰 죄악입니다. 우리는 우리의 삶 속에서 모든 우상숭배를 제거해야 합니다. 만일 우리가 그런 것들을 멀리하지 않고 사랑한다면 우리는 망할 수밖에 없고 하나님의 진노를 받을 수밖에 없습니다.

사도 요한은 요한일서 서두에서 자신을 예수님의 목격자로 소개합니다(요일 1:1). 사도 요한은 선재하시고 실제로 역사상에서 성육신하신 예수님을 전파하고 그분과의 사랑의 교제를 증진하기 위하여 요한일서를 기록하였다고 말합니다.

특별히 요한일서에는 말씀, 빛, 영생, 사랑, 새 계명 등 요한복음과 매우 비슷한 단어들이 많이 나오는데 요한일서의 특징적 주제는 형제 사랑입니다. 예수님께서 우리에게 주신 새로운 계명에 대하여 사도 요한은 다시 한 번 강조하고 있는 것입니다. 예수님께서 우리에게 주신 새 계명은 하나님 사랑과 형제 사랑인 것입니다. 예수님께서는 하나님을 사랑하고 형제 사랑을 위해서 보혜사 성령님을 보내 주셨습니다. 예수님께서는 우리에게 성령님을 보내 주셔서 예수님과 사랑의 교제를 나눌 수 있게 하셨으며, 하나님 우편에 앉으셔서 우리를 위하여 중보하심으로 하나님 아버지와도 사랑의 교제를 나눌 수 있도록 하셨습니다. 이것이 J의 사랑입니다.

JESUS'S LOVE **3**

|

요한계시록

일반적으로 요한계시록 하면 '666, 아마겟돈, 짐승의 표, 용, 천년왕국, 7년 대 환란, 최후의 심판' 등이 먼저 떠오릅니다. 우리는 요한계시록이 심판의 날을 기록한 두렵고 무서운 책으로 생각합니다. 그러나 그것은 우리의 막연한 선입관인 것입니다.

요한계시록은 예수 그리스도께서 영광의 왕이며, 승리자이며, 구주이며, 임마누엘하시는 사랑이심을 소개하는 책입니다(계 1:9-20). 하나님은 우리에게 심판을 주시는 이가 아니라 우리의 구세주로서 사랑 그 자체인 것입니다. 요한계시록에는 심판을 받는 것은 마귀요, 믿지 않는 자들이며, 믿는 우리에게는 사랑과 축복을 주신다는 내용이 나옵니다.

요한계시록이 일곱 인, 일곱 나팔, 일곱 대접의 재앙이 기록되어 있어 무섭고 두렵기는 하지만, 그 내용은 깊이 들어가 보면 예수님의 사랑의 편지인 것을 알 수 있습니다.

요한계시록은 아멘이시오, 충성되고, 참된 증인이시오, 하나님의 창조의 근본이신 하나님의 아들(계 3:4)이 보낸 사랑의 편지이므로 우리는 두려움 없이 담대하게 주님을 사랑하는 마음으로 이 책을 읽어야 하겠습니다. 이것이 J의 사랑입니다.

1) 요한계시록은 사랑의 메시지이다.

하나님이 계획하신 것은 반드시 성취하십니다. 하나님은 역사를 주관하시는 분이십니다. 하나님은 역사의 중심에 예수 그리스도를 두셨습니다. 그리고 교회의 머리 되시는 예수님은 오늘날 교회를 통하여 역사를 실행하고 계십니다. 그 역사의 종말은 이제 재림하시는 예수님을 계기로 끝이 나고 영원한 하나님의 시간 속으로 들어가면서 새 땅과 새 하늘에서 영생하게 되는 것입니다.

요한계시록은 환란 중에 있는 그리스도인들에게 큰 소망과 격려를 줍니다. 오늘날 심한 핍박과 환란 중에 있는 우리에게 "너희가 환란을 당하나 담대 하라. 내가 이미 승리했다. 곧 나의 구원을 나타낼 것이다."라는 사랑의 메시지를 전하고 계시는 것입니다.

바벨론 포로 중의 그리스도인들이 에스겔과 다니엘을 통해 하나님의 메시지를 들었듯이 로마의 핍박 중의 그리스도인들은 요한계시록을 통해서 메시지를 듣습니다. 그와 같이 오늘날 믿음으로 고난당하는 모든 그리스도인들에게 요한계시록을 통하여 예수님께서 친히 사랑의 메시지로 위로하고 격려하는 말씀을 전하고 계시는 것입니다. 이것이 J의 사랑입니다.

2) 요한계시록은 삼위일체 하나님의 사랑이다

요한계시록이 삼위일체의 위격에 관한 문제를 직접적으로 언급하지는 않았지만, 그 위격을 가리키는 계시자의 표현 속에 스며들어 있는 사실상의 주요 주제가 삼위일체 하나님의 사랑이라는 것을 알 수 있습니다. 요한계시록에 나타난 삼위일체 하나님의 사랑을 표현한 기록은 1장에서 5장에 나옵니다.

요한계시록에서 삼위일체로의 하나님의 역사하심과 사랑하심이 이 책의 서두에 나타나 있음을 알 수 있습니다. 요한계시록 1장 4절부터 5절에서 "요한은 아시아에 있는 일곱 교회에 편지하노니 이제도 계시고 전에도 계셨고 장차 오실 이(성부 하나님)와 그의 보좌 앞에 일곱 영(일곱 가지 속성을 가진 성령님)과, 또 충성된 증인으로 죽은 자들 가운데서 먼저 나시고 땅의 임금들의 머리가 되신 예수 그리스도(성자 예수님)로 말미암아 은혜와 평강이 너희에게 있기를 원하노라. 우리를 사랑하사 그의 피로 우리 죄에서 우리를 해방하시고."라고 말씀하고 계십니다. 이 구절은 우리에게 사랑을 베풀어 주신 예수 그리스도의 사랑이 성부 하나님과 성령 하나님의 협력사역으로 이루어졌음을 표현하고 있는 것입니다.

요한계시록 4장과 5장에 기록된 하늘 취임식 광경을 포괄적으로 묘사하는 계시는 삼위일체 하나님의 사랑을 드러내는 것으로서, 이스라엘 하나님의 영원성과 삼위일체 하나님의 사랑에 대한 기록이라고 할 수 있습니다. 보좌 앞에 "일곱 등불 켠 것" 곧 "하나님의 일곱 영"(5절)이 있다는 것은 5장 8절, 11절에 나타난 찬양의 노래들을 촉발시키고 감동을 주신 분이 성령님이심을 시사하고 있는 것입니다.

성령님에 대한 이런 계시는 삼위일체 하나님의 사랑에 대하여 오늘날 우리가 확신을 갖게 하고, 성령님께서는 우리에게 전능하신 창조주 아버지 하나님의 '합당하심'을 인정하도록 감동을 주시는 것입니다. 또한 성경은 요한계시록 5장의 사자와 어린 양이 이루는 사업을 위해 아들 하나님과 깊은 관계를 맺고 있는 분으로 성령을 요한계시록에 나타난 삼위일체 하나님의 사랑의 증거자로 기록하고 있습니다.

이와 같이 요한계시록은 우리를 겁주는 무서운 책이 아니라 삼위일체 하나님의 사랑이 예수 그리스도의 피의 공로로 인하여 우리에게 나타난 사랑의 메시지인 것입니다. 이것이 J의 사랑입니다.

3) 요한계시록에서 예수님은 교회를 사랑하신다.

요한계시록은 AD 81년경에 로마 황제로 등극한 도미시아누스의 치세 말기에 기록되었습니다. 도미시아누스 황제는 치세 말기에 신을 자처하면서 황제 숭배를 강요했고, 이를 배척하는 유대인들과 그리스도인들을 박해했습니다.

특히 로마와 에베소에는 웅장한 황제 신전을 짓고 참배를 강요했습니다. 이런 박해 속에서 요한계시록을 기록한 사도 요한은 에베소 일대에 있는 아시아 일곱 교회에 편지를 보냅니다. 사도 요한은 그들에게 교회의 머리 되시는 예수님의 사랑의 메시지를 보내어 그들을 격려하고 위로한 것입니다.

◆ 에베소 교회(계 2:1-7)

에베소 교회는 바울이 사도 요한이 이곳에 오기 전에 먼저 와서 시리아 안디옥으로부터 1차 2차 전도여행을 할 때에 말씀을 가르치고 세웠던 교회입니다. AD 64년경 바울이 로마에서 순교를 당했다는 소식을 듣고 사도 요한이 예수님의 어머니 마리아를 모시고 와서 지냈던 곳이 에베소 교회입니다.

요한계시록 2장 2절부터 3절에서 "내가 네 행위와 수고와 네 인내를 알고 또 악한 자들을 용납하지 아니한 것과 자칭 사도라 하되 아닌 자들을 시험하여 그의 거짓된 것을 네가 드러낸 것과 또 네가 참고 내 이름을 위하여 견디고 게으르지 아니한 것을 내가 아노라."고 말씀하십니다. 이 말씀은 사랑의 예수님께서 사도 요한을 통하여 에베소 교회를 칭찬하고 격려하는 말씀입니다.

그러나 4절에서는 에베소 교회가 책망을 듣습니다. "그러나 너를 책망할 것이 있나니 너의 처음 사랑을 버렸느니라."고 말씀하십니다. 예수님께서는 5절에서 회개를 촉구하시며, 만약에 회개하지 아니하면 촛대를 옮기겠다고 강력하게 말씀하십니다.

그리고 7절에서 예수님께서는 사랑의 메시지로 축복의 말씀을 주십니다.

"귀 있는 자는 성령이 교회들에게 하시는 말씀을 들을지어다. 이기는 자에게는 내가 하나님의 낙원에 있는 생명나무의 열매를 주어 먹게 하리라." 는 말씀입니다.

이렇게 예수님께서는 오늘날 교회들에게 칭찬도 하시지만 책망도 하십니다. 그러나 그 책망의 말씀조차도 결국은 축복을 약속하는 사랑의 메시지임을 알 수 있습니다. 이것이 J의 사랑입니다.

◆ 서머나 교회(계 2:8-11)

서머나 교회는 믿음을 기초로 한 충성된 교회입니다. 사도 요한의 직계 제자인 폴리갑 기념교회가 시내 한복판에 있는데 지금도 이 교회에서는 11시에 예배를 드리고 있다고 합니다. 폴리갑은 86세에 화형을 당해 순교했습니다. 그가 죽기 전 그의 친구는 그를 아낀 나머지 "예수를 모른다고 한번만 말해 주게."라고 부탁했(을 때에)습니다. 그러나 폴리갑"예수님은 나를 86년간 사랑했는데 내가 어찌 그를 모른다고 하겠나."라고 말합니다. 그러곤 불붙는 사형대에서 그는 말하기를 "오 주님이시여! 순교자의 반열에 서오니 이 잔을 받아 주시옵소서."라고 말하면서 죽었다고 합니다.

서머나 교회는 빌라델비아 교회와 더불어 주님의 책망을 듣지 않았던 교회입니다. 서머나 교회는 칭찬과 격려를 받으며 예수님의 사랑의 메시지로 축복의 말씀을 약속받습니다. 요한계시록 2장 10절에서 "너는 장차 받을 고난을 두려워하지 말라. 볼지어다 마귀가 장차 너희 가운데에서 옥에 던져 시험을 받게 하리니 너희가 십일 동안 환란을 받으리라. 네가 죽도록 충성하라. 그리하면 내가 생명의 면류관을 네게 주리라."고 말씀하십니다.

이와 같이 우리가 환란과 시험 가운데서도 믿음을 굳게 지키고 죽도록 충성하면 사랑의 예수님께서는 우리에게 생명의 면류관을 주시겠다고 약속을 하 십니다. 이것이 J의 사랑입니다.

◆ 버가모 교회(계 2:12-17)

버가모 교회가 있는 버가모는 의학의 아버지 히포크라테스의 고향이기도 합니다. 버가모에는 큰 병원이 있었고 세계에서 제일 큰 도서관이 있었으니 헬라문화의 첨단을 걷고 있는 곳이었습니다. 그런데 버가모는 우상 숭배의 도시였습니다. 13절의 '사탄의 권좌'는 우상숭배를 말하는데 이 교회와도 관련됩니다.

13절에서 버가모 교회는 안디바의 순교의 공로로 칭찬을 받습니다. "네가 어디에 사는지를 내가 아노니 거기는 사탄의 권좌가 있는 데라. 네가 내 이름을 굳게 잡아서 내 충성된 증인 안디바가 너희 가운데 곧 사탄이 사는 곳에서 죽임을 당할 때에도 나를 믿는 믿음을 저버리지 아니하였도다."라고 말씀하십니다.

그러나 버가모 교회는 14절부터 16절에서 두 가지의 책망을 듣습니다. 첫째는 발람의 교훈을 듣는 자요, 둘째는 니골라당의 교훈을 듣는 자들이라는 말입니다. 이들은 모두 우상의 제물을 먹게 하고 행음을 하게 하는 자들이었습니다. 그러므로 예수님은 회개하라고 촉구하면서 그들과 싸워 주실 것을 약속하십니다.

그리고 17절에서 예수님께서는 사랑의 메시지로 버가모 교회를 축복하십니다.

"귀 있는 자는 성령이 교회들에게 하시는 말씀을 들을지어다. 이기는 그에게는 내가 감추었던 만나를 주고 또 흰 돌을 줄 터인데 그 돌 위에 새 이름을 기록한 것이 있나니 받는 자밖에는 그 이름을 알 사람이 없느니라."고 말씀하십니다. 이것이 J의 사랑입니다.

◆ 두아디라 교회(계 2:18-29)

두아디라는 자주색 염료 장수 루디아의 고향이었고, 자칭 선지자라고 하는 이세벨을 용납한 도시입니다. '두아디라'라는 값비싼 물감이 유명했으며 자주 염료가 있는 상업의 도시였습니다. 그런데 내부로부터 신앙의 위협을 받은 곳으로 그 위협은 정말 무서운 것이었습니다.

예수님께서는 19절에서 두아디라 교회를 칭찬하십니다.

"내가 네 사업과 사랑과 믿음과 섬김과 인내를 아노니 네 나중 행위가 처음 것보다 많도다."라는 말씀입니다.

그러나 20절에서는 책망을 하십니다.

"그러나 네게 책망할 것이 있노라. 자칭 선지라 하는 이세벨을 네가 용납함이니 그가 내 종들을 가르쳐 꾀어 행음하게 하고 우상의 제물을 먹게 하는도다. 또 내가 그에게 회개할 기회를 주었으되 자기의 음행을 회개하고자 하지 아니하는도다."라는 말씀입니다. 여기서 이세벨은 아합 왕의 아내이며, 우상숭배와 음행을 자행했던 사악한 여인이었습니다.

예수님께서는 이런 두아디라 교회에도 사랑의 메시지로 축복의 말씀을 주십니다.

26절에서 "이기는 자와 끝까지 내 일을 지키는 그에게 만국을 다스리는 권세를 주리니."라고 말씀하십니다. 이것이 J의 사랑입니다.

◆ 사데 교회(계 3:1-6)

이 지역은 BC 560년에는 고대 미디아왕국의 수도였습니다. 한때는 조폐공장도 있었다고도 전합니다.

요한계시록에서 책망만 받은 사데 교회가 있어서 사데 지방은 좋지 않은 이미지를 갖고 있습니다. 그러나 실제로 사데는 산과 강과 나무와 꽃들이 둘러싸인 아름다운 도시였습니다. 사방이 아름다운 티물르스산으로 둘려 싸인 곳으로 이 산에서 흐르는 물은 팍투루스강을 만들고 강물에는 금모래가 흘러내렸다고 합니다.

지금도 이 지역의 환경은 풍요롭습니다. 올리브 나무가 많아서 먹을 것도 풍부하고, 조용하고 안일하기 때문에 오는 시험이 있습니다. 그래서 예수님은 "깨어라."라고 적막한 도시를 향하여 말씀하십니다.

사데 교회는 책망이 더 많았지만 약간의 칭찬으로 위로를 받습니다.

3장 4절에서 "그러나 사데에 그 옷을 더럽히지 아니한 자 몇 명이 네게 있어 흰옷을 입고 나와 함께 다니리니 그들은 합당한 자인 연고라."고 말씀하십니다.

예수님께서 책망하시는 부분은 1절에서 "내가 네 행위를 아노니 네가 살았다 하는 이름은 가졌으나 죽은 자로다."이며, 2절의 "너는 일깨워 그 남은 바 죽게 된 것을 굳건하게 하라. 내 하나님 앞에 네 행위의 온전한 것을 찾지 못하였노니."라는 말씀입니다. 예수님은 3절에서 회개를 촉구하십니다.

예수님께서는 사데 교회에게도 사랑의 메시지로 축복의 말씀을 주십니다.

3장 5절에서 "이기는 자는 이와 같이 흰옷을 입을 것이요 내가 그 이름을 생명책에서 결코 지우지 아니하고 그 이름을 내 아버지 앞과 그의 천사들 앞에서 시인하리라."고 말씀하십니다. 이것이 J의 사랑입니다.

◆ 빌라델비아 교회(계 3:7-13)

빌라델비아는 동방으로 가는 길목이요, 한 대륙을 통과하는 관문이

기도 합니다. 가도 가도 끝이 없는 포도원은 그들이 받은 삶의 터전이요 축복인 것입니다. 끝까지 믿음을 지키고 형제 사랑을 실천했던 교회가 바로 빌라델비아 교회입니다. 주위의 모든 교회가 주일마다 성찬식을 하였는데 이들이 성찬식에 쓰는 포도즙을 보내 주었다고 합니다.

빌라데비아 교회는 서머나 교회와 마찬가지로 예수님의 책망과 경고를 듣지 않은 교회 중의 하나입니다. 8절부터 9절에서 예수님께서는 칭찬과 격려의 말씀을 주십니다.

"볼지어다. 내가 네 앞에 열린 문을 두었으되 능히 닫을 사람이 없으리라. 내가 네 행위를 아노니 네가 작은 능력을 가지고서도 내 말을 지키며 내 이름을 배반하지 아니하였도다. 보라. 사탄의 회당 곧 자칭 유대인이라 하나 그렇지 아니하고 거짓말 하는 자들 중에서 몇을 네게 주어 그들로 와서 네 발 앞에 절하게 하고 내가 너를 사랑하는 줄을 알게 하리라."고 말씀하십니다.

그리고 12절에서 예수님께서는 빌라델비아 교회를 사랑의 메시지로 축복하십니다.

"이기는 자는 내 하나님 성전에 기둥이 되게 하리니 그가 결코 다시 나가지 아니하리라. 내가 하나님의 이름과 하나님의 성 곧 하늘에서 내 하나님께로부터 내려오는 새 예루살렘의 이름과 나의 새 이름을 그 이 위에 기록하리라."고 말씀하십니다. 이것이 J의 사랑입니다.

◆ 라오디게아 교회(계 3:14-22)

라오디게아 교회 근처에는 라오디게아, 골로새, 히에라폴리스 세 도시가 모여 있었습니다. 라오디게아 교회는 부요하다고 하나 실상은 가난하다고 책망만 받은 교회입니다. 이곳에는 유황온천이 흐르고 안과 병원이 있었습니다. 라오디게아는 페르시아로 가는 길과 사데로 가는 길 그리고 빌라델피아로 가는 세 갈래 길에 있었으며 파묵칼레 온천이 있는 곳은 산 전체가 솜꽃처럼 하얀 돌로 되어 있어 아름다운 절경을 이룹니다.

라오디게아 교회는 예수님께 칭찬을 받지 못하고 책망을 주로 받은 교회입니다.

3장 15절부터 17절에서 "내가 네 행위를 아노니 네가 차지도 아니하고 뜨겁지도 아니하도다. 네가 차든지 뜨겁든지 하기를 원하노라. 네가 이같이 미지근하여 뜨겁지도 아니하고 차지도 아니하니 내 입에서 너를 토하여 버리리라. 네가 말하기를 나는 부자라 부요하여 부족한 것이 없다 하나 네 곤고한 것과 가련한 것과 가난한 것과 눈 먼 것과 벌거벗은 것을 알지 못하는 도다."라고 책망의 말씀을 하십니다.

그러나 사랑의 예수님께서는 라오디게아 교회에 책망만 하시지 않고 그들에게도 역시 사랑의 메시지로 위로하며 격려하셨고 축복의 말씀을 주셨습니다.

3장 20절에서 "볼지어다. 내가 문 밖에 서서 두드리노니 누구든지 내 음성을 듣고 문을 열면 내가 그에게로 들어가 그와 더불어 먹고 그는 나와 더불어 먹으리라."고 말씀하십니다. 이것이 J의 사랑입니다.

4) 요한계시록은 하나님의 사랑을 찬양하는 책이다

요한계시록에는 시편과 더불어 많은 찬양이 수록되어 있습니다. 찬양의 내용은 승리의 함성으로 가득 차 있습니다. 또한 찬양의 내용은 삼위일체 하나님의 사랑의 메시지로 가득 차 있기도 합니다. 요한계시록은 크게 일곱 개의 찬양을 기록하고 있습니다.

첫째, '창조의 노래'입니다. 천지를 창조하신 하나님을 찬양합니다.

요한계시록 4장 10절부터 11절에서 "이십사 장로들이 보좌에 앉으신 이 앞에 엎드려 세세토록 살아계시는 이에게 경배하고 자기의 관을 보좌 앞에 드리며 이르되 우리 주 하나님이여 영광과 존귀와 권능을 받으시는 것이 합당하오니 주께서 만물을 지으신지라 만물이 주의 뜻대로 있었고 또 지으심을 받았나이다."라고 말씀하십니다.

둘째, '구속의 노래'입니다. 죽임을 당하신 어린 양 예수 그리스도로 말미암아 각 나라와 족속과 백성과 방언에서 피로 사서 나라와 제사장 삼으심을 노래합니다.

요한계시록 5장 8절부터 14절에서 "그 두루마리를 취하시매 네 생물과 이십사 장로들이 그 어린 양 앞에 엎드려 각각 거문고와 향이 가득한 금 대접을 가졌으니 이 향은 성도의 기도들이라 그들이 새 노래를 불러 이르되 두루마리를 가지시고 그 인봉을 떼기에 합당하시도다 일찍이 죽임을 당하사 각 족속과 방언과 나라 가운데에서 사람들을 피로 사서 하나님께 드리시고 그들로 우리 하나님 앞에서 나라와 제사장들을 삼으셨으니 그들이 땅에서 왕 노릇 하리로다 하더라. 내가 또 보고 들으매 보좌와 생물들과 장로들을 둘러선 많은 천사의 음성이 있으니 그 수가 만만이요 천천이라 큰 음성으로 이르되 죽임을 당하신 어린 양은 능력과 부와 지혜와 힘과 존귀와 영광과 찬송을 받으시기에 합당하도다 하더라. 내가 또 들으니 하늘 위에와 땅 위에와 땅 아래와 바다 위에와 또 그 가운데 모든 피조물이 이르되 보좌에 앉으신 이와 어린 양에게 찬송과 존귀와 영광과 권능을 세세토록 돌릴지어다 하니 네 생물이 이르되 아멘 하고 장로들은 엎드려 경배하더라." 고 찬양합니다.

셋째, '구원의 노래'입니다. 온 땅에 복음이 전파되어서 구원받은 무리들이 하나님 보좌 앞에서 아름답고, 찬란하고 웅장하게 찬송합니다. 각 나라와 족속과 백성과 방언에서 아무라도 능히 셀 수 없는 무리가 종려가지를 들고 흰 옷을 입고 보좌 앞과 어린 양 앞에서 구원받은 백성들이 하나님의 사랑을 찬양하는 모습입니다.

요한계시록 7장 9절부터 12절에서 "이 일 후에 내가 보니 각 나라와 족속과 백성과 방언에서 아무도 능히 셀 수 없는 큰 무리가 나와 흰옷을 입고 손에 종려가지를 들고 보좌 앞과 어린 양 앞에 서서 큰 소리로 외쳐 이르되 구원하심이 보좌에 앉으신 우리 하나님과 어린 양에게 있도다 하니 모든 천사가 보좌와 장로들과 네 생물의 주위에 서있다가 보좌 앞에 엎드려 얼굴을 대고 하나님께 경배하여 이르되 아멘 찬송과 영광과 지혜와 감사와 존귀와 권능과 힘이 우리 하나님께 세세토록 있을지어다 아멘 하더라."고 찬양하고 있습니다.

넷째, '승리의 노래'입니다. 전쟁이 그치고 모든 어둠의 영이 패배하며, 예수 그리스도와 어린 양의 십자가로 승리한 것을 노래합니다.

요한계시록 12장 10절부터 12절에서 "내가 또 들으니 하늘에 큰 음성이 있어 이르되 이제 우리 하나님의 구원과 능력과 나라와 또 그의 그리스도의 권세가 나타났으니 우리 형제들을 참소하던 자 곧 우리 하나님 앞에서 밤낮 참소하던 자가 쫓겨났고 또 우리 형제들이 어린 양의 피와 자기들이 증언하는 말씀으로써 그를 이겼으니 그들은 죽기까지 자기들의 생명을 아끼지 아니하였도다. 그러므로 하늘과 그 가운데에 거하는 자들은 즐거워하라. 그러나 땅과 바다는 화 있을진저 이는 마귀가 자기의 때가 얼마 남지 않은 줄을 알므로 크게 분 내어 너희에게 내려갔음이라 하더라."고 찬양을 하고 있습니다.

다섯째로 '모세의 노래', '어린 양의 노래'입니다. 복음 전파의 결과로 모든 족속들이 주께로 나아와 경배하며 노래합니다.

요한계시록 15장 2절부터 4절에서 "또 내가 보니 불이 섞인 유리바다 같은 것이 있고 짐승과 그의 우상과 그의 이름의 수를 이기고 벗어난 자들이 유리바닷가에 서서 하나님의 거문고를 가지고 하나님의 종 모세의 노래, 어린 양의 노래를 불러 이르되 주 하나님 곧 전능하신 이시여 하시는 일이 크고 놀라우시도다 만국의 왕이시여 주의 길이 의롭고 참되시도다 주여 누가 주의 이름을 두려워하지 아니하며 영화롭게 하지 아니하오리이까 오직 주만 거룩하시니이다 주의 의로우신 일이 나타났으매 만국이 와서 주께 경배하리이다 하더라."고 찬양하고 있습니다.

여섯째, '역사의 종말에 관한 노래'입니다. 이 세상에서 하나님을 대적하는 모든 무리들이 다 무너지고, 하나님을 경외하는 자들이 그분의 사랑과 영광과 구원의 능력을 노래합니다.

요한계시록 19장 1절부터 5절에서 "이 일 후에 내가 들으니 하늘의 허다한 무리의 큰 음성 같은 것이 있어 이르되 할렐루야 구원과 영광과 능력이 우리 하나님께 있도다 그의 심판은 참되고 의로운지라 음행으로 땅을 더럽게 한 큰 음녀를 심판하사 자기 종들의 피를 그 음녀의 손에 갚으셨도다 하고 두 번째로 할렐루야 하니 그 연기가 세세토록 올라가더라. 또 이십사 장로와 네 생물이 엎드려 보좌에 앉으신 하나님께 경배하여 이르되 아멘 할렐루야 하니 보좌에 음성이 나서 이르시되 하나님의 종들 곧 그를 경외하는 너희들아 작은 자나 큰 자나 다 우리 하나님께 찬송하라 하더라."고 찬송하고 있습니다.

일곱째, '어린 양의 혼인잔치 노래'입니다. 역사가 끝난 후 영원한 나라의 시작에 하나님께서 어린 양의 혼인잔치에 모든 사람들을 초대하십니다. 그들이 전능하신 하나님께 경배하며 즐거워하고 크게 기뻐하는 노래입니다.

요한계시록 19장 6절부터 10절에서 "또 내가 들으니 허다한 무리의 음성과도 같고 많은 물소리와도 같고 큰 우렛소리와도 같은 소리로 이르되 할렐루야 주 우리 하나님 곧 전능하신 이가 통치하시도다 우리가 즐거워하고 크게 기뻐하며 그에게 영광을 돌리세 어린 양의 혼인기약이 이르렀고 그의 아내가 자신을 준비하였으므로 그에게 빛나고 깨끗한 세마포 옷을 입도록 허락하셨으니 이 세마포 옷은 성도들의 옳은 행실이로다 하더라. 천사가 내게 말하기를 기록하라 어린 양의 혼인 잔치에 청함을 받은 자들은 복이 있도다 하고 또 내게 말하되 이것은 하나님의 참되신 말씀이라 하기로 내가 그 발 앞에 엎드려 경배하려 하니 그가 나에게 말하기를 나는 너와 및 예수의 증언을 받은 네 형제들과 같이 된 종이니 삼가 그리 하지 말고 오직 하나님께 경배하라 예수의 증언은 예언의 영이라 하더라."고 찬양합니다.

이와 같이 요한계시록에는 많은 찬양이 수록되어 있습니다. 찬양의 내용은 승리의 함성으로 가득 차 있고 삼위일체 하나님의 사랑의 메시지로 가득 차 있습니다. 예수님께서는 우리에게 사랑의 메시지를 전해 주시고 우리는 그 사랑의 메시지에 감사하는 마음으로 삼위일체 하나님을 찬양하는 것입니다. 이것이 J의 사랑입니다.

5) 요한계시록에서 예수님은 일곱 가지 복으로 사랑을 표현합니다

마태복음에는 예수님께서 산상수훈에서 우리에게 팔복으로 그의 사랑을 표현하고 있으며, 요한계시록에서는 일곱 가지 복으로 예수님의 사랑을 표현하고 있습니다.

첫째, 말씀을 듣고 지키는 자가 복이 있다.

요한계시록 1장 3절에서 "이 예언의 말씀을 읽는 자와 듣는 자와 그 가운데에 기록한 것을 지키는 자는 복이 있나니 때가 가까움이라."고 말씀하십니다.

둘째, 주 안에 죽은 자들이 복이 있다.

요한계시록 14장 13절에서 "또 내가 들으니 하늘에서 음성이 나서 이르되 기록하라 지금 이후로 주 안에서 죽는 자들은 복이 있도다 하시매 성령이 이르시되 그러하다 그들이 수고를 그치고 쉬리니 이는 그들의 행한 일이 따름이라 하시더라."고 말씀하십니다.

셋째, 깨어 자기 옷을 지키는 자가 복이 있다.

요한계시록 16장 15절에서 "보라. 내가 도둑같이 오리니 누구든지 깨어 자기 옷을 지켜 벌거벗고 다니지 아니하며 자기의 부끄러움을 보이지 아니하는 자는 복이 있도다."라고 말씀하십니다. 사탄과 교회와의 최후 전쟁을 할 때 성도들은 삶의 모든 영역에서 고난을 받게 됩니다. 그러나 때가 차서 대 환난 마지막 날에 그리스도께서 구름을 타고 도둑과 같이 나타나셔서 그의 백성을 구하실 것입니다. 그때까지 깨어있는 자는 복을 받을 것이라는 말씀입니다.

넷째, 어린 양의 혼인잔치에 청함 받은 자들이 복이 있다.

요한계시록 19장 9절에서 "천사가 내게 말하기를 기록하라 어린 양의 혼인잔치에 청함을 받은 자들은 복이 있도다 하고 또 내게 말하되 이것은 하나님의 참되신 말씀이라 하기로."라고 말씀하십니다.

어린 양의 혼인잔치는 이런 의미가 있습니다. 그리스도 안에서 신부인 교회는 영원 전부터 택함을 받았습니다. 혼인은 구약시대부터 예고되었습니다. 하나님의 아들 예수 그리스도께서는 인간의 몸을 입고 오셔서 정혼이 이루어졌습니다. 그 값은 십자가에서 치르셨습니다. 이제 하늘보좌에 오르신 신랑이 다시 오시면 어린 양과 교회의 혼인식은 정식으로 거행되며 교회는 그리스도와 더불어 하늘나라에서 거룩하고 복된 사랑의 교제를 영원히 나누게 될 것입니다.

다섯째, 첫째 부활에 참여하는 자들이 복이 있다.

요한계시록 20장 6절에서 "이 첫째 부활에 참여하는 자들은 복이 있고 거룩하도다. 둘째 사망이 그들을 다스리는 권세가 없고 도리어 그들이 하나님과 그리스도의 제사장이 되어 천년 동안 그리스도와 더불어 왕 노릇 하리라."고 말씀하십니다.

여섯째, 이 책의 예언의 말씀을 지키는 자들이 복이 있다.

요한계시록 22장 7절에서 "보라 내가 속히 오리니 이 두루마리의 예언의 말씀을 지키는 자는 복이 있으리라 하더라."고 말씀하십니다.

일곱째, 자기 두루마기를 빠는 자들이 복이 있다.

요한계시록 22장 14절에서 "자기 두루마기를 빠는 자들은 복이 있으니 이는 그들이 생명나무에 나아가며 문들을 통하여 성에 들어갈 권세를 받으려 함이로다."라고 말씀하십니다.

이와 같이 요한계시록에서는 일곱 가지 복으로 예수님의 사랑을 표현하고 있습니다. 이것이 J의 사랑입니다.

6) 요한계시록은 창세기의 내용을 완성한 책이다

창세기는 성경 맨 처음에 놓여 있고 요한계시록은 성경의 마지막에 놓여 있습니다. 요한계시록은 성경 나머지 65권에 나와 있는 일들의 완성을 보여 주기 때문에 마지막에 놓여 있는 것입니다. 요한계시록에는 구약의 말씀 인용이 무려 285번이 등장합니다. 창세기와 요한계시록은 하나님께서 인간을 어떻게 사랑하시는가에 대해 기록해 놓으신 성경의 위대한 서론과 결론인 것입니다. 창세기는 성경의 시작이고, 요한계시록은 성경의 완성입니다. 창세기의 처음 창조와 요한계시록의 새로운 창조에서 하나님의 사랑의 내용들이 어떻게 다르게 나타나는지 비교해 보겠습니다.

첫째, 창세기에서의 천지 창조(창 1장-2장)는, 요한계시록에서 새 하늘과 새 땅의 창조로 완성됩니다.

둘째, 창세기에서는 땅을 다스리는 첫 아담을 말씀하시고(창 1:26), 요한계시록에서는 둘째 아담인 예수 그리스도께서 친히 새 하늘과 새 땅을 다스리십니다(계 21:5).

셋째, 창세기에서는 밤과 바다를 창조하지만(창 1:5, 10), 요한계시록에서는 죄와 암흑과 사단의 상징인 밤과 바다가 없어집니다(계 21:1, 25).

넷째, 창세기에서 아담의 신부인 하와는 남편을 유혹하여 죄에 빠지게 하지만(창2:18-25), 요한계시록에서는 그리스도의 신부인 교회는 영원한 생명 가운데서 영광을 누리게 됩니다(계 19:7 이하).

다섯째, 창세기에서는 생명나무를 잃어버리지만(창 2:9, 3:22), 요한계시록에서는 생명나무를 다시 찾게 됩니다(계 22:2).

여섯째, 창세기에서는 실낙원을 하게 되지만(창 3:24), 요한계시록에서는 복낙원을 하게 됩니다(계 21:25, 26).

일곱째, 창세기에서는 죄가 죽음과 저주를 가져 오지만(창 3:14, 17-19), 요한계시록에서는 죽음이나 저주나 눈물이 더 이상 없습니다(계 22:3).

여덟째, 창세기에서는 그리스도와 사탄의 대결을 예언하고 있지만(창 3:15), 요한계시록에서는 그리스도에 의해서 사탄이 멸망을 당하게 됩니다(계 20:10).

아홉째, 창세기에서는 죄로 인하여 하나님의 면전에서 쫓겨나지만(창 3:23, 4:16), 요한계시록에서는 하나님께서 성도들과 함께 거하시고 영광 중에 주님의 얼굴을 대하게 됩니다(계 22:4).

열 번째, 창세기에서는 사탄이 거짓말로 유혹하지만(창 3:1), 요한계시록에서는 거짓말하는 자는 새 예루살렘 성에 들어가지 못한다고 선포합니다(계 21:27).

열한 번째, 창세기에서는 죄로 인하여 안식을 잃어버리지만(창 3:18, 19), 요한계시록에서는 영원한 안식을 누리게 됩니다(계 22:3-5).

열두 번째, 창세기에서는 남편과 아내를 말씀하지만(창 2:23, 24), 요한계시록은 어린 양(신랑)과 신부를 말씀하십니다(계 21:2).

이와 같이 창세기에서 하나님의 창조는 아담과 하와의 죄로 말미암아 낙원을 상실하고 쫓겨나서 고통의 역사 속에서 살아가지만, 이제 우리는 약속된 새 하늘과 새 땅에서, 창세기의 죄로 얼룩진 모습들을 창조의 본래 모습으로 완벽하게 회복되어 살아갑니다. 그곳에는 죽음도 없고 고통도 없고 슬픔도 없고 눈물도 없습니다. 영원한 영광과 생명만이 있는, 새 하늘과 새 땅에서 삼위일체 하나님과 사랑의 교제를 나누면서 살아갈 수 있는 것입니다. 이것이 J의 사랑입니다.

7) 요한계시록은 종말을 통하여 예수님(J)의 사랑을 완성한다

요한계시록에서 가장 중요한 초점은 "종말은 온다."라는 사실을 기록하고 있다는 것입니다. 종말이 와야 하는 이유는 새 하늘 새 땅이 열려야 하기 때문입니다. 그 새 하늘과 새 땅에 들어갈 수 있는 사람은 예수 그리스도를 믿어야만 합니다. 우리는 요한계시록이 구체적으로 그리고 있는 새 하늘과 새 땅에 대한 올바른 소망을 품고 제대로 이해해야 합니다. 하나님께서 우리를 위해 예비하신 모든 것들은 그야말로 "눈으로 보지 못하고 귀로도 듣지 못하고 사람의 마음으로도 생각하지 못"하는 것입니다(고전 2:9). 그래서 요한계시록에서도 '새 하늘과 새 땅'의 상태를 상징적으로 표현하고 있는 것입니다. 하지만 그 실재가 분명히 전달되고 있음을 알아야 합니다. 성도들이 최후로 바라는 것은 부활한 몸으로 참예하게 되는 새 하늘과 새 땅입니다.

여기서는 예수 그리스도께서 종말이 오면 우리에게 어떤 사랑을 베풀어 주시는지, 종말 후 오는 새 하늘과 새 땅에서는 우리에게 어떤 사랑의 교제를 나누어 주시고, 우리는 그것을 위하여 무엇을 해야 하는지 하나씩 알아보도록 하겠습니다.

◆ 역사의 종말을 통해서 주시는 J의 사랑

종말론은 인류의 역사에서 마지막으로 일어날 사건이나 우주의 마지막에 대한 신학적 이론을 말합니다. 요한계시록에서 종말은 예수님의 오심으로부터 시작되었으며, 이미 우리에게 종말이 진행되고 있음을 말씀하고 있습니다.(계 12:5, 마 24장, 고전 10:11, 약 5:3, 벧전 1:5,20, 히 1:2) 신약성서의 마태복음서 24장에는 예수님께서 세상의 마지막에 대해 언급한 내용을 통해 종말이 상세하게 나타나 있습니다. 부활 승천한 예수 그리스도께서 마지막 때에 재림하시는 것이 종말의 절정을 이루게 되는 것입니다.

요한계시록은 이미 종말이 시작되었음을 말하고 있습니다. 종말은 바로 예수님 탄생의 사건으로부터 이미 시작되었다는 것입니다. 사탄과 바벨론 제국(우상, 맘몬, 음행, 명예와 권력)의 우상 등이 그것들을 숭배하도록 유혹하고 있지만 그것들 속에서 승리할 수 있도록, 하나님의 통치를 경험할 수 있도록 이미 종말이 진행되고 있음을 기억하는 것이 중요합니다.

성경에서 종말이란 창조의 회복이 성취되고 완성되는 순간을 의미합니다.

창조의 회복이란 타락한 이 세상을 하나님의 사랑으로 창조 당시의 상태로 회복시키는 것을 말합니다. 그 회복되는 순간이 바로 에덴의 회복을 의미하는 것입니다. 이 회복의 순간은 예수님의 재림을 통해서 이루어집니다. 초림은 에덴의 회복의 성취이고 재림은 에덴의 회복의 완성이 되는 것입니다. 이것이 바로 종말의 사건입니다.

세속적인 종말은 바로 끝을 말하지만, 성경적인 종말은 바로 회복을 말합니다. 이미 종말은 시작되었고 진행되고 있으며 예수님의 재림으로 완성됩니다. 새로운 창조가 시작되고 그 새로운 피조물로 살아가는 은혜를 누리는 것이 우리의 소망이요, 예수님의 사랑의 극치인 것입니다. 이것이 J의 사랑입니다.

◆ 새 하늘과 새 땅을 예비해 놓으신 J의 사랑

성경에서 가장 핵심적인 사상중의 하나는 하나님의 나라일 것입니다. 구원을 다른 말로 표현하면 하나님의 나라에 들어가는 것입니다. 우리는 이것을 천국이라고 표현합니다. 하나님의 나라(천국)를 다른 말로 표현하면 '새 하늘과 새 땅'입니다.

요한계시록 21장 1절에서 "또 내가 새 하늘과 새 땅을 보니 처음 하늘과 처음 땅이 없어졌고 바다도 다시 있지 않더라."고 말씀하십니다.

새 하늘과 새 땅은 예수님께서 우리에게 주시는 사랑이요 확실한 소망입니다. 현재의 하늘과 현재의 땅은 사라지고 새로운 세계가 올 것입니다. 이것은 구약성경과 신약성경이 다 예언하는 바입니다. 이사야 65장 17절에서 "보라. 내가 새 하늘과 새 땅을 창조하나니 이전 것은 기억되거나 마음에 생각나지 아니할 것이라." 베드로후서 3장 13절에서는 "우리는 그의 약속대로 의의 거하는 바 새 하늘과 새 땅을 바라보도다."라고 말씀하십니다.

현재의 하늘과 땅은 죄로 인해 저주 아래 있기 때문에 갖가지의 고통과 불행한 요소들이 있습니다. 이것은 다 아담과 하와가 죄를 범한 후 하나님께 받은 저주의 결과들입니다(창 3:17). 그러나 현재의 하늘과 땅은 영원하지 않을 것입니다. 이제 장차 옛 하늘과 옛 땅은 지나가고 새 하늘과 새 땅이 올 것입니다. 새 하늘과 새 땅은 예수님께서 우리에게 약속하신 확실한 사랑의 표시며 소망입니다.

새 하늘과 새 땅은 하나님이 천지창조처럼 새롭게 창조하신 하나님만의 세계요 하나님의 나라인 것입니다. 하나님이 새 하늘과 새 땅을 만들 때 미리 계시가 있었습니다. 이사야 60장 19절부터 20절에서 "낮에는 해가 더 이상 너를 비출 필요가 없고 달도 네게 빛을 비출 필요가 없을 것이다. 여호와께서 네 영원한 빛이 되시고 네 하나님께서 네 영광이 되실 것이기 때문이다. 네 해가 다시는 지지 않을 것이며 네 달은 더 이상 기울지 않을 것이다. 여호와께서 네 영원한 빛이 되실 것이니 네 슬픔의 날도 끝날 것이다."라고 말씀하십니다.

이 세상의 핵심은 해입니다. 해가 없으면 세상이 존재하지 않습니다. 하지만 새 하늘과 새 땅에서는 해가 없고 밤에 달도 없다고 했습니다. 새 하늘과 새 땅에서는 하나님이 태양이요 빛이 되는 것입니다. 해 아래 있으면 슬픔이 있고 눈물이 있고 고통이 있고 죽음이 있습니다. 새 하늘과 새 땅에는 이런 슬픔도 고통도 눈물도 죽음도 없다는 것입니다. 우리가 경험해 보지 못한, 상상해 보지 못한, 하나님이 새롭게 창조하신 그곳이 새 하늘과 새 땅입니다. 예수님께서는 우리에게 이런 새 하늘과 새 땅을 예비해 놓고 계시는 것입니다. 이것이 J의 사랑입니다.

◆ 믿기만 하면 새 하늘과 새 땅에 들어가게 하시는 J의 사랑

'예수 천국 불신 지옥'이라는 피켓을 들고 전도하시는 분들이 있습니다. 그분들은 정말 예수님을 구주로 믿고 천국과 지옥이 있다는 것을

확실하게 믿는 분들이라고 생각합니다. 우리는 예수 그리스도를 구주로 믿기만 하면 천국에 갈 수 있습니다. 여기서 말하는 천국은 요한계시록에서 말하는 새 하늘과 새 땅을 말하며 여기에 들어갈 수 있는 자격요건들은 다음과 같습니다.

신부의 자격은 요한계시록 21장 10절에서 "성령으로 나를 데리고 크고 높은 산으로 올라가 하나님께로부터 하늘에서 내려오는 거룩한 성 예루살렘을 보니."라고 말씀하고 계십니다. 요한계시록 22장은 새 하늘과 새 땅에 들어가게 되는 자격을 잘 보여 주고 있습니다.

첫째, 하나님께 소속되어 있어야 합니다(계1:5-6).

우리는 성부, 성자, 성령 하나님의 사랑 안에 있음을 천명하고 있습니다. 우리는 세상에 속해 있으면 안 되고 하나님께 속해 있어야 새 하늘과 새 땅에 들어갈 수 있는 것입니다.

둘째, 무형교회가 되어야 합니다(계4:1-5:14).

지상에서 살고 있는 신자들뿐만 아니라 이미 죽어서 영혼이 천국에 가있는 신자들, 그리고 아직 태어나지 않은 신자들 모두가 예수 그리스도 안에서 하나의 몸을 이루고 있는데 이것을 무형교회라고 말합니다. 예수 그리스도께서 십자가에서 운명하실 때 성전 휘장이 위에서 아래로 찢어진 사건으로 우리는 하나님을 직접 만날 수 있는 제사장으로 승격하였고 우리 몸은 거룩한 성전인 교회가 되었습니다. 이러한 무형교회가 새 하늘과 새 땅에 들어갈 수 있는 것입니다.

셋째, 거룩하게 구별되어야 합니다(계21:2).

요한계시록 21장 2절에서 "또 내가 보매 거룩한 성 새 예루살렘이 하나님께로부터 새 하늘에서 내려오니 그 준비한 것이 신부가 남편을 위하여 단장한 것 같더라."고 말씀하십니다. 우리는 세상 것들과 가증한 것들과 속된 것들과 거룩하게 구별되어 예수님을 구주로 믿어야만 새 하늘과 새 땅에 들어갈 수 있습니다.

예수님께서는 우리를 위하여 이미 십자가를 통하여 우리의 모든 허물과 죄악을 그의 보혈로 씻으셨고 마귀의 세력을 이기고 승리하셨습니다. 그래서 우리는 단지 예수님을 믿기만 하면 예수님께서 재림하시고 새 하늘 새 땅이 시작될 때 그곳에 들어갈 수 있는 것입니다. 이것이 J의 사랑입니다.

요한계시록에 나타난 J의 사랑을 마무리하면서

요한계시록은 마지막 때를 잘 보여 줍니다. 요한계시록은 마지막 때 나타나는 공포와 심판에 대한 것이 중심이 아니라, 예수 그리스도의 재림과 함께 우리가 부활하여 새 하늘과 새 땅에 입성하는 것을 말하고 있습니다. 가장 높은 하늘에 오르는가 하면 가장 깊은 지옥의 심연에 떨어집니다. 마지막이라는 것은 사탄에게 해당됩니다. 하나님은 영원하신 분입니다. 그를 믿는 우리와 교회에게는 영원의 시작이며, 사탄에게는 마지막 때가 되는 것입니다.

요한계시록이 하나님과 예수님의 영광과 승리의 모습을 미리 보여 주는 것은 이때를 살아가는 그리스도인들에게 모든 시험과 고통을 이기고 인내로써 하늘의 영광을 기다리게 해줍니다. 지옥이 자기의 정체를 드러내어 실제로 존재하는 것처럼 하나님과 어린 양 예수 그리스도의 보좌가 중심인 천국 또한 실제로 존재하는 것입니다.

요한계시록을 바라볼 때마다 가장 크게 보아야 하는 것은 하늘이 열리고 영광의 하나님과 영광의 예수님 그리고 이 땅에서 믿음으로 승리하는 그리스도인들의 모습입니다. 예수 그리스도께서 어둠의 영은 반드시 멸망시키시며, 모든 믿는 자들에게 우리 주 예수 그리스도께서 영원한 영광 가운데서 우리와 사랑의 교제를 나누게 될 것입니다. 이것이 J의 사랑입니다.

Chapter 06

고린도전서 13장에서
사도 바울이 전하는
J의 사랑

사도 바울은 고린도전서 12장에서 성령의 은사들에 대해 논하다가 13장에서는 사랑에 대해 기록하고 있습니다. 그는 여기서 사랑이 그 어떤 은사보다도 중요하다고 강조합니다. 우리는 은사를 사모하되 사랑을 먼저 구하며 사랑 가운데서 은사를 사모해야 합니다. 사도 바울은 고린도전서 13장 1절부터 3절에서 사랑의 절대적 우위성을 기록하고 있으며, 4절부터 8절에서 사랑의 속성을 그려 내고 있습니다. 그런 다음 그는 9절부터 13절에는 성령의 다른 은사들과 비교하여 사랑의 영원성을 노래함으로써 본장을 마무리 합니다.

사도 바울은 유대교의 엘리트로서 스데반 집사가 돌로 맞아 순교하는 현장에 있었습니다. 그는 유대교의 관리자로 예수 믿는 자들을 잡아죽이기 위해서 다메섹으로 가던 도중 갑자기 엎드러져 예수 그리스도의 계시를 받고 크게 변화를 받았습니다. 그 후 사울은 바울이 되었으며, 유대인의 괴수에서 예수님의 신실하신 종이 되었습니다. 바울이 사도로 세워지는 데에는 성령 충만한 돕는 자 바나바의 도움이 있었습니다.

사도가 된 바울은 본인이 직접 개척하여 세운 고린도 교회가 분파하여 분쟁하는 것을 보면서 마음이 아팠을 것입니다. 그래서 그는 고린도전서에 나와 있듯 편지하여 서로 사랑하라고 권면하고 있는 것입니다. 사도 바울은 이렇게 아름다운 사랑의 송가를 기록함으로써 우리로 하여금 고린도전서 13장을 읽을 때 성령의 감동으로 예수 그리스도의 사랑과 그의 성품을 느낄 수 있도록 합니다. 누구든지 본장을 3번 정도만 반복해서 읽으면 성령이 주시는 감동으로 예수님이 생각나면서 눈물이 흐르게 될 것입니다. 이것이 J의 사랑입니다.

|

J의 사랑의
절대적 우위성(고전 13:1-3)

고린도전서 13장 1절부터 3절에서 "내가 사람의 방언과 천사의 말을 할지라도 사랑이 없으면 소리 나는 구리와 울리는 꽹과리가 되고, 내가 예언하는 능이 있어 모든 비밀과 모든 지식을 알고 또 산을 옮길 만한 모든 믿음이 있을지라도 사랑이 없으면 내가 아무것도 아니요, 내가 내게 있는 모든 것으로 구제하고 또 내 몸을 불사르게 내어 줄지라도 사랑이 없으면 내게 아무 유익이 없느니라."고 말씀하고 있습니다.

사도 바울은 먼저 사랑의 절대적 우위성을 말합니다. 초대교회 성도들은 성령을 받아 방언으로 말하는 신기한 일이 있었습니다. 방언 하는 자들은 그것을 상당한 능력으로 내세우며 자랑하고 방언 하지 못하는 자들을 멸시하는 경향이 있었습니다. 그러나 방언하는 자라도 사랑이 없으면 '소리 나는 구리와 울리는 꽹과리'에 불과하다는 것입니다. 사랑이 방언들보다 더 중요하다는 것입니다. 또 예언과 지혜와 지식의 은사를 가진 자라도 사랑이 없으면 아무것도 아니라는 뜻입니다.

또 믿음과 능력의 은사를 받은 자라도 사랑이 없으면 아무것도 아니라고 합니다. 하나님을 믿는 목적은 결국 하나님을 사랑하고 이웃을 사랑하는 데 있습니다. 그러므로 사랑이 없는 믿음은 가치가 없는 것입니다. 사람들은 큰 믿음과 능력을 대단한 것으로 생각하지만, 그것보다 더 가치 있고 소중한 것은 사랑이라는 뜻입니다. 또 사람이 자기가 가진 모든 것을 바쳐 구제하고 심지어 자기 몸을 내어 줄지라도 그것이 사랑의 동기에서 행한 것이 아니라면 아무 유익이 없다는 것입니다.

J의 사랑의 표현(속성)

(고전 13:4-7)

1) 사랑은 오래 참고

오래 참음(patient)의 헬라 원어는 화를 내는 데서 멀리함을 뜻하며, 격동성 있는 감정을 피하는 것을 말합니다. 오래 참음은 참을성, 관용, 분노하기를 더디 함이라는 개념을 내포하고 있습니다.

오래 참음에 있어서 가장 훌륭한 모범이 되시는 분은 예수 그리스도 이십니다. 예수께서는 십자가의 고난을 받으면서도 놀라운 자제력을 나타내셨습니다. 그분에 관한 오래 참음의 본이 되는 증거는 이사야 53장 7절에서 "그가 곤욕을 당하여 괴로울 때에도 그의 입을 열지 아니하였음이여 마치 도수장으로 끌려가는 어린 양과 털 깎는 자 앞에서 잠잠한 양같이 그의 입을 열지 아니하였도다."라고 말씀하십니다.

예수께서는 공생애 기간 내내 참으로 놀라운 오래 참음을 나타내셨습니다. 그분은 기만적인 질문과 참기 힘든 모욕을 당하셨지만 오래 참으셨습니다(마 22:15-46, 벧전 2:23). 그분은 제자들에게도 참을성을 나타내셨는데, 제자들이 누가 가장 크냐는 문제로 계속 언쟁을 벌였을 때에도 오래 참으셨습니다(막9:33-37). 뿐만 아니라 예수께서는 배반당하시던 그 밤에 베드로와 요한이 "깨어 있으라."라는 권면을 듣고도 잠을 잤을 때 대단한 오래 참음의 자제력을 나타내셨습니다(마26:36-41).

예수님께서는 부활하신 후에도 계속 오래 참음을 나타내셨습니다. 사도 바울은 특히 그 점을 늘 자각하고 있었는데, 그 자신이 이전에 그리스도인들을 박해한 사람이었기 때문입니다. 디모데전서 1장 15절부터 16절에서 "미쁘다. 모든 사람들이 받을 만한 이 말이여. 그리스도 예수께서 죄인을 구원하시려고 세상에 임하셨다 하였도다. 죄인 중에 내가 괴수니라. 그러나 내가 긍휼을 입은 까닭은 예수 그리스도께서 내게 먼저 일체 오래 참으심을 보이사 후에 주를 믿어 영생 얻는 자들에게 본이 되게 하려 하심이라."고 말씀하십니다.

바울은 갈라디아서 5장 16절부터 26절에서, 육체의 일과 성령의 열매를 대조합니다(갈 5:19-23). 오래 참음은 성령의 열매 가운데 하나이므로, 이 특성은 예수 그리스도에게서 비롯되는 것이며 예수 그리스도의 성품 가운데 하나입니다. 사실 오래 참음은 바울이 성령의 열매를 설명하면서 네 번째로 언급한 특성입니다. 그러므로 오래 참음의 덕목은 성령을 받은 우리에게 예수 그리스도께서 주시는 사랑의 열매인 것입니다. 이것이 J의 사랑입니다.

2) 사랑은 온유하며

온유(kind)란 말은 친절을 베풀기로 준비된 태도나 성품을 말합니다. 온유는 따뜻하고 부드러운 성품으로 화를 내지 않으며 착하고 친절한 성품을 이르는 말입니다. 불같은 성질을 가지고 있던 모세나, 사도 바울이나, 베드로 사도, 사도 요한 등이 성령 받고 변화된 후의 모습이 바로 이 온유의 성품 을 보여 줍니다.

갈라디아서 5장 22절부터 23절에서 성령의 아홉 가지 열매 중에 여덟 번째에 해당하는 열매가 바로 온유입니다. 시편 기자는 "하나님은 악인은 땅에서 멸하시고 온유한 자가 땅을 차지하게 될 것(시편37:1)"이라고 고백합니다. 하나님께서 온유한 자를 사랑하십니다. 온유는 삼위일체 하나님의 사랑으로 나타남을 알 수 있습니다.

예수님께서는 "나는 온유하고 겸손하니."(마11:29)라고 말하셨습니다. 온유는 또한 예수님의 성품입니다. 또한 예수님께서는 마태복음 5장 5절 산상수훈에서 "온유한 자는 복이 있나니 땅을 기업으로 받을 것이요."라고 말씀하셨습니다. 당시 유대인들은 로마를 이길 수 있는 강력한 지도자를 원하고 있었기 때문에 예수님의 온유를 이해하지 못했습니다. 그러나 예수님께서는 삼일 만에 부활하시고 제자들에게 보이심으로 온유가 승리했음을 보여 주셨으며, 우리에게도 성령을 받으면 그 사랑의 열매로 온유한 성품을 주시는 것입니다. 이것이 J의 사랑입니다.

3) 사랑은 시기하지 아니하며

시기라는 단어는 헬라어로 '젤로우'입니다. '젤로우'는 "질투하다.", "시기하다.", "다른 사람의 것을 탐내다."라는 뜻입니다. 십계명 중에 "네 이웃의 것을 탐내지 말라."는 계명이 있습니다. 성경에서 "시기하는 것"을 탐심과 연결시키고 나아가 탐심은 우상 숭배임을 알려 줍니다. "그러므로 땅에 있는 지체를 죽이라 곧 음란과 부정과 사욕과 악한 정욕과 탐심이니 탐심은 우상 숭배니라."(골 3:5) 다시 말하면 '시기심'은 하나님께서 주시는 마음이 아니라 사탄이 주는 마음입니다.

신명기 4장 24절에서 하나님은 질투하시는 하나님이라고 말씀하십니다. 하나님의 질투는 사람의 질투와 전혀 다릅니다. 사람이 시기하고 질투하는 것은 다른 사람이 나보다 잘되는 것이 싫을 때 나타나는 반응입니다. 그러나 하나님의 질투는 우리를 사랑하시므로 보이시는 반응입니다. 우리를 사랑하시는 사랑이 너무 크시고 우리가 잘되기를 바라는 마음에서 나오는 것이 바로 하나님의 질투입니다. 그러나 사람들의 질투는 하나님의 질투와 다르며 사람이 모이는 곳에는 시기와 질투가 생깁니다. 그래서 자주 다툼이 일어나게 됩니다.

예수 그리스도를 죽인 장본인들도 시기심에서 이 악행을 시작했습니다. 빌라도는 유대인들이 시기심으로 예수님을 법정에 넘긴 것을 알고 있었습니다(마 27:18). 종교 지도자들은 시기심으로 하나님의 아들 예수 그리스도를 십자가에 못 박았습니다. 성령의 인도하심을 거부하고 자신의 육체의 정욕에 따르는 그리스도인들의 특징도 시기심입니다(고전 3:3, 갈 5:20, 롬 1:29). 시기심은 사탄이 우리의 마음에 뿌려 놓은 가장 깊은 죄악의 씨앗입니다. 따라서 우리는 시기심을 과소평가해서는 안 됩니다. 사랑은 시기하지 않는 것입니다. 성령 충만하며 하나님의 말씀을 가까이 하며 오직 주 예수 그리스도를 믿을 때 우리는 사탄의 유혹인 시기심에서 벗어날 수 있으며, 예수님께서 주시는 사랑의 열매를 맺을 수 있습니다. 이것이 J의 사랑입니다.

4) 사랑은 자랑하지 아니하며

사람들이 자랑을 하면 두 가지 마음이 생기는 것 같습니다.

첫째는 부러움입니다. "그래 정말 잘 되었다." 하면서 부러워하고 칭찬해 주는 경우가 있습니다.

둘째는 시기하는 마음입니다. 상대방이 자랑을 하면 괜히 마음이 불편하고 시기심이 발동하여 미운 감정이 생길 수 있습니다. 이것이 문제가 되는 것입니다.

그러면 사랑은 자랑하지 말아야 하는 이유는 무엇일까요?

첫 번째, 대부분 자랑 속에는 허영과 교만이 있기 때문입니다. 자랑의 경우 대부분 자기 실리를 얻기보다는 아무 것도 얻지 못하는 경우가 많습니다. 이처럼 자랑을 많이 하는 사람은 미련한 사람 중에 하나입니다. 왜냐하면 자랑 뒤에는 허영과 교만이 숨어 있기 때문입니다.

두 번째, 자랑을 하면 상대와 비교를 하게 함으로써 시기심을 유발하게 만 듭니다. 자랑이란 상대적이기 때문에 항상 내가 너보다 낫다는 비교의식을 동반합니다. 그러니 그것을 들은 사람에게는 절망감 내지는 시기심을 유발하게 만들기 쉽습니다. 자랑은 나의 영혼을 해치는 죄이기도 하지만 다른 사람에게도 죄를 짓게 만들 위험성이 크다는 것입니다.

세 번째, 자랑을 하지 말아야 하는 이유는 자랑의 내용을 보면 헛된 것이 대부분이기 때문입니다. 비교적 자랑은 헛된 것에 대해 많이 하게 됩니다. 가치 있는 것일수록 자랑을 하지 않고, 자랑을 할 필요가 없으며, 오히려 자랑하면 오히려 그 가치를 더 떨어뜨리기 마련입니다. 사람들이 주로 자랑하는 것은 돈, 명예, 가문, 집, 가구, 부모,

자식, 얼굴, 목소리, 머리, 힘 같은 것입니다. 그러나 이것들은 다 그 가치가 오래 보존될 수 있는 것들이 아닙니다. 물질적이고 육신적인 것들입니다.

성경에서 자랑은 비교적으로 육신적이라고 말합니다.

요한일서 2장 16절에서 "세상에 있는 모든 것이 육신의 정욕과 안목의 정욕과 이생의 자랑이니 다 아버지께로부터 온 것이 아니요 세상으로부터 온 것이라."고 말씀하고 있으며, 갈라디아서 6장 13절에서는 "할례 받은 저희라도 스스로 율법은 지키지 아니하고 너희로 할례 받게 하려 하는 것은 너희의 육체를 자랑하려 함이니라."고 말씀합니다. 또한 고린도후서 11장 27절에서는 "자랑하는 자들은 육체를 따라 자랑한다."고 말씀하고 있습니다. 이처럼 자랑이란 가치 없는 것이거나 한시적인 것이 대부분입니다.

그래서 예수님께서는 사도 바울을 통하여 사랑은 자랑하지 아니하는 것이라고 성령님의 감동을 통하여 기록하게 한 것입니다. 이것이 J의 사랑입니다.

5) 사랑은 교만하지 아니하며

교만은 겸손의 반대 개념(잠 11:23, 마 5:3, 눅 14:11)으로서 "스스로 우월감을 마음에 품고 언제나 자기가 중심이 되지 않으면 만족하지 못하는 마음의 상태"를 말합니다. 그러나 성경의 핵심적 교훈은 하나님을 경외하는 것이 최고의 덕인 겸손이며, 교만은 하나님을 알지 못하는 죄라고 말씀하고 있습니다(잠 1:7, 벧전 5:5). 교만은 흔히 권력의 교만, 지식의 교만, 의로움의 교만으로 나눌 수 있습니다. 성경에서 나타난 교만은 하나님 없이 자기 자신에게만 관심이 집중될 때 생겨난다고 합니다. 그리고 교만한 자는 반드시 패망한다는 것이 성경의 교훈입니다(잠 16:18).

사도 바울은 이방 세계에서 그리스인 사이에 퍼져 있는 자랑과 교만을 보았습니다. 그것은 지혜에 대한 교만이었는데(고전 1:19-31), 그는 또 유대인들에게도 유대인 특유의 자랑과 교만이 있는 것을 지적하고 있습니다. 로마서 2장 17절부터 3장 8절에서 율법을 아는 유대인이 율법을 모르는 이방인과 같이 행하는 것은 교만의 죄라는 것을 지적합니다. 마찬가지로 고린도 교회에도 은사를 자랑하는 교만한 자들이 있었습니다. 이들을 향하여 사도 바울은 사랑은 교만하지 아니하는 것이라고 말씀합니다.

성경에서도 교만에 대하여 경고의 말씀을 하고 있습니다. 고린도전서 8장 1절에서 "우상의 제물에 대하여 우리가 다 지식이 있는 줄 아나 지식은 교만하게 하며 사랑은 덕을 세우나니 만일 누구든지 무엇을 아는 줄로 생각하면 아직도 마땅히 알 것을 알지 못하는 것이요."라고 말씀하고 있으며, 야고보서 4장 6절에서는 "하나님이 교만한 자를 물리치시고 겸손한 자에게 은혜를 주신다 하였느니라."고 말씀하십니다. 베드로전서 5장 5절부터 6절에서 "하나님이 교만한 자를 대적하시되 겸손한 자들에게는 은혜를 주시느니라. 그러므로 하나님의 능하신 손아래에서 겸손하라. 때가 되면 너희를 높이시리라."고 말씀하십니다.

예수께서는 마태복음 23장 12절에서 "누구든지 자기를 높이는 자는 낮아지고 누구든지 자기를 낮추는 자는 높아지리라."고 말씀하십니다. 예수님의 독특한 역발상 가르침입니다. 세상의 발상과 예수님의 발상은 상반되며 예수님께서는 독특한 역발상으로 우리에게 교훈을 주십니다. 예수님께서는 이렇게 역발상으로 우리에게 사랑의 메시지를 주시면서 사랑은 교만하지 아니하다고 가르쳐 주십니다. 이것이 J의 사랑입니다.

6) 사랑은 무례히 행치 아니하며

사랑의 여섯 번째 속성은 무례히 행치 아니하는 것입니다. 원어의 뜻은 "은혜롭지 못하게 행동하다.", "밉게 행동하다.", "매력이 없다.", "격에 벗어난 행동을 하다.", "창피한 행동을 하다.", "비열한 행동을 하다.", "보기 흉한 짓을 하다."라고 나열되어 있습니다. 즉, 예의 없고, 위계질서를 무시하고, 사랑스러움이 전혀 없는 막무가내의 행위를 가리킵니다. 무례하다는 것은 사람이 기본적으로 갖추어야 할 격을 갖추지 못한 모습이라고 하겠습니다.

성경은 세 가지로 무례함의 모습을 표현합니다.

첫째는, 기본 예의가 없는 것이 무례함이다.

마가복음 7장을 보면 교회에 바치는 헌금인 고르반을 빙자하여 부모를 업신여기는 교인들이 등장합니다. 교회는 잘 다닌다고 하는데 부모를 보양하지도 않고 방자하게 대하며 부모를 박대하는 자들이 나옵니다. 예수님께서는 그들을 꾸짖으시며 그들의 신앙은 가짜요 그들은 기본 예의도 없는 무례한 자들이라고 하셨습니다.

둘째는, 권위 질서에 대한 도전은 분명한 무례함입니다.

무례한 자들은 교만하기 때문에 부모에게, 남편에게, 말씀을 가르치도록 주께서 세우신 종들에게, 나아가 국가 지도자들에게 도전합니다. 하나님께서는 사람이 이 땅을 사는 동안 하나님이 정하여 주신 권위 질서를 지키도록 하셨습니다.

셋째는, 성경은 감사할 줄 모르는 마음과 삶이 무례임을 말합니다.

디모데후서 3장에는 말세가 가까울수록 사람들의 타락의 모습을 그려놓고 있습니다. 그 모습 중에는 "부모를 거역하며 감사하지 아니하며."라는 내용이 나오는데 이러한 모습은 무례함과 직접적으로 관련된 내용으로 볼 수 있습니다. 마땅히 받은 은혜에 감사하여야 하는데 오히려 그 은혜를 망각하고 거역하는 모습이 바로 무례함입니다. 특별히 하나님께 감사치 않는 것은 무례함의 극치라고 할 수 있습니다.

일반적으로 사람들의 관계가 가장 많이 깨어지는 원인은 "무례히 행하는 것" 때문일 것입니다. 아무리 친한 친구라 할지라도 무례함이 계속 나타나면 그 관계는 유지되기 힘듭니다. 심지어 부부 사이라도 무례함이 계속되면 그 가정은 존립하기 어렵습니다. 교회에서 무례한 자들은 모든 관계를 파괴하고 교회 공동체에 혼란을 가져옵니다. 사랑은 무례히 행치 아니하는 것입니다. 예수님은 우리에게 성령을 충만하게 주셔서 서로 존중하고 무례히 행하지 아니하게 하심으로써 형제자매가 사랑의 교제를 나눌 수 있도록 하십니다. 이것이 J의 사랑입니다.

7) 사랑은 자기의 유익을 구하지 아니하며

사랑의 일곱 번째 속성은 자기의 유익을 구치 아니하며(제이테오)입니다.

이 말은 문자 그대로 읽으면 "자신의 것들을 구하지 않으며."입니다. 자기의 유익을 구하는 사람은 보통 자기중심적인 사람인데 그들은 계속하여 자기 마음에 드는 것만 추구합니다. 자기에게 유익이 되는 일이라면 수단과 방법을 가리지 않고 추구하는 것입니다. 자기의 유익을 구하는 자들의 문제는 자기의 유익을 구하느라 점점 다른 사람의 유익에는 별 관심이 없어진다는 것입니다. 그래서 자기의 유익을 구하는 것은 남에게 피해를 주고 상처를 주게 되는 것입니다.

아합 왕이 부정한 방법으로 포도원을 취했으나 얼마 후 전쟁에서 활에 맞아 비참하게 죽습니다. 이와 같이 성경은 자기의 유익을 구하는 자들의 결국은 모든 것을 잃고 손해 보게 될 것을 말하고 있는 것입니다. 우리는 모두 자기의 유익을 구하지 않는 자들이 되어야 하겠습니다.

보통 자기의 유익을 구하는 자들은 그 특징이 있습니다.

첫째, 자기의 유익을 구하는 자들은 자비가 없고 덕이 없습니다.

둘째, 자신의 유익과 관계가 없는 것에는 대개 무관심합니다.

셋째, 자기의 유익을 구하는 자들은 대개 육체적 쾌락을 추구합니다.

그러므로 우리 안에 있는 육체의 소욕이 바로 "자기의 유익을 구하는" 진짜 범인이요, 이 범인은 바로 사탄인 것입니다. 따라서 우리는 자기의 유익을 구하지 않기 위하여 육체의 소욕을 죽이고 사탄과 싸워서 이겨야 하는 것입니다.

육체의 소욕을 이기기 위해서는 성령을 좇아 행해야 하며(갈 5:16), 육체의 정과 욕심을 십자가에 못 박아야 하며(갈 5:24), 모든 계명을 기억하여 준행해야 하며(민 15:39), 간절히 기도함으로 구해야 하는 것(약 4:2)입니다.

우리는 성령 충만으로 예수님께 사로잡힐 때에만 참된 자유인이 될 수 있는 것이요, 자기의 유익을 구하지 아니하는 삶을 살 수 있습니다. 이와 같이 자기의 유익을 구하지 아니하는 사람은 가정을 살리고, 교회에서 덕을 세우며 나아가 형제자매를 살리는 사랑의 열매를 맺게 되는 것입니다. 이것이 J의 사랑입니다.

8) 사랑은 성내지 아니하며

히브리어로 "성내다."라는 말의 뜻은 "무엇과 나란히"와 "뾰족하게 하다."라는 말의 합성어입니다. 즉 뾰족한 성질을 가지고 있어서 상대방의 공격이나 반응에 따라서 쉽게 흥분을 한다는 의미입니다.

"사랑은 성내지 아니하며."의 의미는 사랑은 혈기를 부리지 않는다는 것입니다. 사람이 분을 다스리지 못할 때 혈기를 부리게 됩니다. 혈기는 모든 것을 한순간에 다 무너뜨리는 어리석은 행위입니다. 심리학적으로 볼 때 혈기를 부리는 것은 이성을 잠깐 잃어버리는 상태와 같습니다. 영적으로 볼 때 성냄은 감정에 의하여 믿음을 잃으면서 사탄의 꼬임에 넘어가는 상태입니다. 이러한 무서운 혈기 사건은 인류 최초의 가인의 살인 사건에서 나타납니다. 가인이 시기로 가득 차더니 급기야 혈기를 부리며 자신의 아우 동생 아벨을 돌로 쳐 죽입니다. 왜 그렇게 혈기가 났는가? 성경은 그 원인이 하나님을 향한 분노라고 말합니다(창 4:5-6). 그러므로 야고보 사도는 "성내는 사람은 하나님의 의를 이루지 못한다."(약 1:20)고 말합니다.

성경은 혈기를 부림으로 공 든 탑을 무너뜨리는 사례들을 보여 주고 있습니다.

첫째 사례는 야곱의 자녀들이 혈기를 부렸던 사건입니다. 세겜이라는 곳에서 자신의 친 여동생 디나가 세겜 추장의 아들에게 강간을 당하자 이들은 분이 가득하여 보복을 계획합니다. 그래서 거짓으로 그들과 협상하면서 그들에게 모두 할례를 받을 것을 권면합니다(창 34:25-31). 그들이 할례를 받고 움직이지 못하자 야곱의 자녀들은 그들을 칼로 다 죽여 버렸습니다. 이때 아버지가 자녀들을 꾸짖자 아버지 앞에서 혈기를 부린 두 아들이 있습니다. 바로 시므온과 레위입니다. 이 두 아들의 혈기 사건은 야곱의 마음에 평생 잊을 수 없는 고통과 양심의 가책이 되었습니다. 야곱은 죽음 직전의 유언에서 혈기를 부렸던 이 두 아들을 저주합니다. 이 저주는 야곱의 저주가 아니라 야곱의 입술을 통한 하나님의 저주였습니다.

둘째 사례는 우리가 잘 아는 모세의 혈기입니다. 그는 모든 일들을 잘해 오다가 가나안 땅에 들어가기 바로 직전에 바위를 지팡이로 여러 번 때리며 혈기를 부림으로써 하나님의 거룩함을 훼손시키는 치명적인 실수를 범하였습니다. 그는 그때의 혈기로 인해 그토록 그리던 젖과 꿀이 흐르는 가나안 땅에 들어가지 못하게 되는 것입니다(민 20장).

이에 성경의 지혜에서는 다음과 같이 교훈합니다. "미련한 자는 분노를 당장에 나타내거니와."(잠 12:16) 노하기를 더디 하는 자는 용사보다 낫다."(잠 16:32) 급한 마음으로 노를 발하지 말라. 노는 우매자의 품에 머물음이니라."(전 7:1)

교회의 지도자의 자질 중에 "성내지 아니하는 것"이 포함됩니다(딛 1:7). 이는 지도자의 자질 중에 감정을 다스릴 줄 아는 것이 매우 중요하다는 뜻입니다. 지도자는 감정보다 자신의 생각과 믿음을 따를 줄 알아야 합니다. 감정보다는 이성과 믿음을 따라 하나님의 뜻을 따를

수 있어야 영적 지도자의 자격이 주어지는 것입니다.

사랑은 성(혈기) 내지 아니하는 것입니다. "분을 내어도 죄를 짓지 말며 해가 지도록 분을 품지 말고 마귀에게 틈을 주지 말라."(엡 4:26-27)

예수님께서는 우리에게 성령의 충만함을 주셔서 성령의 아홉 가지 열매를 맺게 하십니다. 그 성령의 아홉 가지 열매 중에 첫 번째 열매가 사랑의 열매입니다. 예수님께서는 온유하며 성내지 아니하는 성품을 가진 우리에게 사랑의 열매를 맺게 하시는 것입니다. 이것이 J의 사랑입니다.

9) 사랑은 악한 것을 생각하지 아니하며

하나님의 음성을 듣는 방법 중에 생각을 통하여 하나님의 음성을 들을 수가 있습니다. 좋은 생각은 하나님이 주시는 것이며, 악한 생각은 마귀가 주는 생각입니다. 성경은 가룟 유다가 예수님을 팔려고 할 때 마귀가 이미 예수를 팔려는 생각을 가룟 유다에게 집어넣었다고 기록합니다. 그렇습니다. 악한 생각은 마귀가 주는 생각입니다. 그래서 오늘 사랑은 악한 것을 생각하지 않는 것이라고 말하는 것입니다. 사람을 결정하는 것은 그 사람의 생각에 달려있습니다.

사랑의 아홉 번째 속성은 "사랑은 악한 것을 생각하지 아니하며."입니다. 악한 것을 품지 않았거나, 악한 것을 바라보지 않거나, 악한 것을 기대하지 않는 것이 사랑입니다. 이것을 구체적으로 풀어서 설명하면 다음과 같습니다.

첫째는, 남이 내게 행한 악들과 피해들을 내 마음 속에 쌓아 놓지 않는 것을 의미합니다. 이러한 의미에서는 용서와 관련지어 생각할 수 있습니다. 이와 반대 개념은 앙심을 품고 있다가 원수를 갚을 기회가 나면 칼을 휘두르는 것입니다. 그러나 사랑은 다른 사람들이 내게 행한 여러 가지 섭섭하고 나쁜 기억들을 쌓아 놓지 않는 것입니다. 다른 사람들의 실수, 다른 사람들이 우리를 향해 뱉은 악담들과 피해 준 일들, 자존심을 상하게 하는 행위들을 다 잊는 것입니다. 창세기에서 요셉은 형들에게 복수하려는 악한 생각을 할 수도 있었지만 형들을 용서합니다. 요셉은 악한 것을 생각하지 아니하고 형들을 후대하며 사랑을 베풀어 줍니다(창 50:15-21).

둘째는, 악한 것을 생각하지 않는다는 것은 악한 계획을 하지 않는 것을 의미합니다. 성경은 이를 '궤휼' 또는 '궤계'라고 말합니다. 하나님께서는 분명히 우리의 순간적인 악한 생각들을 이해하시고 용서하십니다. 여인을 보고 음욕이 생긴다든지, 갑자기 불의한 사람을 보고 미움이 생길 수도 있습니다. 이러한 잠깐의 현상은 사람이면 본능적으로 생기는 것이니 용서받을 수 있으나 악한 생각이 '계획의 단계'로 갈 때는 차원이 다른 것입니다. 성경은 이를 "악을 도모하다.", "하나님이 보시기에 악하였더라."라고 표현합니다.

에스더서를 보면 하만이 악을 도모하는 것을 볼 수 있습니다. 그는 유대인 모르드개가 자기에게 절하지 않는 것에 미움이 싹트기 시작하면서 모든 하나님의 백성을 말살하려는 악한 도모를 시작합니다. 하나님께서는 결국 하만이 모르드개를 죽이려고 만든 그 사형대에서 자신이 달려 죽게 하십니다. 하나님께서는 악한 것을 도모한 하만에게 사형을 언도하신 것입니다.

셋째로, 악한 것을 생각하지 아니한다는 것은 악한 것에 마음을 두지 말라는 말씀입니다. 즉, 뭔가 거룩하지 않는 것에 중독되지 말라는 뜻입니다. 즉, 악한 것 외에는 다른 생각을 할 수 없는 상태에 빠지지 말라는 말입니다. 미움, 원한, 음란, 마약, 도박, 성, 돈, 세상, 권력 등에 마음이 다 가있는 상태입니다. 여기서 자유로워야 합니다. 해방되어야 합니다. 많은 현대인들이 심각한 우울증에 빠져 있습니다. 마약, 성, 인터넷, 음주, 흡연, 도박, 게임 등의 중독은 현재 젊은이들의 삶을 망치고 있습니다. 이들은 가정과 교회와 사회에서 무서운 죄악을 범하는 주인공들이 될 수 있는 것입니다. 그러나 사랑은 악한 것에 중독되지 않는 것입니다. 하나님이 기뻐하지 않는 우상들을 잘라내는 것입니다. 사랑은 악한 생각에 빠져 있지 않은 상태입니다.

예수님께서는 우리에게 성령님을 통하여 좋은 생각을 주십니다. 그러나 오늘도 우리를 무너뜨리려고 우는 사자처럼 덤비는 마귀는 우리에게 악한 생각을 넣어 주며 악한 것을 도모하도록 부추기고 있습니다. 예수님께서는 성령을 통해 우리에게 영들 분별의 은사를 주셔서 마귀의 궤계를 물리치고 승리할 수 있게 하십니다. 이것이 J의 사랑입니다.

10) 사랑은 불의를 기뻐하지 아니하며

여기서 "불의"의 원어에는 "나쁜 짓, 불법, 악함, 불공평"이라는 뜻이 있습니다. 먼저 우리가 알아야 할 것은 모든 불의는 죄라는 사실입니다.

요한일서 5장 17절에서 "모든 불의가 죄로되."라고 하였고, 요한계시록 18장 5절은 "그의 죄는 하늘에 사무쳤으며 하나님은 그의 불의한 일을 기억하신지라."고 말씀하고 있습니다. 이와 같이 불의는 죄에 해당하며, 사랑은 불의를 기뻐하지 않는다는 것을 알 수 있습니다.

그러면 "불의를 기뻐하지 아니하며."의 뜻은 무엇일까요?

첫째는, 다른 사람들이 불의를 행할 때 또는 다른 사람들이 불의를 당하는 것을 보고 기뻐하지 않는다는 뜻입니다. 그러나 사람들은 선을 행하는 소문보다는 불의와 죄악의 소문을 더 좋아하는 경향이 있습니다. 그래서 가장 인기 있는 뉴스는 언제나 흉악한 범죄나 불의한 내용들입니다. 마음속에 사랑이 있는 사람들은 다른 사람들이 불의를 당할 경우, 또는 불의를 행할 경우 측은한 마음으로 그에게 다가가서 위로하고 격려하고 권면하게 되는 것입니다.

둘째로, "불의를 기뻐하지 아니하며."의 뜻은 악한 편에 서지 않는 것을 의미합니다. 성경에서도 재판을 하는 경우에 불의한 판정에는 항상 거짓과 아첨과 뇌물이 연관되어 있음을 알 수 있습니다. 따라서 불의를 기뻐하지 아니하는 것은 거짓과 아첨과 뇌물을 기뻐하지 않는다는 것과 일맥상통한다 할 것입니다. 양심을 속이고 불의한 편에 서서 자기의 유익을 구한다면 그것은 사랑이 없는 증거인 것입니다. 하나님은 정의를 좋아하십니다. 불의를 기뻐하지 않으십니다. 하나님은 사랑이시기 때문입니다.

셋째로, 불의를 기뻐하지 아니하는 것은 죄와 타협하지 않는 것을 말합니다. 죄와 타협하는 것은 불의를 기뻐하는 것과 같습니다. 그러나 어떤 행위가 불의인지 아닌지 그 판단 기준은 언제나 하나님의 율법이 기준이어야 합니다. 하나님이 기준이며 그분의 말씀이 기준이 되어야 하는 것입니다. 하나님은 불의에 대하여 반드시 심판하신다는 사실을 알아야 합니다. 골로새서 3장 25절에서 "불의를 행하는 자는 불의의 보응을 받으리니 주는 사람을 외모로 취하심이 없느니라."고 말씀하십니다.

불의는 불법이고 악을 행하며 죄악에 빠진 상태를 말합니다. 우리는 올바른 것을 추구하고 진실과 진리를 추구해야 하고, 기뻐할 것과 기뻐하지 아니할 것을 구분해야 됩니다. 사랑은 불의를 기뻐하지 않는 것입니다.

로마서 2장 8절에서 "오직 당을 지어 진리를 따르지 아니하고 불의를 따르는 자에게는 진노와 분노로 하시리라."고 말씀하십니다. 예수님께서도 불의를 행하는 무리들에게 독사의 자식들이라고 대노하시며 의분을 내셨습니다. 불의는 분명히 죄악입니다.

예수님께서는 오늘도 우리에게 다가오셔서 다정하게 미소 지으시면서 말씀하십니다. "'사랑한다.' 아들아. '불의를 기뻐하지 아니하는' 너를 '사랑한다.' 아들아." 이렇게 말씀하고 계십니다. 이것이 J의 사랑입니다.

11) 사랑은 진리와 함께 기뻐하고

사랑은 진리와 함께 기뻐하는 것입니다. 하나님은 사랑이시기 때문에 우리가 진리와 함께 기뻐하는 것을 원하십니다. 요한복음 15장 11절에서 "내가 이것을 너희에게 이름은 내 기쁨이 너희 안에 있어 너희 기쁨을 충만하게 하려 함이라."고 말씀하셨습니다. 하나님은 우리가 기뻐할 때 기뻐하십니다. 성경은 우리에게 기뻐하라고 명령하고 있습니다.

빌립보서 4장 4절에서 "주 안에서 항상 기뻐하라. 내가 다시 말하노니 기뻐하라."고 말씀하십니다. 여기서"기뻐하라."는 것은 명령이기 때문에 순종해야 하는 것입니다. 무엇을 기뻐해야 하느냐 하면 진리와 함께 기뻐해야 하는 것입니다.

그러면 "진리와 함께 기뻐하고."는 어떤 의미인지 살펴보도록 하겠습니다.

첫째, "진리와 함께 기뻐하고."는 진리 자체이신 예수님을 기뻐하는 것입니다.

진리 되신 예수님이 세상에 오셨을 때에 사람들이 두 부류로 나뉘어졌습니다. 한편은 예수님을 환영하고 기뻐하며 영접하는 사람들이었고, 한편은 예수님을 증오해서 죽이려고 하는 사람들이었습니다. 진리를 좇는 자는 예수님을 기뻐하고 환영하지만 악을 행하는 자는 예수님을 싫어해서 거절했습니다(요 3:19-21). 그러므로 진리와 함께 기뻐한다고 하는 것은 언제, 어디서나 예수님을 환영하는 것이고 예수님을 기뻐하는 것입니다.

둘째, "진리와 함께 기뻐하고."는 주님의 말씀을 사모하는 것입니다.

성경 말씀을 읽으면 마음에 기쁨이 찾아옵니다. 성경 말씀을 멀리하게 되면 아음에 기쁨이 사라지게 됩니다. "진리가 너희를 자유하게 하리라."는 성경말씀을 읽다 보면 진리이신 예수님께서 우리 마음에 평안을 주시면서 우리를 기쁨으로 인도하신다는 의미입니다.

심지어는 원수들이 성경을 말살시키려고 얼마나 많은 죄를 지었습니까? 그럼에도 진리인 하나님의 말씀은 이제까지 온 세상에 비춰고 있는 것입니다. 진리이기 때문에 진리는 생명이 있기 때문입니다. 다윗은 말씀을 얼마나 사랑했으면 시편 19편 10절에서 "금 곧 많은 정금

보다 더 사모할 것이며 꿀과 송이 꿀보다 더 달도다."(시 19:10)라고 노래하고 있습니다.

셋째, "진리와 함께 기뻐하고."는 진리대로 행하는 것입니다.

야고보서 1장 22절부터 25절은 행함의 중요성을 말합니다. 22절에서 "너희는 말씀을 행하는 자가 되고 듣기만 하여 자신을 속이는 자가 되지 말라."고 말씀하십니다. 말씀을 들었다면 그대로 실천하는 삶을 살아야 한다는 뜻입니다. 듣고 말하는 것이 사람과의 관계에 해당된다면 듣고 행하는 것은 하나님과의 관계에 해당됩니다. 사람의 말은 경청하여 신중히 듣고 대답은 천천히 하고, 하나님의 말씀은 경청하여 신중히 듣고 들은 바 말씀을 속히 행하여 순종하는 것이 아름답습니다.

넷째, "진리와 함께 기뻐하고."는 진리를 위해 핍박을 받는 것입니다.

사랑을 실천하다 보면 자연적으로 핍박을 받게 됩니다. 예수님은 예수님의 말씀으로 말미암아 핍박받는 자들을 사랑하십니다.

마태복음 5장 10절부터 12절에서 "의를 위하여 핍박을 받는 자는 복이 있나니 천국이 저희 것임이요 나를 인하여 너희를 욕하고 핍박하고 거짓으로 너희를 거스려 모든 악한 말을 할 때에는 너희에게 복이 있나니 기뻐하고 즐거워하라. 하늘에서 너희 상이 큼이라 너희 전에 있던 선지자들을 이같이 핍박하였느니라." 하고 말씀하십니다. 그러므로 우리가 예수님을 사랑하는 헌신으로 말미암아 핍박받는다는 것은 우리가 의의 반열에 섰다는 의미이며, 천국이 우리의 것이기 때문에 기뻐하고 즐거워하라는 것입니다. 스데반은 돌에 맞아 죽으면서도 천사의 얼굴을 하고 그들을 용서하면서 죽었습니다. 진리를 위해 핍박 받는 것은 이렇게 두려움도 없으며 천사의 얼굴처럼 기쁜 마음으로 핍박을 받아들일 수가 있는 것입니다.

사랑은 진리와 함께 기뻐하는 것입니다. 예수님을 믿고 따르는 형제자매들과 함께하는 기쁨이 사랑이며 그 사랑이 바로 진리 되시는 예수님 안에서 기뻐하는 것입니다. 예수님께서는 오늘도 우리에게 이렇게 말씀하십니다. 빌립보서 2장 5절을 보면 "너희 안에 이 마음을 품으라. 곧 그리스도 예수의 마음이니." 그렇습니다. 우리는 진리이신 예수님을 마음에 사모하고 품어야 합니다. 예수님께서는 우리에게 불의를 기뻐하지 아니하며, 진리와 함께 기뻐하시는 것입니다. 이것이 J의 사랑입니다.

12) 사랑은 모든 것을 참으며

"사랑은 모든 것을 참으며."에서 "모든 것을 참는다."는 것은 하나님의 성품을 묘사하고 있습니다. 사도 바울은 이 말을 자신에게 적용하여 이렇게 말씀합니다. 고린도전서 9장 12절에서 "우리가 이 권리를 쓰지 아니하고 범사에 참는 것은 그리스도의 복음에 아무 장애가 없게 하려 함이로다."라고 말씀하십니다. 사도 바울이 여기서 "모든 것을 참는다."라고 말한 것은 성품으로서의 참음이 아니라 그리스도의 복음을 위한 헌신의 태도를 말한 것입니다. 하나님께로 난 하나님의 자녀는 복음을 위해서 모든 것을 참는 자입니다.

"복음을 위해서 참는다."는 것은 그리스도를 따르는 길에 주어지는 자기 십자가를 지는 것을 말합니다(눅 14:27). 또한 그리스도의 제자로서 모든 종류의 고난을 기쁘게 감당하는 것을 말합니다. 악한 마음을 가지고 자기를 공격하는 자를 그리스도를 위해서 참는 것입니다(마 10:22). 예수님은 그의 제자들에게 "너희가 내 이름으로 말미암아 모든 사람에게 미움을 받을 것이나 끝까지 견디는 자는 구원을 얻으리라."고 하셨습니다. 제자들은 이 말씀을 기억하면서 주님의 이름을 위하여 기꺼이 참고 견디는 것입니다. 그리스도를 위하여 자기에게 있는 세상적인 것을 기쁘게 내려놓는 것입니다(빌 3:8-9). 그리스도를 따르는 길에서 어렵고 힘든 일을 견뎌내는 것입니다. 사도 바울은 오직 모든 일에 하나님 일꾼으로 많이 견디는 것과 환난과 궁핍과 오래 참음을 감당했다고 했습니다.

"사랑은 모든 것을 참으며."는 예수 그리스도께서 세상에서 고난당하시고 십자가를 지셨을 때 그 고통을 묵묵히 참아 내신 일을 가리킵니다. 우리도 참 사랑을 위하여, 복음을 위하여 우리 십자가를 지고 예수님을 따라야 합니다. 우리가 복음을 위하여 기꺼이 환난과 고통을 감내하는 것이 사랑입니다. 예수님은 오늘도 우리에게 이렇게 말씀하십니다. "내가 세상을 이기었노라. 너희도 세상을 이기는 것이 마땅하도다. 너희가 세상에서 환난을 당하나 담대하라. 그리고 모든 것을 참아라."

이것이 J의 사랑입니다.

13) 사랑은 모든 것을 믿으며

사랑은 "모든 것을 믿는 것"입니다. 믿는다고 할 때 우리는 두 가지 의미가 있습니다. 하나는 사람을 믿는 것이며, 또 하나는 하나님을 믿는 것입니다.

먼저 믿는 것은 사람을 믿는 것입니다.

사람을 믿는 데는 여러 가지 유형이 있는데 오늘 여기서 이야기하는 유형은 모든 것을 믿는 사람입니다. 이는 상대를 다 알고 있으면서도 믿어 주는 것입니다. 사람은 믿음의 대상이 아니라 믿어주는 대상인 것입니다. 예컨대, 이러한 믿음은 자녀를 향한 부모님의 믿음에서 볼 수 있습니다. 사랑하기 때문에 갖는 믿음입니다. 어떤 아내가 불신자 남편을 두고 그를 위해 꾸준히 기도합니다. 그 남편이 하나님께 돌아올 가능성이 없는데도 계속 기도합니다. 그러나 그를 사랑하는 아내는 그가 하나님께로 돌아올 것이라는 믿음을 포기하지 않고 기도합니다. 이 아내의 믿음은 바로 모든 것을 믿는 사랑의 믿음입니다.

다음으로 믿는 것은 하나님을 믿는 것입니다.

첫째, 믿는다는 것은 "확신을 갖다."라는 의미입니다. 이는 하나님의 사랑과 전능하심에 관한 확신입니다. 우리는 하나님께서 정말로 나를 사랑하시는지를 의심할 때가 있습니다. 그러나 로마서 8장 38절부터 39절에서 "내가 확신하노니 사망이나 생명이나 천사들이나 권세자들이나 현재 일이나 장래 일이나 능력이나 높음이나 깊음이나 다른 어떤 피조물이라도 우리를 우리 주 그리스도 예수 안에 있는 하나님의 사랑에서 끊을 수 없으리라."고 말씀하십니다. 하나님께서는 우리를 사랑하셔서 독생자 아들을 이 땅에 보내 주시고 십자가에서 우리 죄를 감당하셨습니다. 그러므로 세상에 있는 그 무엇으로도 우리를 예수님 안에 있는 하나님의 사랑에서 끊을 수가 없는 것입니다. 우리는 이것을 확신하는 것입니다.

둘째, 믿는다는 것은 "신뢰하다."라는 뜻입니다. 인격적 관계에서 가장 중요한 요소는 신뢰하는 것입니다. 성경은 신뢰를 영접으로 표현합니다. 곧, 영접을 통하여 우리는 주 예수 그리스도의 종이 되고 그분은 우리의 왕이 되며 우리는 그분의 신부가 되고 그분은 우리의 신랑이 되는 것입니다. 우리는 영접을 통해 우리 안에 들어오신 주님을 신뢰하기에 그분께 순종하는 것입니다. 요한복음 14장 23절에서 "사람이 나를 사랑하면 내 말을 지키리니 내 아버지께서 그를 사랑하실 것이요."라고 말씀하십니다. 사랑은 믿음으로 모든 것을 믿는 것입니다. 이는 모든 사건 속에서 언제나 하나님을 신뢰하는 것입니다.

셋째, 믿는다는 말에는 "전적으로 맡기다."라는 의미가 있습니다.

빌립보서 4장 7절에서 "하나님께 모든 것을 맡기면 모든 지각에 뛰어난 하나님의 평강이 그리스도 예수 안에서 너희 마음과 생각을 지키시리라."고 말씀하십니다. 여기서 "맡기다."의 궁극적 의미는 우리의 인생이 내 뜻대로가 아니라 아버지의 뜻대로 되게 해달라고 구하며 고백하는 것입니다. 우리가 예수님처럼 오직 하나님의 뜻만을 구할 때 바로 그때 나를 이 땅에 보내신 하나님의 뜻이 이루어지는 삶이 되는 것입니다.

이러한 구체적 내용이 바로 "사랑은 모든 것을 믿으며."라는 말입니다. 예수님께서는 오늘도 우리에게 다가오셔서 빙그레 웃으시며 말씀하십니다. "아들아, 내 딸아. 사랑은 사람들을 믿어 주며, 하나님을 믿으며, 또한 나를 믿는 것이란다."라고.

이것이 J의 사랑입니다.

14) 사랑은 모든 것을 바라며

사랑은 모든 것을 바라는 것이라고 하였습니다. 모든 것을 바란다는 것은 "모든 일의 긍정적인 면을 바라보고 실망하지 않는 것"을 말합니다. 이것은 끊임없이 미래를 내다보는 사람의 성품입니다. 이것을 우리는 소망이라고 합니다. 이것은 하나님의 구원의 역사에 대한 신앙을 바탕으로 한 것입니다. 하나님께서 열방을 변화시켜 하나님의 나라로 만드실 것이라는 확신을 가질 때 우리는 모든 것을 바랄 수 있는 것입니다.

"사랑은 모든 것을 바라며."에서 바란다는 단어는 "소망한다, 기대를 가지고 기다린다, 어떤 사람이 훌륭한 사람이 될 것을 믿는다, 하나님께서 장래에 분명히 좋은 것을 주실 것을 확신한다."라는 뜻이 있습니다. 이 의미들은 둘로 나뉘는데 하나는 사람을 향하여 모든 것을 바라는 것이고 다른 하나는 하나님을 향하여 모든 것을 바라는 것입니다.

사랑은 끝까지 기대하며 소망하는 것입니다. 즉, 포기하지 않는 기대와 소망이 사랑입니다. 하나님께서는 택한 백성을 향하여 끝까지 포기하지 않는 기대와 소망으로 사랑하십니다. 즉, 우리를 향하여 모든 것을 바라시는 사랑인 것입니다. 만일 하나님의 이러한 아가페 사랑이 우리에게 임하면 우리도 하나님처럼 내 주변의 사람들을 향하여 포기하지 않고 사랑하게 될 것입니다. 우리의 생각과 마음으로는 소망이 없다고 단념하고 싶어도, 또는 다른 사람들은 이미 그 사람을 다 포기했어도, 모든 것을 바라는 사랑을 소유한 사람은 그 사람을 절대로 포기하지 않습니다.

또한 "사랑은 모든 것을 바라며."의 뜻은 모든 일들이 하나님의 뜻을 이룬다는 믿음을 갖는 것입니다. 이러한 사랑은 하나님의 선하심을 믿는 믿음과 하나님을 사랑하는 마음에서 나온다고 할 수 있습니다. 이 사랑은 지금 내게 발생하는 모든 만남과 환경과 사건은 내게 최선의 상황이라고 믿게 합니다. 우리의 계산과 생각을 초월하여 하나님께서 우리 각자에게 최선의 좋은 것을 주실 것을 바라는 것입니다. 그러므로 모든 것을 바라는 사랑은 "최악의 상황 속에서도 최선을 믿는다." 하나님이 하시면 이루신다는 믿음입니다. 따라서 로마서 8장 28절에서 "우리가 알거니와 하나님을 사랑하는 자 곧 그의 뜻대로 부르심을 입은 자들에게는 모든 것이 합력하여 선을 이루느니라." 하신 이 말씀은 모든 것을 바라는 사랑에 대한 참으로 귀한 약속이 되는 것입니다. 궁극적인 선은 우리가 하나님의 아들의 영광스런 형상을 본받는 것입니다(롬 8:29). 즉, 그리스도인에게 발생하는 모든 만남과 사건은 결국 하나님의 사랑의 표현인데 그 목적은 우리로 하여금 하나님의 아들 예수 그리스도의 형상을 본받게 하기 위함이란 뜻입니다.

예수님께서는 기대와 소망 중에 모든 것을 바라며 간구한다면 우리의 모든 환경을 바꾸어 놓으시며 우리 주변 사람들도 변화시키실 것입니다. 예수님의 사랑은 오늘도 우리에게 모든 것을 믿으며 모든 것을 바라며 기대와 소망 중에 우리와 사랑의 교제를 나누기를 원하시고 있는 것입니다. 이것이 J의 사랑입니다.

15) 사랑은 모든 것을 견디느니라

먼저 이 '견디다'라는 말의 본뜻은 '아래'라는 말과 '머물다'라는 말의 합성어입니다. 이 단어를 의미대로 직역하면 '아래에 머물다'라는 뜻입니다. 고대 헬라 사회에서 이 말은 군사 용어로 쓰인 말입니다. 적군의 격렬한 공격에도 끝까지 자기 위치를 사수하며 견디어 내는 것을 말합니다. 이 말이 우리 성경에는 "인내하다."(롬5:4), "오래 참음"(고후 12:12) 등으로도 번역되어 있습니다. 그 뜻은 "그리스도의 복음에 자신의 운명을 계속적으로 맡기고 있다."라는 의미입니다.

그리스도를 믿는 믿음을 끝까지 참고 견디는 것을 말합니다. 예수 그리스도의 복음에 자신을 계속적으로 위임하고 있다는 것입니다. 그래서 이 말의 본뜻은 사랑은 그 무엇에도 정복당하지 않는다는 뜻입니다. 하나님에게서 난 자는 어떠한 상황에서도 하나님을 믿는 믿음을 저버리지 않는다는 뜻입니다. 그 영혼 속에 주어진 하나님의 사랑과 은혜는 어떤 경우에도 없어지지 않는다는 뜻입니다. 어떤 유혹이 몰려와도 믿음의 자리에 끝까지 버티고 서있다는 것입니다.

그러면 "모든 것을 견디며."의 의미를 구체적으로 알아보겠습니다.

첫째, 하나님의 자녀들은 사방에 원수들로 에워싸임을 당하고 있음을 알아야 합니다. 베드로는 우리를 원수의 나라를 통과하는 순례자들이라고 했습니다(벧전 2:11). 순례 길에는 어디에 무엇이 기다리고 있는지 모릅니다. 하나님의 자녀들은 잠시도 긴장을 풀 수 없는 나그네들입니다. 그래서 사도 베드로는 근신하고 깨어 있어야 한다고 했고, 바울은 하나님의 전신갑주로 무장하지 않고는 승리할 수 없다고 했습니다.

둘째, 원수가 아무리 강해도 하나님의 자녀를 정복하지 못한다는 사실입니다. "사랑은 모든 것을 견딥니다." 원수는 하나님에게서 난 하나님의 사람을 파괴시킬 수가 없습니다. 하나님에게서 난 자는 어떠한 적의 공격에도 파괴되지 않고 끝까지 견딥니다. 원수가 아무리 강하고 그 세력이 크다 할지라도 하나님의 사람을 파괴할 수는 없습니다. 하나님의 사람은 불리한 여건 속에서 침체될 수는 있지만, 죽지 않습니다. 다시 일어나 승리하게 되는 것입니다. 다윗은 잔인한 원수들에게 추격을 당했습니다. 그럼에도 불구하고 다윗은 살아서 결국 이스라엘의 왕이 되었습니다. 사랑의 하나님에게서 난 하나님의 사람은 이처럼 모든 것을 견뎌 냅니다. 하나님의 자녀는 어떤 원수의 공격에도 파괴당하지 않습니다.

셋째, 하나님의 자녀는 어떻게 원수의 공격으로부터 끝까지 견딜 수 있는 것은 그 본성 속에 하나님의 생명의 씨가 있기 때문입니다(요일 3:9). 하나님 자녀 안에 주어진 사랑은 왕성한 생명력으로 죄의 본성과 투쟁하기 시작합니다. 하나님의 씨는 침착성을 잃지 않고 끝내 은혜의 원수를 이기고 말 것입니다. 하나님의 생명의 씨는 영혼을 각성하게 하고 기도하게 하며 하나님을 의지하게 합니다. 그래서 끝까지 견뎌 냅니다. 하나님께서 책임을 져주시기 때문입니다. 시편 37편 24절에서 "그는 넘어지나 아주 엎드러지지 아니함은 여호와께서 그의 손으로 붙드심이로다."라고 말씀하십니다. 하나님의 사람은 모든 것을 끝까지 견디는 사람입니다. 그 속에 하나님의 사랑의 씨가 자라고 있기 때문입니다. 하나님께서 하나님의 능력으로 그 생명을 붙들고 계시기 때문입니다. 우리는 결코 원수에게 정복되지 않습니다. 그래서 우리는 끝까지 견디며 결국 승리하게 되는 것입니다. 이것이 J의 사랑입니다.

16) 사랑의 속성을 마무리하면서

고린도전서 13장 4절부터 7절에서 사도 바울은 이 사랑의 송가를 논리적으로 전개합니다. "사랑은 오래 참고 온유하다."라고 한 것은 그리스도인의 사랑의 질을 말한 것입니다. 그리고 4절부터 5절에서 그 사랑을 다른 사람에게 어떻게 표현해야 하는지를 말합니다. "사랑은 시기하지 않으며, 자랑하지 않으며, 교만하지 않으며, 무례히 행치 아니하며, 자기의 유익을 구하지 아니하며, 성내지 아니하며, 악한 것을 생각하지 아니하며."가 여기에 해당합니다. 6절에서는 사랑을 요약하기를 "불의를 기뻐하지 아니하고 진리를 기뻐한다."라고 했습니다. 그리고 7절에서는 하나님의 자녀들이 하나님을 향한 사랑의 응답을 노래합니다. "모든 것을 참으며, 모든 것을 믿으며, 모든 것을 바라며, 모든 것을 견디느니라."가 여기에 해당됩니다. 그 사랑은 그리스도를 위하여 즐겁게 고난 받으려는 마음을 갖게 하고, 그 사랑은 하나님을 신뢰함으로 소망을 갖게 된다는 것입니다.

사랑의 하나님에게서 난 사람은 그리스도의 제자로서 주님을 따르는 길에 자기 십자가를 지고 모든 고통과 어려움을 참고 가는 자입니다. 사랑의 하나님에게서 난 사람은 어떤 경우에도 하나님을 신뢰하고, 하나님의 모든 약속 말씀도 전폭적으로 믿는 자입니다. 사랑의 하나님에게서 난 사람은 사람들에게서 신뢰의 대상이 될 뿐 아니라 다른 사람을 사랑하고 믿어 주는 사람입니다. 사랑의 하나님에게서 난 사람은 어떤 경우에도 미래를 향한 희망을 포기하지 않습니다. 사랑의 하나님에게서 난 사람은 어떤 경우에도 견딥니다. 하나님의 씨가 있기 때문입니다 하나님의 능력으로 우리를 붙들어 주시기 때문입니다.

사도 바울은 고린도 교회의 여러 가지 문제들을 바라보면서 사랑의 메시지로 권면을 하고 있습니다. 여기서 사랑을 깊이 묵상해 보면 예수 그리스도의 성품임을 알 수 있습니다. 오늘도 예수님은 우리에게 말씀하십니다. "나로 인하여 너희가 환란을 당하나 오래 참고 온유하라. 진리와 함께 기뻐하라. 모든 것을 참으며, 모든 것을 믿으며, 모든 것을 바라며, 모든 것을 견디어라. 그러면 내가 너희에게 속히 오리라."고 말씀하십니다. 이것이 J의 사랑입니다.

J의 사랑의
영원성(고전 13:8-13)

1) 사랑의 영원성(고전 13:8-10)

사도 바울은 8절에서 "사랑은 언제까지든지 떨어지지 아니하나 예언
도 폐하고 방언도 그치고 지식도 폐하리라. 우리가 부분적으로 알고
부분적으로 예언하니 온전한 것이 올 때에는 부분적으로 하던 것이 폐
하리라."고 말씀하고 있습니다. 이 말씀은 사랑의 영원성에 대해서 말
하고 있습니다. 사랑은 영원합니다. 그것은 완전한, 이상적인 인격의
특성입니다. 사랑은 영원한 천국에서의 생활 원리이며 영광스런 부활
체들의 속성인 것입니다.

사랑의 영원성에 강조하면서 바울은 은사의 일시적 성격을 말합니
다. 여기에서 또 한 번 사랑의 가치가 드러납니다. 영원한 것과 일시
적인 것 간의 가치적 차이는 무한히 크다고 할 수 있습니다. 성령의
은사들이 일시적이라는 것은 그것들이 부분적인 것에 관계한다는 사
실에서 나타납니다. 예컨대, 지식의 은사는 부분적인 지식에 관계되
고 예언의 은사도 부분적인 예언에 관계됩니다. 그러나 온전한 것이

올 때에는 부분적인 것에 관계하던 은사들은 폐지됩니다. 그 이유는 온전한 것이 와서 부분적인 것에 관계된 것들이 불필요하게 되었기 때문입니다. 여기서 온전한 것은 예수님의 재림을 의미 합니다.

2) 온전한 것이 오면(고전 13:11-12)

사도 바울은 또 11절부터 12절에서. "내가 어렸을 때에는 말하는 것이 어린아이와 같고 깨닫는 것이 어린아이와 같고 생각하는 것이 어린아이와 같다가 장성한 사람이 되어서는 어린아이의 일을 버렸노라. 우리가 이제는 거울로 보는 것같이 희미하나 그때에는 얼굴과 얼굴을 대하여 볼 것이요 이제는 내가 부분적으로 아나 그때에는 주께서 나를 아신 것같이 내가 온전히 알리라."고 말씀하고 있습니다.

이것은 성령의 은사들의 초보적 성격을 말하고 있습니다. 성령의 은사들은 마치 사람의 어린 시절과 같다는 것입니다. 어린 시절에는 사람이 말하는 것이나 깨닫는 것이나 생각하는 것이 어리다는 것입니다. 성령의 초자연적 은사들이 폐지될 시기는 교회가 장성한 사람이 될 때이며 그 이유는 그가 장성한 사람이 되었기 때문입니다. 장성한 사람은 어린아이의 일을 버리게 됩니다.

성령의 은사들은 매우 제한적이고 부분적이고 불명료합니다. 그것은 마치 쇠로 만든 거울로 보는 것같이 희미합니다. 그러나 '온전한 것'이 올 때에는 얼굴과 얼굴을 대하듯이 모든 것을 온전하게 알게 됩니다.

3) 믿음, 소망, 사랑 그 중에 제일은 사랑

사도 바울은 고린도전서 13장 13절에서 "그런즉 믿음, 소망, 사랑이 세 가지는 항상 있을 것인데 그 중에 제일은 사랑이라."고 말씀하고 있습니다. 본절은 13장의 결론입니다. 믿음은 사랑이신 하나님과 복음이신 예수님을 믿고, 성령님의 역사하심을 믿는 것입니다. 그것은 성경에 기록된 많은 경건하고 진실한 증인들의 증언으로 기록된 말씀들을 믿는 것입니다(요 20:30-31). 그것은 모든 성경을 다 믿는 것입니다(행 24:14). 소망은 예수 그리스도의 재림과, 성도의 부활과, 영광의 새 하늘과 새 땅을 바라는 것입니다. 사랑은 하나님을 사랑하고 주 안에서 형제자매들을 사랑하고 세상의 불쌍한 영혼들을 사랑하고 심지어 원수까지도 사랑하는 것입니다.

믿음과 소망과 사랑은 세상에서 우리에게 항상 있어야 할 필수적 덕목들입니다. 우리에게는 믿음과 소망과 사랑이 꼭 필요합니다. 믿음은 구원의 방법이며, 소망은 힘과 위로이며, 사랑은 구원받은 성도들의 삶의 열매입니다. 믿음, 소망, 사랑은 믿는 우리들의 필수적 덕목들이지만, 그 중에 제일은 사랑이라는 것입니다. 사랑은 참된 믿음과 소망의 결과요 증거인 것입니다. 그래서 믿음, 소망, 사랑은 항상 있지만 그 중에 제일은 사랑입니다. 이것이 J의 사랑입니다.

Chapter 07

J의
사랑의 완성 (맺음말)

• 삼위일체 하나님의 사랑의 완성도 •

창 세 기

성부 하나님의 사랑

천지창조(역사의 시작)

죄를 범함(하나님과의 단절)

삼위일체 하나님의 사랑 시작

(예수님을 땅에 보내기로 협의)

12지파를 세움
(이스라엘 시작)

10계명(율법)

구약의 말씀
(예수님의 예표)

선지자의 예언
(예수님의 사랑을 증거)

유월절 어린 양의 피
(십자가의 피)

성막(교회의 표징)

성령 하나님의 사랑

오순절 성령강림(교회의 시작)

성령의 은사(교회 사랑의 실천)

성령의 열매

(예수님의 성품, 사랑의 열매)

12제자를 세움
(공생애 시작)

새 계명(사랑)

예수님의 말씀
(사랑의 모범)

예수님의 예언
(재림, 종말, 약속)

십자가의 피
(구원, 사랑의 성취)

교회(사랑의 집)
(하나님과 형제 사랑)

구
약

신
약

성자 예수님의 사랑

새 창조(재림, 역사의 종말)

죄와 사망이 없음(영원한 생명)

삼위일체 하나님의 사랑의 완성

(새 하늘과 새 땅)

요한계시록

· 삼위일체 하나님의 사랑의 완성 공식 ·

1. 하나님은 사랑

태초에 말씀이 계심 = 말씀은 하나님 = 하나님은 사랑(사랑은 하나님의 속성)

2. 삼위일체 하나님의 사랑

성부(말씀=사랑)

하나님

성자(십자가=사랑)   성령(교회=사랑)

1) 성부 하나님의 사랑

천지창조(말씀) → 인간의 창조 → 죄를 지음 → 성부 하나님의 사랑

(역사의 시작)   (하나님의 형상)   (가죽옷을 입힘)   (성자 예수님을 땅에 보내심)

2) 성자 하나님의 사랑

이 땅에 오심 → 공생애 시작 → 십자가에 죽으심 → 성자 하나님의 사랑

(성령으로 잉태)   (하나님 나라 성취)   (구원, 사랑의 성취)   (보혜사 성령님을 보내심)

3) 성령 하나님의 사랑

오순절 성령강림 → 교회의 시작 → 교회를 위해 간구하심 → 성령 하나님의 사랑

(성자의 약속성취)   (사랑의 실천)   (하나님 사랑, 형제 사랑)   (은사와 성령의 열매 주심)
                                                        (예수님의 성품을 나타냄)

3. 사랑의 완성

천지창조 → 죄를 지음 → 예수님의 오심 → 십자가에 죽으심 → 부활승천 → 재림(종말)

(역사시작) (하나님과 단절) (하나님 나라 성취) (구원, 사랑의 성취) (성부와 동등) (역사종말)

새 하늘과 새 땅

(사랑의 완성)

◆ 삼위일체 하나님의 사랑의 완성

태초에 말씀이 계십니다. 이 말씀은 곧 하나님이십니다(요 1:1). 하나님은 사랑이십니다(요일 4:8). 그러므로 말씀은 곧 사랑이십니다. 그래서 구약과 신약의 모든 말씀은 하나님의 사랑의 메시지인 것입니다. 예수님은 태초부터 하나님과 함께 계셨습니다(요 1:2). 예수님은 천지창조하실 때도 하나님과 함께 계셨습니다(요 1:3).

창세기 1장 26절에서 "하나님이 이르시되 우리의 형상을 따라 우리의 모양대로 우리가 사람을 만들고."라고 말씀하십니다. 사람을 창조하실 때 분명히 "우리가 사람을 만들고."라고 되어 있습니다. 이것은 예수님도 천지창조에 참여하셨음을 보여 주는 것이고 삼위일체 하나님께서 천지를 창조하셨음을 보여 주는 말씀입니다.

그러므로 예수님의 사랑은 창세기부터 시작하여 요한계시록까지 흐르고 있는 것을 알 수 있습니다.

태초부터 하나님과 함께 계시던 예수님은 우리가 듣고, 보고, 만질 수 있는 인간의 모습으로 이 땅에 오셨습니다(요일 1:1-2). 하나님께서는 창세기 3장에서 인간이 타락하여 죄를 지었을 때 측은한 마음으로 가죽옷을 해 입히셨습니다. 그리고 삼위 하나님께서 협의를 하십니다. 먼저 성부 하나님께서 성자 예수님께 땅에 내려갈 것을 제안합니다. 성자 예수님께서는 이 제안을 받아들이고, 성령하나님께서는 이 제안을 예비하기로 협의하셨습니다. 하나님께서 예수님을 이 땅에 보내신 것은 죄를 지은 우리를 측은히 여기시고 하나님께서 베풀어 주신 극진하신 사랑의 표현이라고 할 수 있습니다. 그러므로 구약에서 예수님의 예표로 나타나는 모든 말씀들이 삼위일체 하나님의 사랑의 표현이라고 할 수 있는 것입니다.

구약의 말씀들을 깊이 묵상해 보면 창세기부터 말라기까지 예수님의 오심을 증거하고 있는 말씀으로 구성되어 있음을 알 수 있습니다. 구약에서 예수님의 증거는 하나님께서 우리를 사랑하셔서 이 땅에 예수님을 보내시겠다는 표징인 것입니다.

유월절 어린 양은 예수 그리스도를 예표하며, 아브라함이 이삭을 바치는 장면은 예수 그리스도의 희생적 죽으심과 부활에 대한 예표입니다. 아담과 하와가 에덴에서 실낙원 할 때 하나님께서 그들에게 해 입히신 가죽 옷도 예수 그리스도의 십자가의 죽으심에 대한 예표이고, 성막의 각종 기명들도 하나같이 예수 그리스도와 그분의 사역에 대한 예표들입니다. 로마서 5장이나 고린도전서 15장 22절 등에서는 아담과 그리스도를 비교하면서 아담이 그리스도의 예표임을 밝히고 있습니다. 모세가 광야에서 놋뱀을 들어 올려 백성들이 그것을 바라보면 치유되었던 것도 십자가에 달리신 예수 그리스도를 믿으면 구원을 받는다는 것에 대한 예표입니다. 요나가 사흘 낮과 사흘 밤을 큰 물고기 뱃속에 있었던 것은 예수 그리스도께서 같은 시간 동안 죽으셨다가 부활하신 사건에 대한 예표입니다. 또한 이집트는 이 세상의 모형이므로 홍해를 건너 이집트를 탈출한 것은 죄인이 세상에서 구원을 받은 것이고, 광야 생활은 구원받은 성도들의 고난과 영적인 투쟁의 삶을 나타내고, 가나안 땅에 들어간 것은 성도들이 죽은 후 영원한 안식을 누리는 것에 대한 예표입니다.

특별히 예언자들을 통하여 예수님의 오심과 십자가의 죽으심까지도 상세하게 예언을 하고 있습니다. 하나님께서는 우리를 사랑하셔서 예언자들을 통하여 수천 년 전에 미리 예수님을 보내시겠다는 표징을 보여 주신 것입니다.

엘리야의 증거는 죽음에 이르지 않고 승천함으로서 예수님의 승천을 보여 줍니다(왕하 2:11). 엘리사의 증거는 예수님의 오병이어의 기적을 예고하고 있으며(왕하 4:42-44), 병 고침과 죽은 자를 살리는 이적으로 예수님의 능력을 예고하고 있습니다(왕하 4, 35). 이사야의 증거는 구약의 소복음서라 불릴 만큼 방대한 예언들을 하고 있습니다. 이사야는 동정녀 탄생 예언(사 7:14)부터 세례 요한의 사역(사 40:3)까지 자세하게 예언하고 있습니다. 그 외 예레미야의 증거, 에스겔의 증거, 다니엘의 증거, 호세아의 증거, 요엘의 증거, 오바댜의 증거, 요나의 증거, 미가의 증거, 학개의 증거, 스가랴의 증거, 말라기의 증거가 있으며, 세례 요한의 증거는 심판의 주(마 3:10-12, 4:12, 요 1:29), 세상 죄를 지고 가심(요 1:29)과 희생양이 되실 것을 예언하심(요 1:29), 십자가에 달리실 것을 예언하심(요 3, 14, 1:29), 모세와 모든 선지자의 글(마 3:1-3)과 예언자들의 글을 이룰 것을 예언하고(요 5:39) 있습니다.

이처럼 선지자들의 예언으로 예수님을 증거하는 것들이 우리를 사랑하시는 하나님의 극진하신 사랑의 메시지라는 것을 우리는 알아야 합니다.

예수 그리스도의 이 땅에 오심은 철저하게 구약의 예언들을 통하여 삼위일체 하나님의 사랑과 계획 속에서 이루어졌음을 알 수 있습니다. 예수 그리스도께서 이 땅에 오신 목적은 우리 죄를 대속하고 이 땅에 하나님의 나라를 이루시기 위해서입니다. 말씀이시며, 사랑이신 하나님께서는 독생자 예수 그리스도를 보낼 것을 구약을 통하여 약속하셨고, 약속하신 대로 말씀이 육신이 되어 예수 그리스도께서 이 땅에 오신 것입니다. 이 모든 것이 우리가 마귀의 유혹으로 죄를 짓고 살아가는 모습을 불쌍히 여기시고, 측은히 여기시는 삼위일체 하나님의 사랑으로 나타난 것입니다. 이것이 J의 사랑입니다.

예수 그리스도께서는 열두 제자를 세워서 그들에게 하나님 나라를 가르쳤으며, 각종 이적들을 통하여 하나님의 사랑을 증거하고 그 나라를 이루어갔습니다. 예수님께서는 하나님의 나라를 이루기 위해서 가난한 자에게 복음을 전파하시고, 눈먼 자를 보게 하시고, 포로 된 자와 눌린 자를 자유하게 하시며, 병든 자를 고치시고, 죽은 자를 살리시는 각종 이적들을 나타내십니다. 또한 예수님께서는 우리의 죄를 대속하고 구원을 이루시기 위해서 십자가에서 피 흘려 죽으셨습니다. 십자가에서 삼위일체 하나님의 사랑을 성취하셨고, 제자들에게 구약의 율법을 요약하여 두 가지 계명을 말씀하십니다. 하나님을 사랑하고, 형제자매를 사랑하라는 것입니다. 하나님을 죽도록 사랑하고 형제자매를 내 몸과 같이 사랑하라는 것입니다. 그리고 요한복음에서 예수님께서는 제자들에게 새롭게 선포하는 새 계명을 주셨습니다. 요한복음

13장 34절에서 "새 계명을 너희에게 주노니 서로 사랑하라. 내가 너희를 사랑한 것 같이 너희도 서로 사랑하라."고 말씀하고 있습니다.

이와 같이 예수님께서는 삼위일체 하나님의 사랑으로 이 땅에 오셨고, 십자가에서 그 사랑을 성취하셨으며, 제자들과 함께 이 땅에 하나님의 나라를 이룩하시고 "서로 사랑하라."는 새 계명을 주셨습니다. 이것이 J의 사랑입니다.

예수 그리스도께서는 부활하시고 승천하시면서 제자들에게 보혜사 성령님을 약속하십니다. 그리고 그 모습 그 대로 다시 오실 것을 약속하십니다. 예루살렘을 떠나지 말고 약속하신 것을 기다리라고 하셨습니다. 오순절이 이미 이르매 약속대로 성령이 강림하셨으며, 마가 다락방에 모인 120명의 성도들은 모두 다 성령을 충만하게 받았습니다. 그들은 각종 은사를 받았으며, 모이기를 힘썼으며, 담대히 복음을 전파하였습니다. 보혜사 성령님이 강림하시고 예루살렘교회를 시작으로 교회가 시작되었으며, 이방나라에도 교회가 전파되었으며, 열방에 선교가 시작되었습니다.

보혜사 성령님은 예수 그리스도의 성품을 그대로 나타내시며, 우리에게 각종 은사를 주셔서 교회를 섬기게 하시며, 성령의 열매를 맺어서 우리를 보고 예수 그리스도를 알게 하셨습니다.

성령의 열매 중에 첫 번째 열매는 사랑의 열매입니다. 오늘날 성령님께서는 우리에게 오셔서 하나님을 사랑하고, 형제자매를 사랑하게 하시며, 특별히 우리에게 각양의 은사들을 주셔서 교회를 사랑하게 하시고, 섬기게 하시는 것입니다.

예수님께서는 승천하시면서 그 모습 그대로 다시 오실 것을 약속하셨습니다. 다시 오시는 목적은 우리를 심판해서 벌주기 위해서가 아니고, 우리를 끝까지 사랑하셔서 새 하늘과 새 땅에서 영원한 생명을 얻게 하시기 위해서입니다.

예수님께서 이 땅에 오시면서 이미 종말은 성취되었습니다. 지금도 종말은 진행 중에 있으며, 예수님께서 재림하시는 그때에 종말이 완성되는 것입니다. 예수님께서 재림하시는 그날 적그리스도와 믿지 않는 자들은 심판 받지만, 믿는 우리에게는 새 하늘과 새 땅에 있는 새 예루살렘에서 주님과 함께 사랑의 교제를 나누며 영생이 주어지는 것입니다.

요한계시록은 종말에 관한 계시를 통하여 우리에게 심판과 영생의 모습과 삼위일체 하나님의 사랑이 어떻게 완성되는지를 보여 줍니다. 또한 천지창조 후 창세기에서 죄로 인하여 파괴된 하나님과의 관계와 질서들이 요한계시록을 통하여 완벽하게 창조의 본래 모습으로 복원되는 것을 볼 수 있는데 이것은 삼위일체 하나님의 사랑으로 완성되는 새로운 창조라고 볼 수 있는 것입니다.

그러면 이제 삼위일체 하나님의 사랑이 구약의 창세기부터 신약의 요한계시록까지 어떻게 흐르고 있으며, 어떻게 완성되는지를 일곱 개의 챕터로 구분하여 하나씩 요약해 보겠습니다.

창세기부터 시작되는
J의 사랑

요한복음 5장 39절에 보면 예수님께서 "너희가 성경에서 영생을 얻는 줄 생각하고 성경을 상고하거니와 이 성경이 곧 내게 대하여 증거하는 것이라."고 말씀하셨습니다. 즉, 성경대로 믿고 성경대로 살면 영원한 생명을 얻는 줄 알고 성경을 자세히 살펴보지만 이 성경은 곧 예수님 자신을 증거하는 것이라는 말씀입니다. 예수님 자신이 말씀하신 바와 같이 성경은 다 예수 그리스도를 예표하고 상징하고 증거합니다. 그러므로 우리는 창세기에서 그리스도를 상징하는 부분들을 살펴보면서 삼위일체 하나님의 사랑이 어떻게 증거 되고 흐르고 있는지 살펴보겠습니다.

1) 예수님을 상징하는 말씀들

창세기에서 하나님께서는 말씀으로 천지만물을 창조하셨는데 이 말씀은 곧 성자 예수님을 가리킵니다. 이 말씀은 태초부터 성부 하나님과 함께 계시면서 천지만물을 창조하셨고, 이 말씀이 사람의 몸을 입고 땅 위에 오셨는데, 그분이 곧 예수 그리스도입니다.

요한복음 1장 1절에서 "태초에 말씀이 계시니라. 이 말씀이 하나님과 함께 계셨으니 이 말씀은 곧 하나님이시니라." 요한복음 1장 3절에서는 "만물이 그로 말미암아 지은 바 되었으니 지은 것이 하나도 그가 없이는 된 것이 없느니라." 하고 말씀합니다. 이어 요한복음 1장 14절에서는 "말씀이 육신이 되어 우리 가운데 거하시매 우리가 그 영광을 보니 아버지의 독생자의 영광이요."라고 말씀하고 계십니다. 말씀이 육신이 되어 우리 가운데 오셨는데 이 분이 아버지의 독생자 예수 그리스도라고 성경은 우리에게 분명하게 말씀하고 있는 것입니다.

2) 예수님을 상징하는 사람들

첫째, 아담은 예수님을 표상하는 사람이었습니다. 로마서 5장 12절부터 21절에서 "그러므로 한 사람으로 인하여 죄가 세상에 들어오고 죄로 말미암아 사망이 들어왔나니 이와 같이 모든 사람이 죄를 지었으므로 사망이 모든 사람에게 이르렀느니라.", "한 사람의 범죄로 인하여 많은 사람이 죽었은즉 …… 한 사람 예수 그리스도의 은혜로 말미암은 선물이 많은 사람에게 넘쳤으리라."고 기록되었습니다. 이는 첫 사람 아담이 순종하지 아니하고 범죄함으로써 많은 사람이 죽게 되었지만, 마지막 아담이신 예수 그리스도의 순종과 의를 인하여 많은 사람이 의인이 되었다는 말씀입니다. 또, 로마서 5장 14절에 보면 "아담은 오실 자의 표상이라."고 하였습니다. 아담은 장차 오실 예수님을 예표하고 상징하는 사람이었다는 뜻입니다.

둘째, 아브람이 그돌라오멜과 그와 함께 한 왕을 격파하고 돌아올 때에 살렘 왕이요 지극히 높으신 하나님의 제사장이었던 멜기세덱이 떡과 포도주를 가지고 나와서 아브람을 영접하고 그에게 축복해 주었습니다(창 14:17-24).

이러한 멜기세덱에 대하여 히브리서 7장 2절부터 3절에서 "멜기세덱은 그 이름을 번역하면 의의 왕이요 또 살렘 왕이니 곧 평강의 왕으로 아비도 없고 어미도 없고 시작한 날도 없고 생명의 끝도 없어 하나님의 아들과 방불하여 항상 제사장으로 있느니라."고 기록되었습니다. 즉, 멜기세덱은 예수님과 비슷한 점이 있다는 뜻입니다. 그러므로 멜기세덱은 예수님의 모형이었습니다.

셋째, 창세기 여러 곳에 보면 여호와의 사자가 많이 나타났는데 이 여호와의 사자는 천사가 아니고 분명히 성자 하나님이 사람의 모습으로 나타나셨던 것이라고 말할 수 있습니다(창 16:7-14, 18:22, 19:1, 22:11, 15-16, 31:11, 13).

16장에는 여호와의 사자가 하갈에게 나타났고, 18장 22절에서는 아브라함에게 나타났고, 19장 1절에서는 롯에게, 그리고 22장에는 모리아산에서 아브라함에게, 31장 11, 13절에서는 야곱에게 나타났습니다. 여기에 보면 어떤 곳에서는 여호와의 사자라고 하였고 또 어떤 곳에서는 여호와라고 했습니다. 이는 장차 사람으로 나타나실 예수님을 모형으로 보여 주신 것이라고 말할 수 있습니다.

넷째, 이삭도 예수님의 모형이라 말할 수 있습니다. 22장은, 아브라함이 하나님의 말씀을 듣고 그 독자 이삭을 모리아산으로 데리고 가서 번제로 드리는 내용입니다. 여기에서 아버지 뜻에 순종한 이삭과 예수님은 참으로 유사한 점이 많습니다. 그래서 어떤 성경학자는 "모리아산의 이삭에게서 갈보리산의 예수님의 모형을 볼 수 있다."고 말했습니다. 그러면 이삭과 예수님을 비교하여 봅시다.

- 이삭은 아브라함의 독자였고, 예수님은 하나님의 독생자였습니다.

- 이삭은 모리아산으로 올라갔고, 예수님은 갈보리산으로 올라갔습니다.

- 이삭은 번제드릴 나무를 지고 올라갔고, 예수님은 자신이 달려야할 십자가를 지고 올라가셨습니다.

- 이삭은 결박당하여 죽게 되었으면서도 한마디 말, 어떤 행동으로도 반항하지 아니하였고 예수님은 십자가에 죽으시면서도 털 깎는 자 앞에서 잠잠한 어린 양같이 반항하지 아니하셨습니다. 이와 같이 이삭은 예수님의 예표요 모형이었습니다.

3) 예수님을 상징하는 물건들

첫째, 가시덤불은 예수님의 가시면류관을 상징합니다. 창세기 3장 18절에서 아담과 하와가 범죄한 다음에 땅이 저주를 받아 가시덤불과 엉겅퀴를 냈다고 하였는데, 이 가시도 예수님과 관계가 있습니다. 예수님도 저주를 받아서 가시면류관을 쓰셨습니다.

둘째, 창세기 3장 21절에 보면 하나님께서 아담과 하와를 위하여 가죽옷을 지어 입히셨다고 하였는데 이 가죽옷도 예수님을 상징하는 것이었습니다. 아담과 하와는 범죄한 다음에 무화과 나뭇잎을 엮어서 치마를 만들어 보았으나, 여호와께서는 무화과 잎의 치마로서는 부끄러움을 가릴 수 없는 것을 보시고 친히 가죽옷을 지어 입혀 주셨습니다. 가죽옷을 만들기 위하여서 동물을 희생하였습니다. 동물을 희생시킬 때 반드시 피를 흘리게 됩니다. 이것은 예수님의 십자가의 피를 상징하는 것입니다. 하나님께서는 동물을 희생하여 가죽옷을 지어 부끄러움을 가려 주신 것과 같이 예수님을 희생시켜 의의 옷을 입혀 주셔서 우리의 죄를 가려 주셨습니다.

셋째, 아벨의 제물이 그리스도를 상징하는 것이었습니다(창 4:1-5).

성경 역사에서 아벨의 제단이 첫 제단이요 아벨의 제물이 첫 제물이었는데, 아벨의 제물의 특성은 희생이었습니다. 피 흘리는 것이 특성이었습니다. 가인의 제물에는 피가 없었으나 아벨의 제물에는 피가 있었습니다. 예수님은 피 흘려서 십자가 제단의 제물이 되어 주셨습니다. 우리를 위하여 희생하여 주신 것입니다.

넷째, 노아의 방주도 예수님을 상징합니다. 방주 안에 있는 사람들은 다 구원을 받았으나 방주 밖에 있는 사람들은 다 멸망하였습니다(7장-8장). 마찬가지로 예수님 안에 있는 사람들은 다 구원을 받으나 예수님 밖에 있는 사람들은 다 멸망을 당할 수밖에 없습니다.

다섯째, 사닥다리도 예수님을 상징합니다. 창세기 28장 10절 이하에 보면 야곱이 밧단아람으로 가다가 해가 져서 광야에서 자는데, 꿈에 사닥다리가 땅에서 하늘까지 닿았고 그 위에서 하나님의 사자가 오르락내리락하는 것을 보았습니다. 이 사닥다리도 예수님을 상징합니다. 사닥다리가 하늘과 땅을 연결하는 것과 같이 예수님도 하나님과 우리 사이를 연결하여 주셨습니다. 이와 같이 예수님은 하나님과 우리 사이에 계시면서 하나님과 우리를 연결하는 중보자가 되어 주셨습니다.

이와 같이 "이 성경이 곧 내게 대하여 증거하는 것이라."고 하신 말씀을 보면 창세기에는 그리스도를 증거하고 상징하고 예표하는 말씀과 사람과 물건이 너무나 많이 있습니다. 이제 우리는 이 창세기에서 영원하신 주님, 창조주이신 주님, 희생하시는 주님, 구원하시는 주님, 중보가 되시는 주님, 영화로우신 주님을 보았습니다. 이와 같이 삼위일체 하나님께서는 창세기에서부터 여러 가지 모형으로 말씀 가운데 나타나셔서 우리를 사랑하신 것입니다. 이것이 J의 사랑의 시작입니다.

예언자들이 증거하는
J의 사랑

성경의 예언은 하나님께서 그의 전달자인 선지자들을 통해 그의 백성들에게 전한 메시지입니다. 사랑의 하나님께서는 선지자들을 통해 그의 백성들에게 미래에 그의 아들 예수 그리스도를 땅에 보내실 것을 구약의 선지자들을 통하여 미리 보여 주신 것입니다. 하나님께서는 장차 예수 그리스도를 통하여 하나님의 사랑이 이루어질 것을 선지자들에게 계시를 통하여 기록하도록 감화 감동을 주셨습니다. 이 예언들 중의 많은 것들이 이미 상세하게 실현되었습니다. 어떤 예언은 현재 실현 중에 있으며 또 다른 예언들은 장차 이루어질 것입니다.

하나님의 사랑을 구체적으로 땅에 실현하실 것을 미리 보여 주신 예수 그리스도(메시아)에 관한 구약의 예언이 중요한 이유는 예수님의 생애와 예언들을 비교 고찰함으로써 그가 진실로 약속된 구세주인지 알수 있고, 이 예언으로 우리는 예수님이 누구시며 그가 왜 이 땅에 오셨는지를 알 수 있기 때문입니다. 우리는 또한 이를 통해 사랑의 하나님께서 우리에게 약속하신 것을 이루심을 알 수 있습니다. 예수님에 관한 처음 예언이 정확하게 이루어짐과 같이 장래의 예언도 온전히 이루어질 것입니다.

우리는 예수님에 관한 예언을 메시아의 예언이라 합니다. 히브리어로 메시아란 '기름 부음을 받은 자'라는 뜻입니다. 제사장과 선지자들 그리고 왕들은 하나님의 택하심을 받아 하나님의 일을 하게 된 기름 부음을 받은 자들입니다. 오실 메시아는 하나님의 사랑을 실현하기 위해서 하나님의 성령에 기름 부음을 받았습니다. 메시아 예수님은 선지자시며, 제사장이고, 왕이십니다. 헬라어로 메시아란 그리스도입니다. 우리가 예수 그리스도를 이야기할 때 그는 메시아의 예언을 완성하는 기름 부음을 받은 자 즉 메시아 예수를 말합니다.

메시아에 대한 하나님의 약속은 약 4000년 이상 계속해서 그의 백성들에게 전해졌습니다. 어떤 예언자는 예수님이 우리의 구세주로서 이 땅에 오셔서 할 일에 대해서 이야기했습니다. 그리고 어떤 예언자는 장래에 있을 그의 영원한 나라에 대해서 언급했습니다. 사랑의 하나님께서는 메시아가 언제 어디서 태어나며 또 어떻게 죽을 것인지 또 그가 어떤 일을 할 것인지를 상세하게 나타내셨습니다. 사실 어떤 성경학자는 구약의 330군데에서 메시아에 관한 예언을 발견하기도 했습니다. 사랑의 하나님께서는 모든 사람들이 메시아의 오심을 알기 원하셨습니다.

구약에서 하나님의 백성들이 행한 예배의식은 예언적인 일이었습니다. 사랑의 하나님께서는 그의 백성들을 죄로부터 구원하시기 위해 그의 생애를 주시러 오실 메시아의 표상으로 희생제물의 완전한 제도를 제정하셨습니다. 제사장의 일은 모든 인류를 구원하기 위한 완전한 제사장으로서 예수님이 하실 일을 묘사하는 것이었습니다. 신약의 히브리서 전체의 내용은 예수님께서 구약의 상징의식에 의한 예언적인 모형을 어떻게 완전하게 이루셨는지 말해 줍니다. 오늘날 우리는 세계 도처에서 하나님이 죄악을 범한 인간을 위해 이루신 희생제물과 예언적 의식의 자취를 발견합니다.

특별히 예언자들을 통하여 예수님의 오심과 십자가의 죽으심까지도 상세하게 예언을 하고 있습니다. 하나님께서는 우리를 사랑하셔서 예언자들을 통하여 수천 년 전에 미리 예수님을 보내시겠다는 표징을 보여 주신 것입니다.

엘리야의 증거는 죽음에 이르지 않고 승천함으로서 예수님의 승천 모습을 보여 줍니다(왕하 2:11). 엘리사의 증거는 예수님의 오병이어의 기적을 예고하고 있으며(왕하 4:42-44), 병 고침과 죽은 자를 살리는 이적으로 예수님의 능력을 예고하고 있습니다(왕하 4, 35). 이사야의 증거는 구약의 소복음서라 불릴 만큼 방대한 예언들을 하고 있습니다. 이사야는 동정녀 탄생 예언(사 7:14)부터 세례 요한의 사역(사 40:3)까지 자세하게 예언하고 있습니다. 그 외 예레미야의 증거, 에스겔의 증거, 다니엘의 증거, 호세아의 증거, 요엘의 증거, 오바댜의 증거, 요나의 증거, 미가의 증거, 학개의 증거, 스가랴의 증거, 말라기의 증거가 있으며, 세례 요한의 증거는 심판의 주(마 3:10-12, 4:12, 요 1:29), 세상 죄를 지고 가심(요 1:29)과 희생양이 되실 것에 대한 예언(요 1:29), 십자가에 달리실 것에 대한 예언(요 3, 14, 1:29), 모세와 모든 선지자(마 3:1-3)와 예언자들의 글을 이룰 것을 예언하고(요 5:39) 있습니다.

이러한 선지자들의 예언으로 예수님을 증거하는 것들이 우리를 사랑하시는 하나님의 극진하신 사랑의 메시지라는 것을 우리는 알아야 합니다.

예수 그리스도의 이 땅에 오심은 철저하게 구약의 예언들을 통하여 삼위일체 하나님의 사랑과 계획 속에서 이루어졌음을 알 수 있습니다. 예수 그리스도께서 이 땅에 오신 목적은 우리 죄를 대속하고 이 땅에 하나님의 나라를 이루시기 위해서입니다. 말씀이시며, 사랑이신 하나님께서는 독생자 예수 그리스도를 보낼 것을 구약을 통하여 약속하셨고, 약속하신 대로 말씀이 육신이 되어 예수 그리스도께서 이 땅에 오신 것입니다. 이 모든 것은 우리가 마귀의 유혹으로 죄를 짓고 살아가는 모습을 불쌍히 여기시고, 측은히 여기시는 삼위일체 하나님의 사랑으로 나타난 것입니다.

이와 같이 사랑의 하나님께서는 구약의 예언자들을 통하여 이 땅에 예수 그리스도를 보내 주실 것을 미리 보여 주셨습니다. 메시아 예수님을 통하여 구약의 예언들이 그대로 성취되었습니다. 하나님께서는 예수 그리스도께서 이 땅에 오셔서 살아가는 모습을 통해 우리가 이루기를 원하시는 것이 있습니다. 그것은 우리가 마음과 뜻을 다하고 목숨을 다하여 하나님을 사랑하고, 우리의 이웃을 내 몸과 같이 사랑하여 이 땅에 하나님 나라를 이루어가는 것입니다. 장차 예수님께서는 이 땅에 그의 영원한 나라를 세우시고 다시 오실 것입니다. 이것이 J의 사랑의 증거입니다.

예수님의 오심으로 실행되는
J의 사랑

1) 삼위일체 하나님의 협의로 오심

하나님께서는 천지를 창조하시며 인간을 만드시고 보시기에 심히 좋았다고 말씀하셨습니다. 그래서 하나님이 완벽하게 만드신 낙원, 에덴동산에서 아담과 하와가 살도록 허락하셨습니다. 그리고 하나님께서는 그들 두 사람에게 말씀하셨습니다. 모든 과실들은 자유롭게 마음껏 따먹을 수 있으나 동산 중앙에 있는 나무의 과실은 따먹으면 안 되고 따먹는 날에는 정녕 죽을 것이라고 명령을 하십니다.

그러나 아담의 아내 하와는 사탄(뱀)의 유혹에 넘어가 본인이 먼저 그 선악과를 따먹고 남편인 아담에게도 먹게 합니다. 아담과 하와가 선악과를 따 먹은 것은 마귀의 유혹으로 하나님께 불순종하는 죄를 범하였기에 문제가 되는 것입니다.

하나님은 사랑의 하나님이시지만 불순종의 죄를 가장 싫어하십니다. 불순종하는 것까지 그냥 넘어가시는 하나님이 아니라는 것입니다. 불순종은 반드시 그 죗값을 치러야 하는 것입니다. 하나님의 사랑은 때로 격노하시고, 하나님의 사랑은 때로 징계하시고, 하나님의 사랑은 때로 채찍을 가하시기도 하는 것입니다. 그래도 하나님께서는 불순종의 죄와 상관없이 두 사람을 측은하고 불쌍히 여기셔서 가죽옷을 해 입히셨습니다. 이것이 하나님의 사랑입니다.

아담과 하와는 불순종의 죄로 말미암아 하나님과의 관계가 단절되고 아름다운 낙원 에덴동산에서 쫓겨나 고통스러운 삶을 살아가게 됩니다. 그래서 어느 날 성부, 성자, 성령 삼위일체 하나님께서 협의를 하십니다. 성부 하나님께서 성자 하나님께 제안을 합니다. "우리의 형상을 닮은 사람들이 아담과 하와의 죄로 인하여 땅에서 고통을 당하고 있는데 땅에 내려가서 그들의 죄를 해결하고, 죄를 짓게 하는 마귀의 세력을 박멸하고 오시는 것이 어떻습니까?" 성자 예수님은 이 제안을 받아 들여 땅에 내려오시기로 결정하셨습니다. 성령 하나님께서도 이 제안을 받아들여서 예수님께서 땅에 오시는 방법을 모색하여 동정녀 마리아에게 성령으로 잉태되게 하시는 것입니다. 그래서 정말 환상적인 한편의 드라마와도 같은 사건이 현실로 나타나게 됩니다.

하나님의 관심과 사랑은 온통 우리 인간에게 집중되어 있습니다. 완벽하게 창조하셨지만 불순종으로 말미암아 죄가 들어감으로써 고통스러워하는 인간을 끝까지 사랑하신 것입니다. 이와 같이 예수님께서 땅에 오신 것은 삼위일체 하나님의 협의로 이루어진 것입니다. 이것이 J의 사랑입니다.

2) 성령으로 잉태되어 태어나심

예수님이 성령으로 잉태되셨다는 사실은 보통사람의 생각으로는 이해하기가 어려운 기적 중에 기적이요 이적 중에 이적입니다. 사탄은 이 사실을 은폐하기 위해 그의 지혜를 총동원하여 인간들을 현혹시켜 왔습니다. 마태는 성령으로 잉태된 일에 대하여 사실 그대로를 기록하고 있습니다. 이 일에는 어떤 주석이나 변명이 통하지 않습니다. 믿음으로만 믿을 수 있기 때문에 이에 대한 해설은 설명되지 않고 있는 것입니다. 마태복음 1장 18절에서 "성령으로 잉태된 것이 나타났더니."라고 말씀하고 있습니다. 정혼이란 말은 서로 합의하여 결혼하기로 결정한 것을 의미하는 것이며 동거하기 전이란 이들이 부부 관계를 갖기 이전이란 뜻입니다.

예수님의 경우는 이 세상에 태어나시기 이전에 이미 하나님의 존재로 하늘에 실재로 계셨던 분입니다. 요한복음 1장 14절에서 "말씀이 육신이 되었다."고 하셨습니다. 그 말씀은 곧 하나님이십니다. "태초에 말씀이 계시니라. 이 말씀이 하나님과 함께 계셨으니 이 말씀은 곧 하나님이시니라."고 하셨습니다(요 1:1). 이 말씀에 대하여 증거하기를 이 말씀은 곧 하나님이시라고 하셨습니다. 이처럼 하늘에 하나님으로 계셨던 그 하나님께서 사람의 모습으로 땅에 오신 것입니다. 그분이 마리아의 몸에 잉태되어 사람의 몸으로 세상에 오신 것이 예수님의 태어나심입니다. 모든 인간은 부모에 의해 비로소 태어나지만 예수님은 이 세상에 태어나시기 이전에 하늘에 존재하셨던 분입니다. 그러므로 예수님께서 성령으로 잉태되셨다는 말씀은 하나님이 마리아의 몸에 잉태된 것을 의미하는데 이 일은 성령의 권능으로 이루셨다는 것입니다.

예수님이 인류의 구원자가 되시려면 완전한 신성을 가진 하나님이시면서 동시에 완전한 인성을 가진 인간이어야 합니다. 공의로우신 하나님께서는 자아와 죄와 사망으로부터 얽매여 있는 인간을 구원하기 위해서는 반드시 그 죄의 대가를 받으셔야 합니다. 그렇기 때문에 하나님은 인간인 누군가의 피로 그 죄를 대신 해야 합니다.

그런데 문제는 인간 중 누구도 죄 없는 자가 없고 그 피로 인류의 죄를 대신할 자가 없다는 것입니다. 인류를 대표할 수 있는 사람은 아무도 없습니다. 그래서 하나님께서 자신이 만든 피조물을 위해 스스로 인간이 되어 오신 것입니다. 인류를 대표할 수 있는 분은 인류를 만드신 하나님뿐이시기 때문입니다. 성령으로 잉태되었다는 것은 하나님 자신에 의해 탄생한 완전한 하나님이시라는 의미이며, 동정녀 마리아에게서 나셨다는 것은 인간에 의해 나셔서 완전한 인간이라는 의미입니다.

예수님이 성령으로 잉태되었다는 것은 우리의 거듭남도 성령에 의한 것이어야 함을 의미합니다. 우리가 하나님을 믿고 하나님의 자녀가 되는 것은 성령으로 거듭남에서 출발합니다. 육에서 난 것은 육이고 영으로 난 것은 영입니다(요 3:6). 육으로 태어난 우리는 이제 성령으로 다시 태어남으로 거듭나는 것입니다(요 3:5). 예수님의 공생애 기간 동안 그의 사역 중에 성령의 인도하심을 받고 성령의 역사 속에 동행하신 것처럼, 예수님을 믿음으로 하나님의 자녀 되고 성령을 받은 우리 삶 가운데도 성령님이 인도하시고 동행하시는 것입니다. 예수님께서 성령으로 잉태되어 동정녀 마리아에게서 나셨다는 것이 우리에게 중요한 신앙고백인 이유는 예수님이 완전한 하나님이시며 동시에 완전한 인간으로 우리를 위해 죽으심으로 우리를 죄와 사망으로부터 구원해 주셨으며, 삼위일체 하나님의 사랑이 그 안에 흐르고 있다는 사실에 있습니다. 이것이 J의 사랑입니다.

3) 세례 요한의 증거

세례 요한은 예수님이 오시는 길을 닦고 그분을 우리에게 소개하기 위해 온 사람입니다. 그는 우리들이 예수님을 잘 보고 만날 수 있도록 높은 산은 낮추고 낮은 골짜기는 높이는 역할을 하였습니다.

이사야는 그에 대해 광야에 외치는 자의 소리라는 별명을 붙여 주었습니다. 소리의 특징은 지나가는 것입니다. 소리는 메시지를 전한 후 사라집니다. 우리는 세례 요한의 삶 전체를 통해 "나는 중요하지 않다."는 메시지를 발견할 수 있습니다. 대부분의 많은 사람들은 자기가 아주 중요합니다. 그래서 자기 의견이 반영되지 않거나 자기 생각이 무시당하면 화를 냅니다. 세례 요한은 어머니 뱃속에서부터 예수님을 좋아했습니다. 예수님을 잉태한 마리아가 다가오자 요한은 어머니 엘리사벳의 뱃속에서 기뻐 뛰놀 정도였습니다. 그는 예수님을 보며 '세상 죄를 지고 가는 하나님의 어린 양'임을 밝혔습니다. 그의 관심은 오직 예수였습니다. 요한은 광야에서 약대 털옷을 입고 메뚜기와 석청을 먹으며 살았습니다. 결코 평안한 삶이 아니었습니다. 그럼에도 불구하고 그의 머릿속은 예수로만 가득 차있었습니다.

세례 요한에게는 두 가지 사명이 있었습니다. 첫째 빛의 증거자입니다. 그가 빛이 아니라 그 빛을 증거하는 자로서의 사명입니다. 둘째 나로 인해 다른 사람이 예수를 믿게 하는 전도자로서의 사명입니다. 그리스도를 가르치고 보여 주는 사명입니다.

여기서 빛은 예수 그리스도이십니다. 우리는 빛이신 예수님을 증거하기 위해 세상에 왔습니다. 이것이 우리의 삶의 목적이 되면 죽음도 두렵지 않습니다. 빛이신 예수님이 세상에 왔지만 유감스럽게도 세상은 어두움입니다. 빛이 어두움에 비취되 어둠이 깨닫지 못했습니다. 세상은 예수님을 알아차리지 못했습니다. 세례 요한의 사명은 이런 짙은 어두움 속에 빛을 증거하고 소개하는 것입니다. 빛을 막는 장애물을 치워버리는 것이 그의 역할이었습니다. 온 힘을 다해 장애물을 걷어내야 빛이 들어올 수 있기 때문입니다.

그는 광야에 외치는 자의 소리였습니다. 자신은 주님의 신발 끈을 풀기도 감당할 수 없는 사람임을 알았습니다. 나아가서 자기는 물로 세례를 주지만 예수님은 성령으로 세례를 주시는 분이심을 분명히 설명합니다. 요한은 자신이 그리스도가 아님을 드러내어 말하고 숨기지 않았습니다. 사람들은 계속해서 그가 누구인지를 물었습니다. 요한은 이사야의 말을 인용하여 광야에서 외치는 자의 소리라고 대답했습니다. 그는 지나가면 없어지는 소리였습니다. 예수님을 증거한 후 조용히 사라지는 소리였습니다.

이와 같이 하나님께서는 우리를 너무도 사랑하셔서 죄로 인하여 고통 받는 모습을 측은히 여기시고 불쌍히 여기셔서 독생자 예수님을 이 땅에 보내시기로 결정하셨습니다. 그리고 예수님께서는 완전한 하나님의 모습과 완전한 인간의 모습을 하고 성령으로 잉태되어 이 땅에 오셨습니다. 세례 요한은 예수님이 빛으로 오셨으며, 전도자로 오셨으며, 세상 죄를 짊어지기 위해 오신 하나님의 어린 양으로 오신 것을 증거합니다. 삼위일체 하나님께서 이 땅에 예수님을 보내 주신 사건은 분명히 우리를 사랑하시는 증거입니다. 이것이 J의 사랑의 실행입니다.

JESUS'S LOVE **4**

공생애를 통하여
하나님 나라를 이루심

1) 공생애의 시작

마태복음 4장 1절부터 11절에서 말씀하고 있는, 예수님께서 사탄의 시험을 이기신 이야기는 공생애의 궁극적인 목적이 무엇인가를 보여 줍니다. 한 마디로 사탄과의 싸움에서 이기는 것입니다. 사실 인간이 구원받아야 할 존재가 된 근본적인 원인이 사탄의 시험에 빠져서 하나님의 말씀에 불순종하는 죄를 범했기 때문입니다. 그래서 예수님께서 십자가를 지시고 피 흘리심으로써 우리의 죄를 해결하고, 사탄의 세력을 완전히 박살 내셨습니다. 예수님의 공생애는 그 출발점에서부터 이미 사탄과의 싸움에서 승리하셨으며, 십자가에서 그 승리가 완성된 것입니다.

즉 예수님께서 세례 받으신 후 메시야 사역의 모든 준비를 끝내신 때라는 것입니다. 성령의 임재를 체험하셨고, 하나님의 명확한 음성을 통해 사역의 시작을 명 받으신 후라는 것입니다. 사단과의 영적 전쟁 준비가 끝났다는 것을 말해 주는 것입니다.

예수님께서 사단에게 시험 받으신 것은 우연이나 갑자기 일어난 일이 아니라 성령에 의해 인도되었고 하나님의 섭리와 계획 하에 이루어진 것입니다. 다시 말하면 예수님께서 사단에게 시험을 받으신 것은 삼위일체 하나님의 의도적 행동이었다는 것입니다. 인간이 겪는 모든 시험은 철저하게 사탄에 의해 계획되고 주도됩니다. 그러나 예수님의 시험은 하나님께서 계획하시고 주도하셨습니다.

이런 전체적인 상황을 통해서 우리가 확인할 수 있는 것은 예수님의 공생애는 사단과의 영적 전쟁에 초점이 맞추어져 있음을 보게 됩니다. 예수님께서는 이 시험을 잘 대처하셨고 결국 사단을 물리치셨습니다. 육체적인 시험, 정신적인 시험, 그리고 영적인 시험을 모두 받으신 것입니다. 그런데 예수님의 대처 방법은 늘 한결 같았습니다. 모두 말씀으로 이기신 것입니다(마 4:6-10). 이것은 에베소서 6장 17절에서 보듯이 사탄을 물리칠 수 있는 유일한 무기는 하나님의 말씀뿐이기 때문입니다.

예수님의 공생애의 본격적 시작은 요한이 잡힌 후 시작되었습니다(마 4:12). 마태는 예수님의 갈릴리 사역의 시작이 요한이 옥에 갇힌 뒤에 본격적으로 시작되었다는 점을 강조하고 있습니다. 이것은 세례 요한이 선구자로서 예비자로서 자기 역할을 끝내고 역사의 무대에서 사라진 후에 예수님의 공생애가 시작되었음을 말합니다. 마태는 예수님께서 갈릴리에서 사역하신 것이 이사야 9장 1절부터 2절의 예언이 성취된 것이라고 강조하고 있습니다. 그러니까 예수님께서 이 땅에 오신 것이 예언의 성취일 뿐 아니라 예수님께서 공생애를 시작하신 것도 예언의 성취라는 것을 확인하고자 한 것입니다.

세례 요한이 그랬듯이 예수님께서 공생애를 시작하시면서 선포하신 말씀이 회개입니다. 그 이유는 천국(하나님의 나라)이 가까웠기 때문입니다. 예수님께서 공생애를 시작하게 되면 본격적으로 하나님의 나라가 임하게 될 것입니다. 그래서 그 하나님의 나라를 체험할 사람들은 먼저 회개해야 한다는 것입니다. 예수님께서 공생애 초기에 제자들을 부르셨습니다. 베드로와 안드레가 제일 먼저 부르심을 받았고, 다음으로 요한과 야고보가 부르심을 받은 것으로 기록하고 있습니다. 제자들은 공히 갈릴리에서 고기 잡던 어부들이었습니다. 예수님께서 나를 따르라 이제 고기 잡는 어부가 아니라 사람 낚는 어부가 되게 하겠다고 말씀하였습니다. 제자들은 즉각적인 순종을 보였다는 것이다. 제자들이 갖추어야 할 유일한 자격 조건은 즉각적이고 철저한 순종이었다는 것입니다.

예수님의 초기 갈릴리 사역을 간략하게 세 가지로 요약하면, 가르치시고, 전파하시고, 고치신 것입니다. 이것이 예수님께서 공생애 기간 동안에 행하셨던 3대 사역입니다. 그리고 오늘날도 교회가 이어가야 할 3대 사명이기도 합니다.

예수님의 공생애 사역은 수리아까지 퍼졌습니다. 수리아와 같은 이방지역까지 전해진 예수님에 관한 소문은 물론 이스라엘 땅 안에도 충격적으로 전파되었습니다. 그래서 갈릴리는 물론이고 데가볼리, 예루살렘, 그리고 저 남쪽 유다 지역까지 전파되어 수많은 사람들이 예수님께로 나아 왔습니다. 예수님의 공생애가 세상을 변화시키기 시작한 광경을 묘사하고 있는 것입니다.

이와 같이 예수님께서는 이 땅에 오셔서 해야 할 일들을 하나씩 준비하고 때가 차매 공생애를 시작하셨는데 먼저 세례를 받으시고, 성령을 충만하게 받으신 후에 사탄의 시험을 받았으나 말씀으로 물리쳐 승리하시고, 공생애를 시작하셨습니다.

공생애 기간에 하신 3대 사역은 하나님 나라에 대하여 가르치는 사역, 전파하는 사역, 그리고 질병을 고치시는 사역이었습니다. 예수님께서 이 땅에 오신 목적은 우리의 죄를 해결하시고, 사탄과 싸워 승리하시고, 각종 이적을 통하여 하나님 나라를 이루시는 것이었습니다. 이제 예수님께서는 우리를 불쌍히 여기시고 긍휼히 여기셔서 삼위일체 하나님의 사랑으로 그의 공생애를 시작하시는 것입니다. 이것이 J의 사랑입니다.

2) 예수님이 오신 목적

하나님이시고, 창조주이신 예수님께서 우리와 같은 육신을 입고 이 땅에 오신 목적은 다양하지만 핵심은 하나님 나라를 이루시는 것입니다.

요한복음 10장 10절에서 "도둑이 오는 것은 도둑질하고 죽이고 멸망시키려는 것뿐이요 내가 온 것은 양으로 생명을 얻게 하고 더 풍성히 얻게 하려는 것이라."고 말씀하고 있으며, 마가복음 1장 15절에서는 "이르시되 때가 찼고 하나님의 나라가 가까이 왔으니 회개하고 복음을 믿으라 하시더라."고 말씀하십니다.

하나님의 나라는 하나님의 백성이 하나님의 장소에서 하나님의 통치를 받으며, 하나님의 복을 누리는 곳입니다. 하나님 나라는 하나님이 다스리시는 나라요, 하나님을 왕으로 모시는 백성들이 있는 나라요 하나님이 창조하신 세상이 하나님과 하나님의 백성들에 의해서 하나님의 뜻을 온전히 실현하는 나라입니다. 우리가 구원받았다는 것은 그가 하나님의 백성이 되었다는 것이고, 하나님의 통치를 받는다는 것입니다.

하나님의 나라에서 제일 중요한 요소는, 그 나라의 왕이시자 주인이신 하나님이십니다. 왕으로서 하나님은 이 세상과 인간을 창조하셨고 이 세상을 유지하시고 계십니다. 또한 창조주로서 이 피조세계의 다스림을 대리통치자인 인간에게 위임하셨고, 인간들이 그 일을 잘 감당할 수 있도록 그들에게 필요한 모든 것을 공급하십니다. 그들과 교제하시고 그들에게 말씀하시기를 기뻐하시며, 인격적으로 그들을 인도하시는 사랑이 많으신 아버지와 같은 분이십니다.

두 번째로 중요한 것은, 하나님의 나라는 하나님의 통치를 잘 받는 백성들의 존재입니다. 하나님 나라는 하나님의 대리 통치자로서 하나님의 창조주 되심과 왕 되심을 믿고 자발적으로 그분의 통치에 순종하고, 하나님과의 교제 속에서 하나님을 사랑하며, 동료 백성들과 하나님의 세상을 정성껏 돌보는 하나님의 백성에 의해서 펼쳐져 갑니다. 신구약성경의 역사를 구속사라고 할 때 그 의미는 하나님께서 당신의 백성들을 만드신 역사였다는 것입니다.

그 다음으로 중요한 것은, 하나님의 나라는 하나님께서 당신의 백성들을 통해서 나라를 이루어 가시는 공간입니다. 창조세계 전체는 하나님 나라로 창조되었습니다. 타락한 이후에도 그 사실은 변함이 없지만 하나님 나라의 개념은 이때부터 하나님이 임재하시고 하나님의 통치가 가시적으로 임하는 백성들이 머무는 현장이라는 좁은 개념으로 바뀌었습니다.

그러면 하나님의 나라는 어떤 곳인지 알아보겠습니다.

첫째, 진정한 안식이 있는 곳(히 4:3-5)입니다.

에덴동산에서의 안식(창 2:1-3)은 하나님이 만물을 창조하시고 피곤하셔서 쉬신 날이 아닙니다. 안식은 하나님의 모든 일을 다 마침으로 보시기에 심히 좋음으로 나타난 하나님의 기쁨이요 영광이 곧 안식인 것입니다. 창세기 3장에서 죄가 들어오고 타락한 후에 진정한 안식을 잃어버립니다(창 3:17-19). 그러나 예수님을 통해 에덴동산의 안식이 다시 회복되었습니다(마 11:28-30). 하나님이 주시는 참된 쉼이 있고, 수고에서의 해방된 상태가 안식입니다. 예수 그리스도를 통해 하나님과의 완전한 관계 회복에서 주어집니다. 또한 진정한 안식은 마지막 때에 새 하늘과 새 땅에서 완전한 안식(계 21:3-4)을 누리게 됩니다.

둘째, 하나님의 나라는 하나님을 예배하는 곳입니다(계 19:1-4, 요 4:23-24)

예배는 하나님과의 만남이요, 하나님을 높이는 것입니다. 최고의 하나님께 최상의 것을 드리는 것이 예배입니다. 우리는 예수님을 통해서 하나님을 진정으로 예배할 수 있게 되었습니다. 우리는 마지막 날에 말할 수 없는 하나님의 영광 가운데 하나님을 예배하게 될 것입니다.

셋째, 하나님의 나라는 성도들의 사랑의 교제가 있는 곳입니다(계 19:7-9).

교회는 그리스도의 몸으로 하나님의 백성들의 공동체이고, 예수 그리스도의 피로 맺어진 하나님의 가족 공동체입니다. 교회는 이 땅에 있는 하나님 나라의 모습입니다. 교회는 성령을 통해서 예수 그리스도의 복음을 듣고 믿는 자들로 구성되며, 교회를 통해서 복음이 전파되고, 하나님 나라가 성장하게 됩니다. 하나님의 나라 백성들은 마지막 때에 예수님께서 재림하셔서 우리에게 주시는 새 하늘과 새 땅에서 영원한 생명과 함께 영광중에 사랑의 교제를 나눌 수 있게 되는 것입니다.

마가복음 1장 15절에서 "이르시되 때가 찼고 하나님의 나라가 가까이 왔으니 회개하고 복음을 믿으라 하시더라."고 말씀하십니다. 하나님의 나라의 삶을 누릴 수 있는 조건은 바로 회개입니다. 회개하면 하나님께서는 성령을 충만하게 부어 주십니다. 회개하고 성령을 충만하게 받으면 자신의 잘못을 뉘우치는 것에서 끝나는 것이 아니라, 삶의 방향을 완전히 하나님께로 향하 게 됩니다. 삶의 주인을 바꾸는 것입니다. 나의 삶의 주인을 나에게서 하나님께로 바꾸는 것입니다. 그리고 예수 그리스도를 믿고, 그의 십자가의 죽음과 부활을 받아들이고, 자신도 예수와 함께 죽었음을 선언하고, 예수님을 참 주인으로 모시고 살 때, 그분이 우리에게 주신 하나님 나라의 삶을 살고 누릴 수 있는 것입니다.

예수님은 이 땅에 천국복음을 전파하기 위해서 오셨습니다. 예수님은 참된 안식이 있고, 하나님을 알고, 그분을 경배하며, 교회 공동체를 통해 이 땅에 하나님 나라를 보여 주길 원하십니다. 또한 하나님의 사랑으로 서로 섬길 수 있도록 하는 것은 이 땅에서 하나님의 나라를 이루시기를 원하시는 예수님의 소망이십니다. 이것이 J의 사랑입니다.

3) 이적을 통한 하나님 나라 확장

요한복음 20장 30절부터 31절에서 "예수께서 제자들 앞에서 이 책에 기록되지 아니한 다른 표적도 많이 행하셨으나 오직 이것을 기록함은 너희로 예수께서 하나님의 아들 그리스도이심을 믿게 하려 함이요 또 너희로 믿고 그 이름을 힘입어 생명을 얻게 하려 함이니라."고 말씀하십니다.

예수님께서 여러 가지 기적과 이적을 행하신 목적이 있습니다.

첫 번째 목적은, 질병으로 고통을 당하는 사람들, 앞을 보지 못하는 자들, 귀머거리, 귀신 들린 자들, 죽은 자들을 도와주기 위함입니다. 예수님께서는 이러한 사람들을 살리기 위하여 기적과 이적을 베푸셨습니다.

두 번째 목적은, 기적과 이적을 통하여 하나님의 하시는 일이 무엇인지 드러내기 위함입니다. 눈먼 사람을 보고 제자들이, 저 사람의 눈이 먼 것은 부모의 죄냐, 본인의 죄로 인함이냐고 묻자 예수님께서 대답하십니다. "이 사람이나 그 부모가 죄를 범한 것이 아니라 하나님의 하시는 일을 나타내고자 하심이니라."(요 9:3)

예수님의 기적과 이적은 언제나 생명을 살리는 일입니다. 몸을 살려 하나님의 마음을 읽게 하고 하나님의 뜻을 깨닫게 하여 영혼을 살리는 일입니다. 이것이 바로 하나님께서 원하시는 일입니다.

세 번째 목적은, 기적과 이적을 통하여 우리로 하여금 믿음을 갖게 하기 위함입니다. 예수님께서 행하신 제일 첫 번째 기적은, 가나의 혼인 잔치에서 물을 포도주로 바꾸신 일입니다. 그런데 광야에서 사탄에게 시험을 받으실 때에는 돌멩이를 떡으로 만들라는 사탄의 주문은 단호히 거절하셨습니다. 사탄의 제안은 거절하신 이유는 예수님께서 아무리 기적을 일으켜도 사탄은 믿음이 생기지 않기 때문입니다.

가나의 혼인 잔치 기적은 이런 말씀으로 끝납니다. "그 영광을 나타내시매 제자들이 그를 믿으니라."(요 2:11) 기적과 이적의 목적은 바로 우리로 하여금 더 굳건한 믿음을 갖게 하기 위함입니다.

이와 같이 예수님께서는 많은 기적과 이적을 일으켰는데 그 목적은 도탄에 빠진 자들을 온전케 해주는 것이며, 하나님께서 하시는 일을 드러내기 위함이고, 우리로 하여금 믿음을 갖게 하기 위함입니다. 예수님께서 이 땅에 오셔서 하신 일들은 결국 이 땅에서 하나님 나라를 확장하기 위하여 고통을 당하는 사람들에게 이적과 기적을 통하여 삼위일체 하나님의 사랑을 보여 주신 것입니다. 이것이 J의 사랑의 표현입니다.

|

십자가에서 성취되는
J의 사랑

십자가는 십자 모양으로 된 사형 틀을 말하는데, 고대 페르시아, 애굽, 앗수르에서 사형을 집행할 때 사용한 형구입니다. 헬라의 알렉산더 대왕은 두로를 정복한 뒤 지중해 연안을 따라 십자가를 세우고 지도자급 2,000명을 매달아 죽입니다. 그 후 십자가형은 로마에 도입되어 극악한 범죄자나 로마 황제의 권위에 도전한 반역자에게만 가해졌습니다. 죄수는 십자가 형벌을 받기 전에 심한 채찍질을 당하거나 말로 표현할 수 없는 고문을 받았습니다. 예수께서도 십자가를 지고 형장으로 갈 수 없을 정도로 심한 매질을 당하셨습니다(마 27:32). 십자가상에서 숨이 멎으면 죄수를 십자가에서 내린 뒤 망치로 다리를 힘껏 내리쳐서 꺾었는데, 이는 죽음을 최종 확인하기 위함이었습니다. 예수님의 경우는 다리가 꺾이는 대신 창으로 옆구리를 찔렸습니다(요 19:32).

나무에 매달려 죽임당한 자는 저주받은 자로 간주했던 유대인에게 예수님의 십자가형은 저주의 상징이었습니다(신 21:23, 갈 3:13). 하지만 예수님께서는 인류의 죄를 대속하기 위해 대신 저주를 받으셨으며, 십자가의 극한 고통과 수치를 참으셨습니다. 따라서 그리스도인에게 십자가는 그리스도의 사랑과 자기희생의 가장 강렬한 표현이며, 대속과 구원의 상징물인 것입니다(롬 6:6, 갈 2:20, 5:24) 이것이 J의 사랑입니다.

1) 십자가의 진정한 의미

그리스도인들은 십자가를 중심으로 신앙생활을 합니다. 기독교는 예수 그리스도의 십자가를 구원의 표상으로 삼고 믿으며 가르치고 전하여 왔습니다.

사도 바울은 고린도전서 2장 2절에서 "예수 그리스도와 그의 십자가에 못 박히신 것 외에는 아무것도 알지 아니하기로 작정하였음이라." 고 말씀하고 있습니다.

예수 그리스도의 십자가는 영원토록 찬양과 존귀와 영광을 돌리기에 합당한 구속의 상징입니다. 십자가는 인류의 죄를 대신 지시고 그 죄 값을 갚으신 예수님의 고통을 상징합니다. 영원히 죽을 수밖에 없는 우리를 대신하여 지불하신 하나님의 어린 양의 놀라운 희생과 사랑을 나타냅니다. 십자가는 멸망당하는 인간들을 그대로 내버려 두실 수가 없어서 절규하시며 돌아오라고 탄원하시는 하나님의 사랑의 상징입니다. 이것이 J의 사랑입니다.

2) 영원한 멸망의 죽음을 당하심

예수님께서는 십자가에서 이렇게 부르짖으셨습니다. "나의 하나님,

나의 하나님, 어찌하여 나를 버리시나이까." 그것은 순교자의 부르짖음이 아니었습니다.

순교자들은 모두 다 기쁨과 소망 속에서 영원한 구원을 바라보며, 하나님의 복음을 위하여 목숨까지 바친다는 사실에 기뻐 찬미하면서 순교하였습니다.

그러므로 예수님의 죽음은 순교자의 죽음이 아니었습니다. 예수님의 죽음은 인류의 죄를 대신하여, 그들이 받아야 할 죄의 결과를 대신 받아 주시는 대속의 죽음이었던 것입니다.

죄는 하나님과 인간과의 관계를 단절시키는 것입니다. 인간의 죄를 지신 예수님께서 통렬하게 부르짖으신 이유는 죄가 예수님을 깜깜한 지옥 같은 절망으로 몰고 갔기 때문이었습니다.

예수님께서 십자가를 지신 것은 그 죄의 고통을 대신 감당하신 사실을 말하는 것입니다. 예수 그리스도께서는 죄를 범하여 죽어가는 인간들을 구원하여 내시기 위하여 자기를 희생하여 사망에 이르러, 대신 완전히 죽어 없어지더라도 죄인들을 위하여 대신 죽기를 택하겠다는 강렬한 아가페의 사랑을 보여 주신 것입니다. 이 엄청난 사랑이 우리를 살리셨습니다. 이것이 J의 사랑입니다.

3) 육체의 고통이 아니라 죄의 고통

십자가의 양편 강도들은 금요일 저녁까지 아직 죽지 아니했기 때문에 속히 죽게 하기 위하여 다리를 꺾었지만 예수님께서는 벌써 운명하셨기 때문에 그렇게 할 필요가 없었습니다. 예수께서는 하나님 아버지를 향하여 큰 소리로 부르짖으시고는 갑자기 고개를 떨구시고 숨을 거두셨습니다. 그러나 우리는 알아야 합니다. 그리스도께서는 십자가의 못 박힘으로 인한 육체의 고통 때문에 돌아가신 것이 아니라 바로 우리들의 죄의 고통 때문에 돌아가신 것을 말입니다. 우리들의 죄악이 바로 예수님을 죽인 것입니다.

그러므로 하나님의 어린 양이 세상의 죄를 지고 가는 일은 우리가 이해하고 있는 것보다 훨씬 더 깊고 넓은 엄청난 의미가 그 속에 내포되어 있습니다. 그 사실을 마음속으로 믿고, 정말로 감사하며 눈물 흘리는 사람이 진정한 그리스도인이 되는 것입니다. 나의 죄를 예수님께서 실제로 대신 져주신 것입니다. 그래서 내가 죄에서 자유를 얻고 그 정죄에서 벗어나게 되는 것입니다.

이 놀라운 하나님의 사랑을 우리는 다 이해할 수는 없습니다. 이것을 알고 믿고 가슴 깊이 받아들여 감격해 하는 자들이 그리스도인이 되는 것입니다. 십자가의 고통은 육체적인 고통 그 이상을 의미합니다. 이것을 이해할 때 인간은 하나님의 사랑을 이해할 수 있습니다. 예수님께서 이 땅에 오신 목적은 여러 가지이지만 가장 중요한 핵심은 우리를 죄에서 구원하시는 일인 것입니다. 예수님께서는 십자가에 달려 죽으심으로 인하여 우리 죄를 대속하시고, 십자가에서 마귀의 세력을 완전히 굴복시키시고 승리하셨으며, 우리를 향하신 하나님의 사랑을 성취하셨습니다. 이것이 J의 사랑의 성취입니다.

|

부활승천하시고
다시 오실 것을 약속하신 J의 사랑

1) 부활하신 예수님

예수의 부활은 안식일 전날에 십자가에서 죽은 예수가 안식일 다음날에 무덤에서 되살아 난 것을 말합니다. 예수 그리스도의 부활에 대한 믿음은 기독교의 가장 중심적인 신앙 내용을 형성하고 있습니다. 이것은 단순히 한 인간이 죽음에서 되살아났음을 의미하지 않습니다. 기독교에서 말하는 하나님의 아들인 예수 그리스도가 죽음을 이기고 다시 살아난 것으로 예수 스스로 하나님이자 인간임을 보여 주시는 것이며 나아가 그를 믿는 모든 자에게 구원이 됨을 보여 주는 사건입니다.

예수 그리스도의 십자가의 죽음은 인간의 죄를 씻기 위한 죽음이지만, 부활은 인간의 죄와 그 결과인 죽음을 이겼음을 나타내며, 이로써 하나님 스스로가 생명과 죽음의 주님이심을 계시했습니다. 사도 바울은 고린도전서 15장 14절에서 "만일 예수께서 부활하시지 않았다면 우리들의 선교는 헛된 일이며, 또한 여러분의 신앙도 헛된 것이다."라고 말씀하고 있습니다. 사도 바울이 부활하신 그리스도와 만났다는 이야기를 하고 있듯이, 그리스도의 부활은 무엇보다도 우리가 그리스도인이 되는 계기가 된다고 할 수 있습니다. 이것이 J의 사랑입니다.

2) 승천하신 예수님

예수님은 "아버지의 약속하신 것을 기다리라."(행1:4)는 말씀과 "땅 끝까지 이르러 내 증인이 되리라."(행1:8)는 말씀을 하시고 승천하셨습니다. 그리고 요한복음 14장 18절에서 "내가 너희를 고아와 같이 버려두지 아니하고 너희에게로 오리라."고 말씀하십니다. 예수님은 승천하셔서 하늘에 계시지만 동시에 성령으로 다시 오셔서 우리 안에 계시겠다는 것입니다.

이제 예수님은 원래 계셨던 곳으로 올라가신 것입니다(요 1:1-3).

요한복음 16장 28절에서 "내가 아버지께로 나와서 세상에 왔고 다시 세상을 떠나 아버지께로 가노라 하시니."라고 말씀하십니다. 예수님은 하늘 영광을 다 버리시고 이 세상에 오셨으며 이제 다시 그 원래의 자리로 올라가신 것입니다.

예수님께서 승천하신 것은 속죄를 완성하기 위해서입니다.

십자가에서 죽으심으로 모든 인간들의 죄가 사해졌으나 성소의 원리에 의하여 예수님은 하늘 성소에 들어가서 아버지께 피를 보임으로써 인간의 죄 사함의 효력이 확실하게 발생하도록 하신 것입니다(히 6:19-20).

성경에는 여러 번 휴거의 모형적인 사건이 기록되어 있습니다(창 5:24, 왕하 2:11, 살전 4:16-17). 우리도 주님 다시 오시는 그날에 홀연히 부활하고 휴거하여 주님을 만나게 되고 주님의 형상으로 변화될 것입니다.

예수님은 지상의 일을 다 마치셨기에 승천하셨고(막 10:45, 행 10:38), 승천하셔서 하나님 보좌 우편에 앉으셨습니다(히 7:25). 그리고 지금도 우리를 위하여 중보기도를 하고 계십니다(롬 8:34). 예수님의 중보기도가 요한복음 17장에 기록되어 있습니다.

예수님은 지금도 교회를 순찰하고 계시며(계 1:13, 2:1-3), 우리를 위하여 처소를 예비하고 계십니다(요 14:1-3). 그 처소는 새 하늘이요, 새 땅이요, 새 예루살렘입니다.

예수님은 승천하셔서 회개하는 자들에게 성령을 부어 주시며(요 14:16, 눅 3:16-17), 인생을 감찰하시고(시 139:1-3, 막 2:8), 인류역사를 주관하고 계십니다(계 6:1-3). 지금은 하늘에 계시지만 성령을 통하여 우리 안에도 계십니다. 그러므로 예수님은 이미 이 세상에 와 계시는 것입니다(갈 2:20, 살전 5:10).

예수님의 승천의 의미를 우리는 정확하게 알고 있어야 합니다. 예수님이 지금 어디 계신지 알아야 합니다. 내 안에 계시고 주님을 사모하는 모든 자들과 함께하고 계십니다. 예수님의 승천은 오신 곳으로 다시 가신 것이요, 속죄의 완성이요, 하늘 보좌에 계시지만 동시에 교회를 순찰하시며, 성령으로 오셔서 우리와 함께 계심을 알 수 있습니다. 이것이 J의 사랑입니다.

3) 다시 오실 것을 약속하신 예수님

예수님께서 승천하실 때 제자들은 하늘을 자세히 쳐다보고 있었습니다.

제자들은 슬픔과 안타까움으로 주님을 붙들고 싶었을 것입니다. 제자들이 주님의 승천하시는 모습을 자세히 바라보았듯이 이제 우리는 주님이 다시 오시는 그 영광의 모습을 그리며 바라보아야 할 것입니다 (계 1:7, 살전 4:16-17).

예수님은 올라가신 그대로 다시 오신다고 천사들이 증거하였습니다. 천사들이 증거하였다는 것은 반드시 예수님은 다시 오신다는 뜻입니다. 예수님의 재림은 무려 300번 이상 성경에 기록되어 있습니다 (마 24:44, 계 22:7, 계 22:12, 20).

예수님이 언제 다시 오시는지 그날과 그 시는 아무도 알 수 없다고 하셨습니다(행 1:6-7, 막 13:32). 그러나 주님은 동시에 여러 가지 나타나는 일을 보고 그때를 분별하라고 하셨습니다(눅 17:26-30, 21:24-25, 마 24:32-33, 24:14).

종말의 징조입니다. 여러 가지로 나타나는 징조들이 인류의 종말을 예고하고 있습니다. 성경 말씀은 분명히 종말시대에 큰 전쟁들이 일어날 것을 예언합니다. 이상기후와 배도와 온역 기근이 횡행한다고 말씀하고 있습니다(살전 5:1-10, 살후 2:1-4, 벧후 3:3-4, 3:8-13).

그러면 예수님은 왜 다시 오실까요?

첫째, 심판을 위함이요(마 13:36-43, 계 18:1-3, 16:1) 둘째, 구원을 위함이요(요 14:1-3, 계 7:14-17) 셋째, 우리가 신부이기 때문입니다(계 19:7-9).

예수님께서 재림하는 모습은 이렇습니다.

오시기 전에 여러 가지 징조들이 일어나고, 천군 천사와 함께 호령을 하시면서 천지개벽과 함께 오십니다. 백말을 타고 마지막 나팔 소리와 함께 큰 영광과 능력으로 오십니다.

마태복음 24장 29절부터 31절에서 "그날 환난 후에 즉시 해가 어두워지며 달이 빛을 내지 아니하며 별들이 하늘에서 떨어지며 하늘의 권능들이 흔들리리라. 그때에 인자의 징조가 하늘에서 보이겠고 그때에 땅의 모든 족속들이 통곡하며 그들이 인자가 구름을 타고 능력과 큰 영광으로 오는 것을 보리라. 저가 큰 나팔 소리와 함께 천사들을 보내리니 저희가 그 택하신 자들을 하늘 이 끝에서 저 끝까지 사방에서 모으리라."고 말씀하십니다(고전 15:51-52, 계 19:11-16).

예수님께서 다시 오시면 우리는 어떻게 될까요?

먼저 우리는 휴거되어 공중에서 예수님을 만나게 되며(살전 4:16-17), 세상은 심판을 받게 되고(계 19:15-16), 적그리스도와 거짓선지자는 지옥 불에 던져지게 됩니다(계 19:19-20). 마귀는 천년 동안 무저갱에 갇히게 되고(계 20:1-3), 예수님께서는 이 세상에 천년왕국을 세우고(계 20:4, 5, 합 2:14, 사 35:5), 새 예루살렘에서 왕이 되십니다(슥 14:16-17, 사 2:2-4, 25:6-8).

우리는 주님과 함께 천년 동안 세상을 다스리게 되고(계 20:4), 마귀는 천년 후에 잠시 풀려나 세상을 미혹하여 주님을 대적하지만 영원히 심판을 받아 지옥 불에 던져지게 됩니다(계 20:7-10). 그리고 천년왕국 후에 최후의 심판이 있습니다(계 20:11-15). 그래서 새 하늘과 새 땅이 창조됩니다(사 65:17-18, 계 21:1-4).

예수님은 반드시 다시 오십니다. 예수님께서는 반드시 다시 오신다고 천사들을 통하여 약속하셨습니다. 우리는 깨어서 기도하며 다시 오시는 예수님 만날 준비를 해야 합니다. 예수님께서 다시 오셔서 세상에는 심판을 내리시고, 믿는 우리에게는 승리와 큰 기쁨을 주시게 되는 것입니다. 이것이 J의 사랑의 약속입니다.

JESUS'S LOVE **7**

|

요한계시록을 통하여 완성되는
J의 사랑

요한계시록은 예수 그리스도께서 영광의 왕이며, 승리자이며, 구주이며, 임마누엘하시는 사랑이심을 소개하는 책입니다(계 1:9-20). 하나님은 우리에게 심판을 주시는 무서운 하나님이 아니라 우리의 구주로서 사랑 그자체인 것입니다. 요한계시록은 심판을 받는 것은 마귀요, 믿지 않는 자들이며, 믿는 우리에게는 사랑과 축복을 주신다는 내용입니다. 요한계시록이 일곱 인, 일곱 나팔, 일곱 대접의 재앙이 기록되어 있어 무섭고 두렵기는 하지만, 그 내용은 깊이 들어가 보면 삼위일체 하나님의 사랑의 메시지인 것을 알 수 있습니다.

　요한계시록은 아멘이시오, 충성되고, 참된 증인이시오, 하나님의 창조의 근본이신 하나님의 아들(계 3:4)이 보낸 사랑의 편지이며, 삼위일체 하나님의 사랑이 완성되는 정말 중요한 메시지라는 것을 우리는 알아야 하는 것입니다.

1) 요한계시록은 삼위일체 하나님의 사랑의 메시지

하나님이 계획하신 것은 반드시 성취하십니다. 하나님은 역사를 주관하시는 분이십니다. 하나님은 역사의 중심에 예수 그리스도를 두셨습니다. 그리고 교회의 머리 되시는 예수님은 오늘날 교회를 통하여 역사를 실행하고 계십니다. 그 역사의 종말은 이제 재림하시는 예수님을 계기로 끝이 나고 영원한 하나님의 시간 속으로 들어가면서 새 하늘과 새 땅에서 영생하게 되는 것입니다.

요한계시록은 환란 중에 있는 그리스도인들에게 큰 소망과 격려를 줍니다. 오늘날 심한 핍박과 환란 중에 있는 우리에게 "너희가 환란을 당하나 담대 하라. 내가 이미 승리했다. 곧 나의 구원을 나타낼 것이다."라는 사랑의 메시지를 전하고 계시는 것입니다. 바벨론 포로 중의 그리스도인들이 에스겔과 다니엘을 통해 하나님의 메시지를 들었듯이 로마의 핍박 중의 그리스도인들은 요한계시록을 통해서 메시지를 듣습니다. 오늘날 믿음으로 고난당하는 모든 그리스도인들에게 요한계시록을 통하여 예수님께서 친히 사랑의 메시지로 위로하고 격려하는 말씀을 전하고 계시는 것입니다.

요한계시록이 삼위일체의 위격에 관한 문제를 직접적으로 언급하지는 않았지만, 그 위격을 가리키는 계시자의 표현 속에 스며들어 있는 사실상의 주요 주제가 삼위일체 하나님의 사랑이라는 것을 알 수 있습니다. 요한계시록에 나타난 삼위일체 하나님의 사랑을 표현한 기록은 1장에서 5장에 나옵니다.

요한계시록에서 삼위일체로의 하나님의 역사하심과 사랑하심이 이 책의 서두에 나타나 있음을 알 수 있습니다. 요한계시록 1장 4절부터

5절에서 "요한은 아시아에 있는 일곱 교회에 편지하노니 이제도 계시고 전에도 계셨고 장차 오실 이(성부 하나님)와 그의 보좌 앞에 일곱 영과(일곱 가지 속성을 가진 성령님), 또 충성된 증인으로 죽은 자들 가운데서 먼저 나시고 땅의 임금들의 머리가 되신 예수 그리스도로(성자 예수님) 말미암아 은혜와 평강이 너희에게 있기를 원하노라. 우리를 사랑하사 그의 피로 우리 죄에서 우리를 해방하시고."라고 말씀하고 계십니다. 이 구절은 우리에게 사랑을 베풀어 주신 예수 그리스도의 사랑이 성부와 성령 삼위일체 하나님의 협력사역으로 이루어졌음을 표현하고 있는 것입니다.

요한계시록 4장과 5장에 기록된 하늘 취임식 광경을 포괄적으로 묘사하는 계시는 삼위일체 하나님의 사랑을 드러내는 것이며, 이스라엘 하나님의 영원성과 삼위일체 하나님의 사랑에 대한 기록이라고 할 수 있습니다. 보좌 앞에 "일곱 등불 켠 것" 곧 "하나님의 일곱 영"(5절)이 있다는 내용은 5장 8절, 11절에 나타난 찬양의 노래들을 촉발시키고 감동을 주신 분이 성령님이심을 시사하고 있는 것입니다.

성령님에 대한 이런 계시는 삼위일체 하나님의 사랑에 대하여 오늘날 우리가 확신을 갖게 하고, 성령님께서는 우리에게 전능하신 창조주 아버지 하나님의 '합당하심'을 인정하도록 감동을 주십니다. 또한 성경은 요한계시록 5장의 사자와 어린 양이 이루는 사업을 위해 아들 하나님과 깊은 관계를 맺고 있는 분으로 성령을 요한계시록에 나타난 삼위일체 하나님의 사랑의 증거자로 기록하고 있습니다.

이와 같이 요한계시록은 우리를 겁주는 무서운 책이 아니라 삼위일체 하나님의 사랑이 예수 그리스도의 피의 공로로 인하여 우리에게 나타난 사랑의 메시지인 것입니다. 이것이 J의 사랑입니다.

2) 요한계시록은 창세기의 내용을 완성시킨 책이다

창세기는 성경 맨 처음에, 요한계시록은 성경의 마지막에 놓여 있습니다. 요한계시록은 성경 나머지 65권에 나와 있는 일들의 완성을 보여 주기 때문에 마지막에 놓여 있는 것입니다. 요한계시록에는 구약 말씀 인용이 280여 회 정도 등장합니다. 창세기와 요한계시록은 하나님께서 인간을 어떻게 사랑하시는가에 대해 기록해 놓으신 성경의 위대한 서론과 결론입니다. 창세기는 성경의 시작이고, 요한계시록은 성경의 완성입니다. 창세기의 처음 창조와 요한계시록의 새로운 창조에서 하나님의 사랑의 내용들이 어떻게 다르게 나타나는지 비교해 보도록 하겠습니다.

첫째, 창세기에서의 천지 창조(창 1장-2장)는, 요한계시록에서 새 하늘과 새 땅의 새 창조로 완성됩니다(계 21장-22장).

둘째, 창세기에서는 땅을 다스리는 첫 아담을 말씀하시고(창 1:26), 요한계시록에서는 둘째 아담인 예수 그리스도께서 친히 새 하늘과 새 땅을 다스리십니다(계 21:5).

셋째, 창세기에서는 밤과 바다를 창조하지만(창 1:5, 10), 요한계시록에서는 죄와 암흑과 사단의 상징인 밤과 바다가 없어지게 됩니다(계 21:1, 25).

넷째, 창세기에서 아담의 신부인 하와는 남편을 유혹하여 죄에 빠지게 하지만(창 2:18-25), 요한계시록에서는 그리스도의 신부인 교회는 영원한 생명 가운데서 영광을 누리게 됩니다(계 19:7 이하).

다섯째, 창세기에서는 생명나무를 잃어버리지만(창 2:9, 3:22), 요한계시록에서는 생명나무를 다시 찾게 됩니다(계 22:2).

여섯째, 창세기에서는 실낙원을 하게 되지만(창 3:24), 요한계시록에서는 복낙원을 합니다(계 21:25, 26).

일곱째, 창세기에서는 죄가 죽음과 저주를 가져 오지만(창 3:14, 17-19), 요한계시록에서는 더 이상 죽음이나 저주나 눈물이 없습니다(계 22:3).

여덟째, 창세기에서는 그리스도와 사탄의 대결을 예언하고 있지만(창 3:15), 요한계시록에서는 그리스도에 의해서 사탄이 멸망을 당합니다(계20:10).

아홉째, 창세기에서는 죄로 인하여 하나님의 면전에서 쫓겨나지만(창 :23, 4:16), 요한계시록에서는 하나님께서 성도들과 함께 거하시고 영광 중에 주님의 얼굴을 대하게 됩니다(계 22:4).

열 번째, 창세기에서는 사탄이 거짓말로 유혹하지만(창 3:1), 요한계시록에서는 거짓말하는 자는 새 예루살렘성에 들어가지 못한다고 선포합니다(계 21:27).

열한 번째, 창세기에서는 죄로 인하여 안식을 잃어버리지만(창 3:18, 19), 요한계시록에서는 영원한 안식을 누리게 됩니다(계 22:3-5).

열두 번째, 창세기에서는 남편과 아내를 말씀하지만(창 2:23, 24), 요한계시록은 어린 양(신랑)과 신부를 말씀하십니다(계 21:2).

이와 같이 창세기에서 하나님의 창조는 아담과 하와의 죄로 말미암아 낙원을 상실하고 쫓겨나서 고통의 역사 속에서 살아가지만, 이제 우리는 약속된 새 하늘과 새 땅에서, 창세기의 죄로 얼룩진 모습들을 창조의 본래 모습으로 완벽하게 복원하여, 그 곳에는 죽음도 없고 고통도 없고 슬픔도 없고 눈물도 없는, 영원한 영광과 생명만이 있는, 새 하늘과 새 땅에서 삼위일체 하나님과 사랑의 교제를 나누면서 살아갈 수 있는 것입니다. 이것이 J의 사랑입니다.

3) 종말이 오면 새 하늘과 새 땅을 통해 J의 사랑이 완성되다

종말론은 인류의 역사에서 마지막으로 일어날 사건이나 우주의 마지막에 대한 신학적 이론을 말합니다. 요한계시록에서 종말은 예수님의 오심으로부터 시작되었으며, 이미 우리에게 종말이 진행되고 있음을 말씀하고 있습니다(계 12:5, 마 24장, 고전 10:11, 약 5:3, 벧전 1:5,20, 히 1:2). 신약성서의 마태복음서 24장에서는 예수님께서 하신 세상의 마지막에 대한 말씀에서 종말이 상세하게 나타나 있습니다. 이 말씀에 따르면 부활 승천하신 예수 그리스도께서 마지막 때에 재림하심으로써 종말의 절정을 이루게 됩니다.

요한계시록은 이미 종말이 시작되었음을 말하고 있습니다. 종말은 바로 예수님의 탄생 사건으로부터 이미 시작되었다는 것입니다. 사탄과 바벨론 제국(우상, 맘몬, 음행, 명예와 권력)의 우상들이 그것들을 숭배하도록 유혹하고 있지만 그것들 속에서 승리하고 하나님의 통치를 경험할 수 있도록 이미 종말이 진행되고 있음을 기억해야 합니다.

성경에서 종말이란 창조의 회복이 성취되고 완성되는 순간을 의미합니다. 창조의 회복이란 타락한 이 세상을 하나님의 사랑으로 창조 당시의 상태로 회복하는 것을 말합니다. 그 회복되는 순간이 바로 에덴의 회복을 의미하는 것입니다. 이 회복의 순간은 예수님의 재림을 통해서 이루어집니다. 초림은 에덴의 회복의 성취이고 재림은 에덴의 회복의 완성입니다. 이것이 바로 종말의 사건입니다. 종말이 중요한 이유는 타락한 지구의 역사를 끝내고 새 창조를 통하여 영원한 나라인 새 하늘과 새 땅을 창조하기 때문입니다.

성경에서 가장 핵심적인 내용은 하나님의 나라일 것입니다. 구원을 다른 말로 표현하면 하나님의 나라에 들어가는 것입니다. 우리는 이것을 천국이라고 표현합니다. 하나님의 나라(천국)를 다른 말로 표현하면 '새 하늘과 새 땅'입니다.

요한계시록 21장 1절에서 "또 내가 새 하늘과 새 땅을 보니 처음 하늘과 처음 땅이 없어졌고 바다도 다시 있지 않더라."고 말씀하십니다.

새 하늘과 새 땅은 예수님께서 우리에게 주시는 사랑이요 확실한 소망입니다. 현재의 하늘과 현재의 땅은 사라지고 새로운 세계가 올 것입니다. 이것은 구약성경과 신약성경이 다 예언하는 바입니다. 이사야 65장 17절에서 "보라. 내가 새 하늘과 새 땅을 창조하나니 이전 것은 기억되거나 마음에 생각나지 아니할 것이라." 베드로후서 3장 13절에서는 "우리는 그의 약속대로 의의 거하는 바 새 하늘과 새 땅을 바라보도다."고 말씀하십니다.

현재의 하늘과 땅은 죄로 인해 저주 아래 있기 때문에 갖가지의 고통과 불행한 요소들이 있습니다. 이것은 모두 아담과 하와가 죄를 범한 후 하나님께 받은 저주의 결과들입니다(창 3:17). 그러나 현재의 하늘과 땅은 영원하지 않을 것입니다. 이제 장차 옛 하늘과 옛 땅은 지나가고 새 하늘과 새 땅이 올 것입니다. 새 하늘과 새 땅은 예수님께서 우리에게 약속하신 확실한 사랑의 표시며 소망입니다. 새 하늘과 새 땅은 하나님이 천지창조처럼 새롭게 창조하신 하나님만의 세계요 하나님의 나라인 것입니다.

하나님이 새 하늘과 새 땅을 만들 때 미리 계시가 있었습니다. 이사야 60장 19절부터 20절에서 "낮에는 해가 더 이상 너를 비출 필요가 없고 달도 네게 빛을 비출 필요가 없을 것이다. 여호와께서 네 영원한 빛이 되시고 네 하나님께서 네 영광이 되실 것이기 때문이다. 네 해가 다시는 지지 않을 것이며 네 달은 더 이상 기울지 않을 것이다. 여호와께서 네 영원한 빛이 되실 것이니 네 슬픔의 날도 끝날 것이다."라고 말씀하십니다.

이 세상의 핵심은 해입니다. 해가 없으면 세상이 존재하지 않습니다. 하지만 새 하늘과 새 땅에서는 해가 없고 밤에 달도 없다고 했습니다. 새 하늘과 새 땅에서는 하나님이 태양이요 빛이 되는 것입니다. 해 아래 있으면 슬픔이 있고 눈물이 있고 고통이 있고 죽음이 있습니다. 새 하늘과 새 땅에는 이런 슬픔도 눈물도 고통도 죽음도 없다는 것입니다. 그래서 우리가 경험해 보지 못한, 상상해 보지 못한, 하나님이 새롭게 창조하신 그곳이 새 하늘과 새 땅입니다. 예수님께서는 우리에게 이런 새 하늘과 새 땅을 예비해 놓고 계시는 것입니다.

창세기부터 시작하여 흐르고 있는 예수님의 사랑은 요한계시록을 통하여 타락한 인류의 역사를 끝내고, 새로운 창조를 통하여 모든 것을 회복시키시며 새 하늘과 새 땅을 창조하심으로써, 예수님을 믿는 모든 백성들에게 영원한 생명을 허락하시고 영광스러운 그곳에서 우리는 삼위일체 하나님과 함께 영원한 예수님의 사랑을 완성하게 되는 것입니다. 이것이 J의 사랑의 완성입니다.